高等院校电子商务专业"互联网+"创新规划教材

网络营销（第3版）

主　编　王宏伟
副主编　张媛媛　李　敏

内 容 简 介

本书围绕高等职业教育的培养目标,旨在编写一本体现理论教学与实践教学相结合、重视学生网络营销技能培养、具有高等职业教育特色的网络营销教材。

本书分为4部分,共10章。第一部分(第1章)是网络营销的理论基础,介绍了网络营销的概念、内容和基本理论等;第二部分(第2~4章)是网络营销的环境基础,介绍了网络营销的环境、网络市场调研和网络市场分析;第三部分(第5~8章)是网络营销实务,包括网络营销战略与策略,主要介绍了网络营销的战略计划、组合策略及网络营销站点推广策略和网络广告等;第四部分(第9~10章)是网络营销实践与管理,主要介绍了网络营销的实施与控制及网络营销实训。

本书既可作为高职高专电子商务、市场营销等相关专业的教材,也可作为在职人员的培训用书,还可作为成人高校学生的自学用书。

图书在版编目(CIP)数据

网络营销 / 王宏伟主编. —3版. —北京:北京大学出版社,2021.1
北大版·高等院校电子商务专业"互联网+"创新规划教材
ISBN 978-7-301-31318-3

Ⅰ.①网… Ⅱ.①王… Ⅲ.①网络营销—高等学校—教材 Ⅳ.①F713.365.2

中国版本图书馆CIP数据核字(2020)第055271号

书　　名	网络营销(第3版) WANGLUO YINGXIAO(DI-SAN BAN)
著作责任者	王宏伟　主编
策划编辑	程志强
责任编辑	李瑞芳
数字编辑	金常伟
标准书号	ISBN 978-7-301-31318-3
出版发行	北京大学出版社
地　　址	北京市海淀区成府路205号　100871
网　　址	http://www.pup.cn　新浪微博:@北京大学出版社
电子信箱	pup_6@163.com
电　　话	邮购部 010-62752015　发行部 010-62750672　编辑部 010-62750667
印刷者	河北滦县鑫华书刊印刷厂
经销者	新华书店
	787毫米×1092毫米　16开本　17.75印张　429千字 2010年1月第1版　2014年3月第2版 2021年1月第3版　2021年1月第1次印刷
定　　价	49.00元

未经许可,不得以任何方式复制或抄袭本书之部分或全部内容。

版权所有,侵权必究
举报电话:010-62752024　电子信箱:fd@pup.pku.edu.cn
图书如有印装质量问题,请与出版部联系,电话:010-62756370

第3版前言

网络技术的飞速发展,为网络经济发展奠定了基础,以电子商务为基础的网络经济发展为企业的网络营销带来了新的机遇,以产品销售、品牌推广、网络广告和客户沟通等为主要形式的网络营销在企业营销中的重要地位和作用,已得到企业的广泛认可,在许多企业营销战略中占据主导地位。

网络营销是一门实践性很强的课程。编者在研究国内外优秀教材及教学方法的基础上,结合教育部对高职高专人才培养目标的要求,旨在编写一本体现理论教学与实践教学相结合、重视学生网络营销技能培养、具有高等职业教育特色的网络营销教材。

本书在第2版的基础上进行修订,其突出特点表现在3个方面:一是在内容上,基本反映网络营销的最新理念与基本原理,注重实用性,将理论知识与实践训练相结合,简单易学;二是在结构上,本书各章节均由不同模块组成;三是在案例教学上,重视案例教学的普遍性、典型性和时代性,结合网络营销的最新发展,编写新的案例教学。具体模块分别是:知识目标和技能目标;引例——引出本章的主要学习内容;正文——主要的学习内容;案例——用来研究网络营销中存在的问题和成因,加深对所学知识的认识和掌握,增加学习的趣味性;阅读资料和资料链接——提供相关背景资料,开阔学生的视野,提高学生对问题的深层次认识和理解;课堂讨论——提出问题,培养学生的独立思考能力;本章小结——以结构框图的形式使学生对本章所学内容形成清晰的思路,便于复习和提高;思考与练习——通过习题检验学生对知识的掌握程度,培养学生的分析能力和表达能力;案例与实训——通过综合案例的学习和操作性较强的实训项目,进一步加强对学生技能的训练和能力的培养。

本书由王宏伟担任主编,张媛媛、李敏担任副主编。全书共10章,其中,第1、2、3章由王宏伟编写,第6、7、8章由张媛媛编写,第4、5、9、10章由李敏编写。全书由王宏伟总纂定稿。

本书在编写过程中借鉴了大量文献资料,在此对相关编者表示感谢!由于编者水平有限,不妥之处敬请广大读者批评指正,并对本书提出宝贵的修改意见。

编　者
2020年3月

【资源索引】

目 录

第1章 网络营销概述 ... 1
1.1 网络营销的概念与内容 ... 3
- 1.1.1 网络营销产生的基础 ... 3
- 1.1.2 网络营销的基本内涵 ... 5
- 1.1.3 网络营销的特点 ... 7
- 1.1.4 网络营销的基本功能 ... 8
- 1.1.5 网络营销的主要内容 ... 10

1.2 网络营销与传统营销 ... 11
- 1.2.1 网络营销与传统营销的异同 ... 11
- 1.2.2 网络营销的优势和不足 ... 14
- 1.2.3 网络营销与传统营销的整合 ... 15
- 1.2.4 网络营销的发展趋势 ... 16

1.3 网络营销的基本理论 ... 18
- 1.3.1 目标市场营销理论 ... 18
- 1.3.2 直复营销理论 ... 19
- 1.3.3 关系营销理论 ... 21
- 1.3.4 软营销理论 ... 21
- 1.3.5 整合营销理论 ... 21
- 1.3.6 定制营销理论 ... 23

本章小结 ... 25
思考与练习 ... 26
案例与实训 ... 27

第2章 网络营销环境 ... 28
2.1 网络营销环境分析 ... 30
- 2.1.1 网络营销宏观环境 ... 30
- 2.1.2 网络营销微观环境 ... 37

2.2 网络营销的支持条件 ... 42
- 2.2.1 网络营销管理系统 ... 42
- 2.2.2 电子支付系统 ... 43
- 2.2.3 物流配送系统 ... 46
- 2.2.4 网络营销的安全保障 ... 47

本章小结 ... 50
思考与练习 ... 51
案例与实训 ... 52

第3章 网络市场调研 ... 55
3.1 网络市场调研概述 ... 56
- 3.1.1 网络市场调研的含义 ... 56
- 3.1.2 网络市场调研的特点 ... 57

3.2 网络市场调研实务 ... 59
- 3.2.1 网络市场调研的步骤 ... 59
- 3.2.2 网络市场调研的方法 ... 60
- 3.2.3 网络市场调研应注意的问题 ... 66

本章小结 ... 69
思考与练习 ... 69
案例与实训 ... 71

第4章 网络市场分析 ... 72
4.1 网络市场概述 ... 74
- 4.1.1 网络市场的含义 ... 75
- 4.1.2 网络市场的分类 ... 75
- 4.1.3 网络市场的特征 ... 77

4.2 网络消费者分析 ... 85
- 4.2.1 网络消费者的类型及特征 ... 85

4.2.2 影响网络消费者购买的主要因素……88
4.2.3 网络消费者的购买动机与购买过程……89
本章小结……94
思考与练习……95
实训……96

第 5 章 网络营销战略计划……97

5.1 网络营销战略分析……99
    5.1.1 网络营销战略的含义与作用……99
    5.1.2 网络营销战略的管理过程……102
5.2 网络营销计划……107
    5.2.1 网络营销活动的过程……108
    5.2.2 网络营销计划的内容……108
本章小结……112
思考与练习……112
案例与实训……114

第 6 章 网络营销组合策略……116

6.1 网络营销产品策略……118
    6.1.1 网络营销产品概述……118
    6.1.2 网络域名品牌策略……123
6.2 网络营销服务策略……129
    6.2.1 网络营销服务的含义、内容和特点……129
    6.2.2 网络营销服务形式……132
6.3 网络营销定价策略……136
    6.3.1 网络营销定价的特点……136
    6.3.2 网络营销的定价目标……138
    6.3.3 主要定价策略……139
6.4 网络营销渠道策略……146
    6.4.1 网络营销渠道的特点……146
    6.4.2 网络营销渠道的类型……147

6.5 网络营销促销策略……152
    6.5.1 网络营销促销的概念及特点……152
    6.5.2 网络促销的实施程序……153
    6.5.3 网络促销的形式……153
本章小结……161
思考与练习……162
案例与实训……163

第 7 章 网络营销站点推广策略……165

7.1 搜索引擎营销……167
    7.1.1 搜索引擎……167
    7.1.2 搜索引擎营销的含义……169
    7.1.3 搜索引擎营销的实现……170
7.2 电子邮件营销……174
    7.2.1 电子邮件营销的含义、特点和分类……174
    7.2.2 电子邮件营销的基本形式……177
    7.2.3 电子邮件营销的过程……178
7.3 其他推广方式……180
    7.3.1 交换链接……180
    7.3.2 网络社区……182
    7.3.3 博客营销……185
    7.3.4 微博营销……187
    7.3.5 社会化媒体营销……189
本章小结……192
思考与练习……193
案例与实训……194

第 8 章 网络广告……195

8.1 网络广告概述……196
    8.1.1 网络广告的概念和特点……196
    8.1.2 网络广告的形式……199

8.1.3 网络广告的计费方式...............206
8.2 网络广告实施...............................207
    8.2.1 网络广告设计........................208
    8.2.2 网络广告运作........................211
    8.2.3 网络广告效果测评.................214
本章小结...218
思考与练习...219
案例与实训...220

第 9 章 网络营销实施与管理...............222

9.1 网络营销实施...............................223
    9.1.1 网络营销实施分析.................223
    9.1.2 网络营销决策分析.................224
    9.1.3 网络营销组织........................225
9.2 网络营销管理...............................228
    9.2.1 网络营销成本管理.................228
    9.2.2 网络营销效益评估.................229
    9.2.3 网络营销风险管理.................232
本章小结...234
思考与练习...234
案例与实训...236

第 10 章 网络营销实训.........................238

10.1 创建商业站点.............................239
    10.1.1 在线申请网站空间...............239
    10.1.2 规划管理商业站点...............242
10.2 商务信息的收集与分析.............242
    10.2.1 使用搜索引擎收集
           商务信息...........................243
    10.2.2 在专业网站上进行商务
           信息的搜索.......................243
    10.2.3 在线调查问卷的制作
           与发布...............................244
10.3 网络营销站点推广.....................257
    10.3.1 免费登录分类目录...............257
    10.3.2 向搜索引擎提交站点网址......260
    10.3.3 搜索引擎关键词竞价排名......262
    10.3.4 利用社区推广站点...............264
    10.3.5 利用微博平台推广站点........267
本章小结...270

附录 网络营销课程建议...................271

参考文献...275

第1章

网络营销概述

知识目标

(1) 了解网络营销的产生与发展。
(2) 掌握网络营销的基本内涵、特点和功能。
(3) 掌握网络营销基本理论的核心思想。

技能目标

(1) 能够对网络营销与传统营销的优、缺点进行分析。
(2) 能够说明网络营销与电子商务的关系。
(3) 能够分析某一具体网站的网络营销应用。

引 例

快速发展的互联网络

根据中国互联网络信息中心(CNNIC)发布的第 44 次《中国互联网络发展状况调查统计报告》，截至 2019 年 6 月，我国 IPv4 地址数量为 38598 万个，呈持续稳定状态，拥有 IPv6 地址 50286 块 /32(图 1.1)，跃居全球第一；域名总数为 4800 万个(其中 .cn 域名数为 2185 万个)，国际出口带宽(截至 2018 年 12 月)达到 8946570Mbps(图 1.2)。

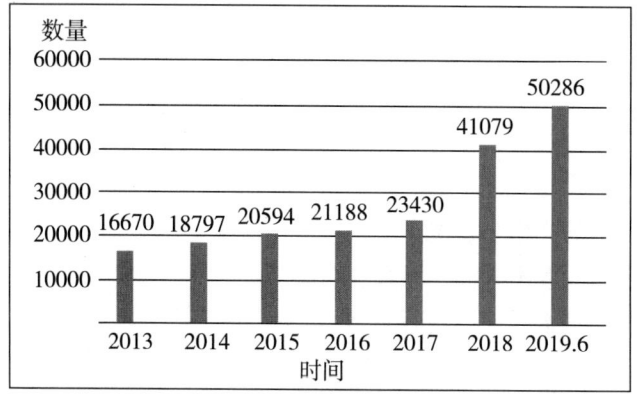

图 1.1 中国 IPv6 地址数量

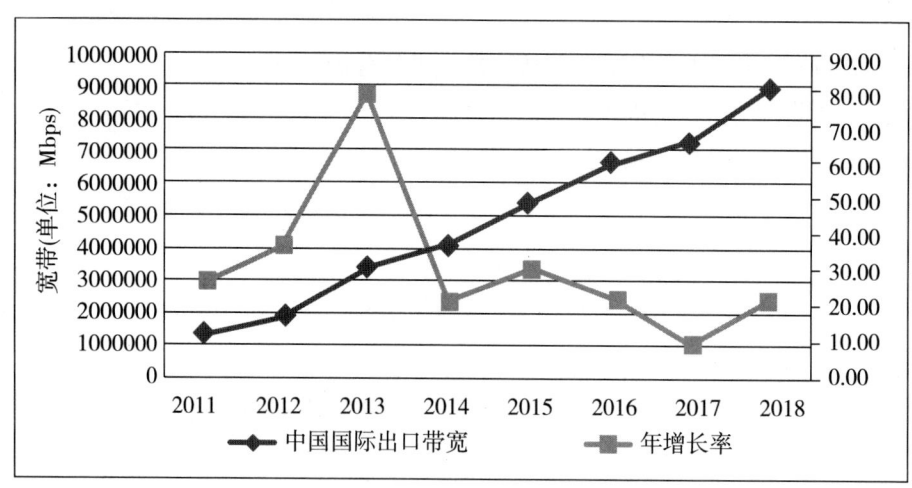

图 1.2 中国国际出口带宽变化情况

（资料来源：编者根据 CNNIC 网站相关资料整理。）

互联网是人类历史发展中一个伟大的里程碑，它极大地促进人类社会的进步与发展。移动互联网已经成为人们日常工作、生活中不可缺少的工具，网络媒体在社会信息环境中的地位日益提升，企业要抓住信息化的历史机遇，借助网络的力量获得成功。

1.1 网络营销的概念与内容

随着互联网与通信技术的发展和广泛应用，网络经济已悄然来临。在互联网络这一潜力巨大的数字化新兴市场上，以新的理念和方法开展营销活动，实现营销目标，成为各类企业关注的焦点。

1.1.1 网络营销产生的基础

网络营销是网络经济下的一种新的营销方式，是计算机和网络通信技术的发展、消费者价值观的变革、商业竞争等多种因素综合作用的结果。

1．计算机和网络通信技术的发展是网络营销产生的技术基础

【阿帕网】

网络营销以互联网为基础，互联网的前身是美国国防部为支持国防研究项目，于20世纪60年代末70年代初建成的阿帕网(ARPANET)。20世纪80年代以后，网络的商业价值被挖掘，阿帕网转变为军、民两用，并逐步发展为全球最大的计算机网络系统，即互联网。互联网是通过现代通信技术将世界各地的各种广域网和局域网连接起来，形成一个跨越国界的互连互通的网络，它随着通信技术的发展与应用不断扩大。

任何人都可以加入互联网，共享网络上的各种信息。企业看到互联网中蕴藏着的巨大商业价值，纷纷利用互联网展示产品和企业形象，提供信息服务，拓展企业的业务范围，并按照网络经济的特点调整企业内部组织结构和营销方式，网络营销应运而生。

2．消费者价值观的变革是网络营销产生的观念基础

企业以消费者需求为中心开展营销活动，则必须了解消费者需求的特征和变化趋势。目前，市场上商品的种类和数量日益丰富，消费者可以随意挑选自己需要的商品，消费者的需求也呈现出以下特征和趋势。

(1) 个性化消费成为主流

在商品供不应求或近乎垄断的市场中，可供消费者挑选的产品和服务很少，工业化和标准化的生产方式使消费者的个性被淹没于大量低成本、单一化的产品洪流之中。随着市场经济的发展，市场从卖方市场转变为买方市场，可供挑选的商品日益丰富，消费者需求的多样化和差异性开始显现，需求变化的速度也越来越快，每个消费者都可能成为一个细分市场，个性化消费成为主流。

(2) 理性购买意识增强

随着商品的日益丰富，消费者购买的风险逐渐增加，对风险的感知也随着选择的增多而上升。而消费者需求的个性化，使得消费者愿意通过各种方式主动获取与商品或服务有关的信息，并对信息进行比较分析，做出理性的购买决策，降低购买风险。

(3) 追求购买方便性

随着工作压力的增加和空闲时间的减少，一部分消费者对购买的方便性要求越来越高，并力求降低购买过程中的时间成本和精力成本。

(4) 价格对消费者心理有重要影响

对于每种商品，消费者在心理上都有一个价格上限，超过这个界限，消费者会倾向于放弃购买。在互联网发展的初期，人们习惯于免费的产品或服务。随着互联网的广泛应用，消费者接受了付费产品或服务，但对网上销售的产品和服务有低价格的心理预期，消费者的价值评价与市场价格的差异仍对消费者行为有着重要影响。

以上这些新的消费者价值观念，是人们普遍接受网络营销的观念基础。

课堂讨论

电商巨头企业为何频频入股实体商业

2015年8月10日，阿里巴巴宣布以283亿元战略投资苏宁，成为第二大股东；2016年11月，阿里巴巴投资21.5亿元入股三江购物；2017年，阿里巴巴在杭州创建实体超市——盒马生鲜，阿里巴巴以28.8亿美元直接和间接持有高鑫零售36.16%的股份，拿下了欧尚和大润发。

2017年12月，腾讯网以42.15亿元入股永辉超市，持有永辉超市5%的股份；2018年1月29日，万达发布公告称："腾讯网联合京东、苏宁、融创，出资340亿元收购万达商业14%的股份，成为互联网巨头和实体商业巨头之间最大的一笔战略投资。"

3. 日趋激烈的市场竞争是网络营销产生的现实基础

在激烈的市场竞争中，企业为了获得竞争优势，不仅要不断应用新的营销手段来吸引更多的消费者，还要不断地寻求变革，尽可能地降低商品生产和销售过程中所产生的成本和费用，缩短生产销售周期，提高企业的盈利能力。网络营销的产生给企业带来了福音，开展网络营销不仅无须支付大量的店面租金，而且通过与顾客的及时沟通，使企业能够根据消费者的需求进行个性化定制，减少企业库存，提高企业的市场应变能力，从而从根本上增强企业的竞争优势。

案例 1-1

从"苏宁电器"到"苏宁云商"

苏宁易购集团是中国领先的零售商业企业，2016年，苏宁以1582.68亿元的品牌价值位列《中国500最具价值品牌》榜第十三名，稳居零售业第一位。

1990年12月，诞生于南京的苏宁电器仅是一家营业面积为200平方米的空调店。伴随着中国经济的快速发展和人民生活水平的不断改善，苏宁电器也得到迅速发展，到2011年，苏宁电器实现销售收入938.88亿元，实现利润48.20亿元(创历史最高)。随着互联网应用的普及和网上营销的发展，传统商业受到极大挑战。尽管苏宁电器的网上销售平台——苏宁易购在2010年2月开始上线，2012年9月收购红孩子公司，全面升级了苏宁易购母婴、化妆品的运营，拉开了电商行业整合大幕，但苏宁电器的营业利润还是不断下滑。2014年扣除非经常损益后归公司股东的净利润为–14.65亿元，直到2017年，苏宁才实现扣除非经常损益后扭亏为盈。苏宁营业收入与营业利润折线图，如图1.3所示。

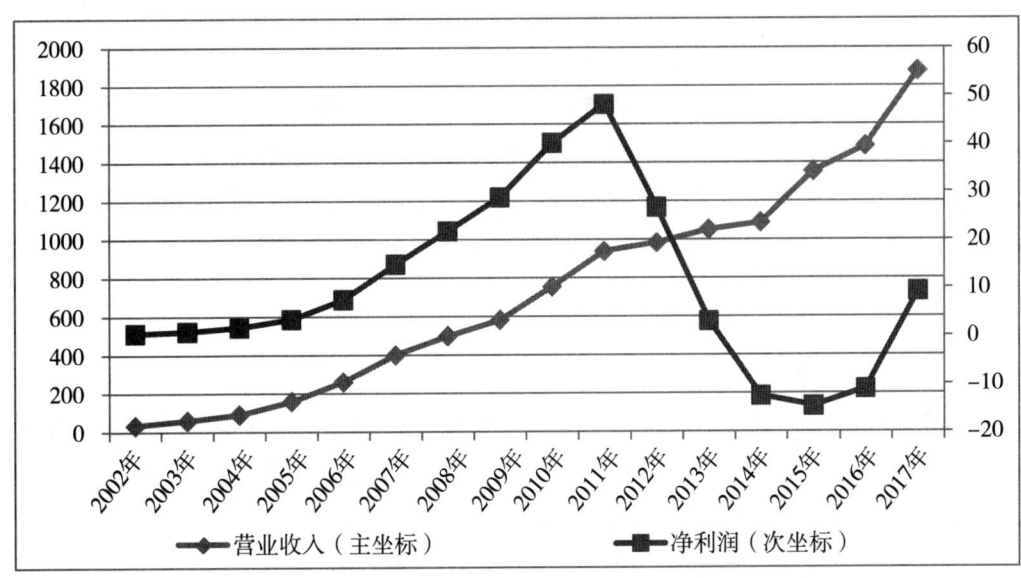

图1.3　苏宁营业收入与营业利润折线图（单位：亿元）

目前，苏宁通过推动门店的互联网改造、线上平台和移动端的快速发展和OTT市场的广泛覆盖，实现了全渠道布局。在线下，苏宁实体连锁网络覆盖海内外600多个城市，拥有苏宁云店、苏宁生活广场、苏宁小店、苏宁易购直营店、苏宁超市、红孩子门店等多种业态近4000多家自营门店和网点。线上通过自营、开放和跨平台运营，苏宁稳居中国B2C市场排名的前三位。苏宁的经营品类已覆盖家电、3C、母婴、超市、百货、美妆等。

2017年，苏宁易购围绕渠道建设、商品供应链完善、服务体验提升，打造零售、物流、金融三大业务单元核心竞争能力，运用互联网、物联网技术感知消费习惯，预测消费趋势，引导生产制造，为消费者提供多样化、个性化的产品和服务，创新智慧零售新模式。

（资料来源：编者根据苏宁易购网站相关资料整理。）

思考题： "苏宁电器"和"苏宁云商"有什么实质性区别？

1.1.2　网络营销的基本内涵

关于网络营销，迄今还没有形成一个公认的和较为规范、完善的定义。拥有不同知识背景的专家学者从不同的角度去认识网络营销，对网络营销的研究方法和研究内容都有不同的解释。例如，一些专家学者侧重于研究如何通过网络实现企业的营销目标，而另一些专家学者则强调网站的推广技巧，还有一些把网络营销视为网上直销或网上销售。

从"营销"的角度出发，可以将网络营销定义为：是指企业为适应和满足消费者的需求，以网络环境为基础，运用现代通信技术，系统地使用各类电子工具对产品或服务所进行的一系列经营活动，以实现企业的营销目标。

网络营销是一种新型的营销模式，旨在通过利用各种互联网工具为企业营销活动提供有效的支持，具有很强的实践性。如何定义网络营销并不重要，重要的是理解网络营销的真正意义和目的，有效开展网络营销活动。认识和理解网络营销应注意以下4个方面。

1. 网络营销是企业营销战略的组成部分

网络营销是企业整体营销战略的组成部分，它一方面包括传统营销活动在网络环境下的应用和实现过程，另一方面包括网络环境下特有的、以数字化形式的产品及无形服务为核心内容的各种营销活动。网络营销与传统市场营销并存，并同时在营销实践中得到应用与发展，两者共同为实现营销目标而努力。例如网站推广，除了在网上做推广外，还要利用传统营销方法进行推广。

2. 网络营销不单指网上销售

网上销售是企业在网络平台上与消费者开展网上交易的过程，而网络营销则贯穿于企业开展网上经营的整个过程，包括网站推广、信息发布、顾客服务、网络调研、销售促进和网上销售等内容。网上销售只是网络营销的环节之一。

3. 网络营销不是电子商务

网络营销与电子商务存在密切联系，但也有一定的区别。网络营销只是一种营销模式，注重通过开展以互联网为主要手段的营销活动来促进商品交易、提升企业品牌价值、加强并改善对顾客的服务等。电子商务的内涵很广，其核心是电子化交易，强调的是交易方式和交易过程的各个环节都是在网上实现的。例如，发生在网上交易过程中的网上支付、安全与法律等问题，都不是网络营销重点研究的内容。网络营销是电子商务的重要组成部分。

4. 网络营销不是万能的

互联网已经成为"第五媒体"，并且应用越来越广泛，但就像电视不能取代广播、报纸、杂志一样，网络也不能取代电视、杂志、广播等传统营销媒体。不同营销方式覆盖的人群及目标顾客各有侧重，优势互补。

课堂讨论

新零售

在2016年10月的云栖大会上，马云首次提出了"新零售"的概念，原话是："纯电商的时代很快会结束，未来的十年、二十年，没有电子商务这一说，只有新零售。"也就是说，线上、线下、物流必须结合在一起，才能诞生新零售。

此后，阿里巴巴不断切入实体零售业。2018年2月11日，居然之家接受了来自阿里巴巴、泰康保险集团、云锋基金、加华伟业资本等投资机构高达130亿元的联合投资。同

【马云的新零售演讲】

时，居然之家与阿里巴巴共同宣布达成新零售战略合作，阿里巴巴以及关联投资方向居然之家投资54.53亿元，持有其15%的股份。阿里巴巴自2016年全面启动新零售战略以来，已形成基于家电数码、快消商超、服饰百货、餐饮美食、家装家居的新零售全业态布局。

2018年4月初，阿里巴巴斥资95亿美元全额收购饿了么。

新零售从单点破局已发展到跨界融合、全产业聚力的新阶段。

思考题：新零售到底是什么？

(资料来源：2018新零售模式案例分析.国内外新零售模式案例分析[EB/OL].(2018-02-26)[2018-03-10]. http://www.hishop.com.cn/hixls/show_50164.html)

1.1.3 网络营销的特点

互联网是开展网络营销的基础，互联网的某些特性使得网络营销呈现出跨时空性、多媒体性、成长性、整合性、复合性和即时性等特点。

1．跨时空性

互联网具有跨越时间和空间进行信息交换的特点。基于互联网的网络营销也不受时间和空间的限制，使跨时空交易成为可能。借助互联网，企业可以全天候向世界各地的顾客提供产品和服务。

2．多媒体性

通过互联网络传递的信息不仅仅是文字，利用多媒体技术还可以传递声音、图像、动画等，这些信息被有机地融为一体，以超文本的形式生动活泼地展现给顾客，从而提高网络营销对顾客的影响力。

3．成长性

经过十多年的快速发展，中国网民数量的增长进入了一个相对平稳的阶段，互联网在易转化人群和发达地区居民中的普及率已经达到较高水平，而随着移动互联网的繁荣发展，移动终端设备所具有的价格更低廉、接入互联网更方便等特性，为部分落后地区和难转化人群中的互联网推广工作提供了契机。

4．整合性

网络营销从顾客的需求出发，根据顾客的需求设计产品或服务并送达顾客。开展网络营销需要企业对营销活动进行统一的规划和协调，有效整合企业资源和可利用的社会资源，以统一的传播资讯向顾客传达信息，满足顾客的需求。

5．复合性

网络营销以网络平台为基础，以通信技术为支撑。企业开展网络营销必须有相应的技术投入和技术支持，需要拥有一批既有营销经验，又掌握网络通信技术的复合型人才。

6. 即时性

移动互联网的普及完全打破了时空对营销活动的限制，使营销者与消费者可以随时随地进行沟通和交易。

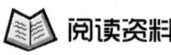 阅读资料

快速普及的移动互联网

根据 CNNIC 发布的第 44 次《中国互联网络发展状况统计报告》，截至 2019 年 6 月，我国手机网民为 8.47 亿人，网民使用手机上网比例达 99.1%；使用台式计算机上网、笔记本电脑上网和平板电脑上网的比例分别为 42.6%、36.1% 和 28.3%。手机网络购物用户规模达 6.22 亿人，占手机网民的 73.4%。

(资料来源：第 44 次《中国互联网络发展状况统计报告》[EB/OL]. (2019-08-30)[2019-12-10]. http://www.cnnic.net.cn/hlwfzyj/hlwxzbg/hlwtjbg/201803/t20180305_70249.htm)

1.1.4 网络营销的基本功能

网络营销作为一种新的营销模式，其基本功能表现在网络品牌建立、网站推广、信息发布和产品展示、网络调研、开拓销售渠道、销售促进、消费者服务等方面。

1. 网络品牌建立

品牌在很大程度上代表着企业的实力和形象，消费者往往认牌购物。网络营销的重要功能之一是在互联网上建立并推广企业的品牌，并利用互联网推动和促进企业品牌在线下的拓展和扩散，提升企业的整体形象。

2. 网站推广

对于网络营销者来说，要想让更多的消费者从互联网的海量信息中获得相关信息，并产生购买动机和行为是非常困难的。网站推广的重要性正在于此，为使企业的产品和服务信息家喻户晓，企业必须做好网站推广，让更多的消费者知道并访问企业网站，为网络营销的成功奠定基础。

3. 信息发布和产品展示

不管是哪种营销模式，都要将特定信息传递给目标群体。互联网为企业发布信息和产品展示提供了快速、便捷的渠道，通过网站发布信息，进行产品展示是网络营销的主要内容之一。此外，企业还可以利用网络论坛(BBS)、新闻组、电子邮件等工具或其他网络服务提供商发布信息。

4. 网络调研

网络调研是企业能动性的一种表现，是提升企业网络营销能力的手段。企业可以利用多种搜索方法主动获取市场信息，研究市场变化趋势，分析消费者心理和行为，研究竞争

对手的营销目标和策略,以提高企业对市场的快速反应能力,为企业制定网络营销策略提供依据。

5．开拓销售渠道

企业传统的销售渠道是从生产商到批发商,然后通过零售商送达消费者手中。网上销售是企业新的销售渠道,企业通过建立具有网上交易功能的网站开展销售活动,或利用电子商务综合平台上的网上商店开展销售活动。

6．销售促进

网络营销的另一个功能是通过使用有奖促销、拍卖促销、免费促销等各种针对性强的网上促销手段来实现增加销售的目的。这些促销手段并不限于对网上销售的支持,对于促进线下销售同样很有价值。

7．顾客服务

在网络营销过程中,企业通过常见问题解答、电子邮件、论坛和各种即时通信工具等,向顾客提供无假日紧急需要服务、信息跟踪、信息定制、信息转移等各种服务,提高顾客的满意度,增进与顾客的关系。

网络营销的各个功能之间是相互联系、相互促进的。网络营销的最终目的是充分协调和发挥各种功能,以更好、更及时地满足顾客的需求,实现网络营销的整体效益最大化。

 阅读资料

中国企业互联网应用普及状况

国际电信联盟(International Telecommunication Union,ITU)发布的《ICT核心指标》中,按应用的特点,将企业互联网应用分为以下四大类。

(1) 沟通类:利用互联网方式完成交流沟通的通用型互联网应用,主要包括发送和接收电子邮件,拨打网络电话/VoIP等。

(2) 信息类:利用互联网获取或者发布信息的互联网应用,包括了解商品或服务信息、从政府机构获取信息、发布信息等。

(3) 商务服务类:利用互联网辅助企业更好地进行商务活动,如网络客户服务、网上银行等。

(4) 内部支撑类:利用互联网辅助企业进行内部管理、提升内部工作效率的相关互联网应用,包括与政府机构互动(如在线办事)、网络招聘、在线员工培训等。

根据CNNIC发布的第44次《中国互联网络发展状况统计报告》,截至2019年6月,我国网民数量达8.54亿,互联网普及率达61.2%,其中农村网民数量为2.25亿。

(资料来源:编者根据CNNIC网站相关资料整理。)

【中国网民各类互联网应用及手机互联网应用的使用率】

1.1.5 网络营销的主要内容

在传统的市场营销中,产品(Product)策略、价格(Price)策略、渠道(Place)策略和促销(Promotion)策略被称为市场营销4P组合策略,也是整个市场营销学的基本框架。

基于不同视角和知识背景的网络营销研究人员,对网络营销的理解存在较大的差异,对网络营销理论体系研究的内容也不同。

注重网络营销相关技术手段研究的学者将与网络营销相关的技术手段作为整个理论(内容)体系的核心内容,包括搜索引擎检索原理、企业网站服务器构建、网页制作方法、电子邮件系统配置等。

注重网络营销操作方法和技巧的学者将网站推广、网络广告等作为网络营销的主要内容,强调网络营销的实践性。

注重传统市场营销学理论研究的学者将网络营销视为一种新的营销模式和现代市场营销的重要组成部分,并将传统的4P策略融入网络营销。这种体系比较完整,适合教学的需要,但对实践应用有很大的限制,例如很难将企业网站、搜索引擎、电子邮件等纳入进来。

综合以上观点,本书结合网络技术和市场营销理论,以企业为营销主体,构建了一套网络营销内容体系,主要包括4部分,如图1.4所示。

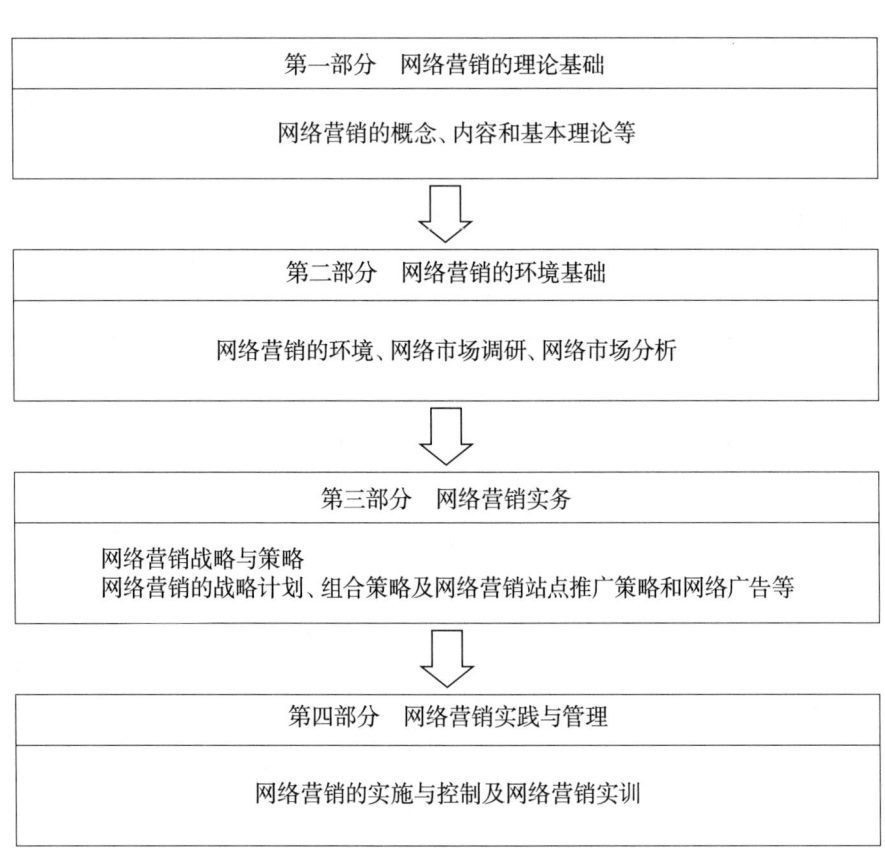

图 1.4 网络营销内容体系框架

第一部分(第 1 章)作为全书的理论基础，主要对网络营销的产生、基本概念、特点、基本功能，网络营销与传统营销的整合、网络营销的理论基础等进行探讨，为深入了解网络营销奠定基础。

第二部分(第 2～4 章)介绍了网络营销的环境、网络市场调研和网络市场分析，包括网络营销的宏观和微观环境、网络营销的支持条件、网络市场调研、网络市场的特点和网络消费者分析等。

第三部分(第 5～8 章)介绍了网络营销战略计划、网络营销策略及其实施的方法，重点介绍搜索引擎营销(Search Engine Marketing，SEM)、电子邮件营销、网络社区营销、博客营销、网络广告等重要方法。这一部分是网络营销内容体系的主体，也是实施网络营销战略的基础。

第四部分(第 9～10 章)介绍了网络营销实践与管理，是对网络营销理论和方法的综合应用。

1.2　网络营销与传统营销

网络营销作为一种新的营销模式和手段，与传统营销同属现代市场营销理论，两者既有相同点，又存在明显的区别。有效整合网络营销与传统营销策略和手段，更好地唤起顾客对产品的注意，满足顾客需要，是企业营销人员必须研究的重要课题。

1.2.1　网络营销与传统营销的异同

1. 网络营销与传统营销的不同点

网络营销是以互联网为基础展开的营销活动，它与传统营销的区别主要表现在以下 4 个方面。

(1) 营销环境不同

传统营销以工业经济为基础，而网络营销除了工业经济基础外，还有网络经济、网络技术和现代通信技术基础。网络营销以网络通信技术为基础，通过互联网和企业内部网络实现企业营销活动的信息化、自动化与全球化，消除了传统营销中时间和空间的限制。

(2) 目标市场不同

在传统营销活动中，目标市场的选择多数是针对某一特定消费群体，而网络营销的目标市场选择多数是针对个性需求者。企业通过网络收集大量信息，了解不同消费者的不同需求，从每一位消费者身上寻找商机，并针对每一位消费者制定相应的营销策略，为其提供个性化的产品或服务。

【传统营销】

(3) 营销策略不同

网络营销是在虚拟环境下开展营销活动，顾客只能通过网络了解产品信息，无法直观感觉和试用。因此，在营销策略上，企业也必须根据虚拟环境要求设计产品及产品展示，制定相应的营销策略。

① 产品策略。在网络营销中，消费者不能触摸到产品的实体，企业利用多媒体技术将产品的外形、性能、特点、品质以及为用户提供的服务展示出来。理论上讲，一般商品和服务都可以在网络上销售。企业在开展网络营销时，必须结合网络特点，重新考虑产品的设计、开发、包装和品牌策略。

② 价格策略。传统营销中企业制定产品价格时重点考虑产品成本和企业目标利润。网络营销中企业借助于互联网双向沟通技术，采取双赢的定价策略对产品或服务进行定价，一方面充分考虑目标消费者的接受能力；另一方面利用互联网降低成本与费用，与消费者分享因成本降低带来的价值增值。

③ 渠道策略。传统营销的销售渠道策略取决于营销各主体之间的空间距离及交通条件，产品销售采取库存和中间环节(分销商)的迂回模式来实现。网络营销主体利用互联网与顾客直接沟通，实现直销，借助于第三方物流减少对库存和中间环节的依赖，降低流通费用和交易费用。无形产品则可以直接通过网络进行配送。

④ 促销策略。传统营销运用广告、人员推销、公共关系、销售促进等各种促销手段。在网络营销中，人员推销作为直销的手段难以采用，网络广告是网上促销的主要手段，并且促销内涵和实现方式更加丰富。促销的实质是信息沟通，网络营销使传统的单向信息沟通转变为交互式信息沟通，提高了消费者的参与度和积极性。

(4) 沟通方式不同

传统营销中交易双方往往以直接面对面的方式接洽。网络营销中交易双方通过网站、电子邮件、BBS 等进行沟通。

2．网络营销与传统营销的相同点

(1) 目标相同

作为现代市场营销理论的重要组成部分，网络营销和传统营销的目标都是通过发现需求并满足需求来实现销售，创造利润。

(2) 活动范畴相同

网络营销和传统营销的活动范畴都包括消费者需求调查、产品设计开发、产品定价、销售、促销、了解消费者的评价及反馈等，涵盖从产品研发到消费结束的全过程。

(3) 围绕的中心相同

网络营销和传统营销都以消费者为中心，围绕消费者需求提供产品和服务，通过满足消费者的需求实现企业的盈利和发展。网络营销和传统营销都需要企业以满足消费者需求为中心，通过市场调研发现、唤醒、引导、激发消费者的真正需求，然后有针对性地去满足这些需求。

阅读资料

网络经济下的消费者行为模式比较

在网络经济下,作为媒体的互联网成为企业营销推广的重要工具。

首先,从用户的角度看,网络搜索服务改变了用户的消费行为模式。根据CNNIC的调查,截至2019年6月,网络用户在工作、学习场景下使用搜索引擎的比例最高,达到76.5%;其次为查询医疗/法律等专业知识场景,使用率为70.5%;使用搜索引擎收看新闻、查询网上娱乐内容和下载软件的比例在60%~70%之间。根据图1.5中的AISAS模型,搜索作为整个消费行为最重要的环节,搜索结果好不好会直接对消费行为造成影响,通过分享成倍扩散。网络上的信息、评论对购物决策的影响已经逐渐超过传统媒体。

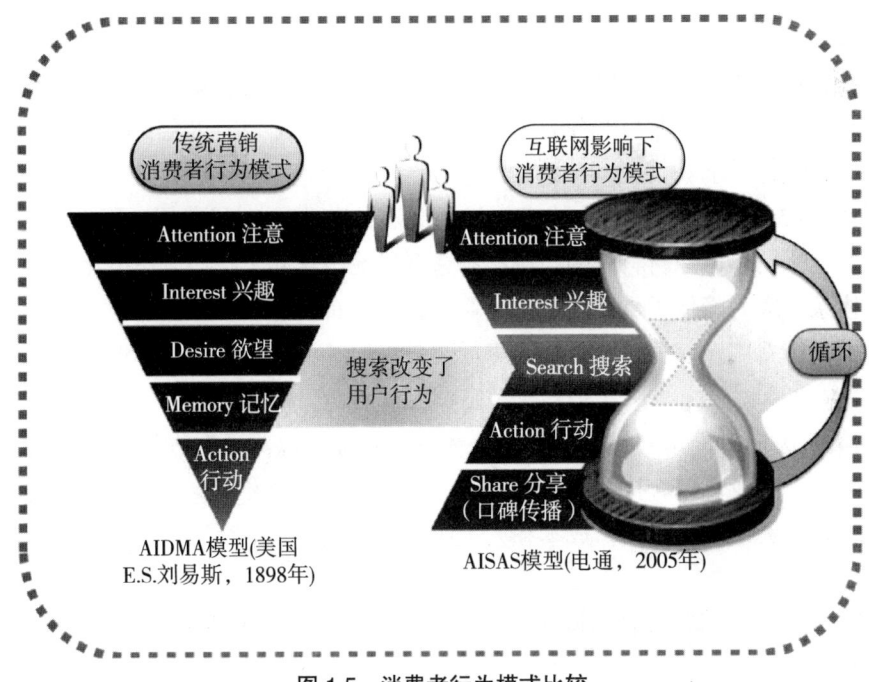

图1.5 消费者行为模式比较

其次,网络营销的效果优于其他媒体。基于用户数据库的分析,网络营销能够实现精准投放。同时,互联网是唯一一个能够集问题识别、信息搜集、评价选择、决策购买和购后评价这一系列用户行为为一体的媒体平台。大大提高了用户的购物效率,能够使营销直接产生购买效果。

根据CNNIC的调查,截至2019年6月,在使用搜索引擎时,有94.1%的用户意识到搜索结果中含有广告,仅有5.9%的用户没有意识到搜索结果中包含广告。目前搜索广告在用户中已经拥有了较为普遍的认知度。

最后,网络对其他媒体的融合使得用户的媒体消费习惯越来越集中于网络。这必然导致广告资源流向互联网,网络广告相对于其他媒体广告将在较长的时间内保持较快的增长速度。

(资料来源:编者根据相关网络资料整理。)

1.2.2　网络营销的优势和不足

1. 网络营销的优势

网络营销具有许多明显的优势，主要表现在以下 3 个方面。

(1) 市场竞争的公平性

在网络营销中，没有时间、空间的限制，减少了市场壁垒和市场扩展的障碍，所有的企业不受自身规模的约束，面对覆盖全球的网络市场公平竞争。每个企业都可拥有自己的网站，可以通过网络随时传递产品信息，寻找贸易合作伙伴，创造贸易机会。

(2) 营销策略贴近顾客

① 在产品方面，网络营销顺应了当今社会消费需求个性化、多样化的发展趋势，使顾客拥有比传统营销更大的产品选择自主权。一方面，顾客可以根据自己的需求与偏好在全球范围内快速找到自己想要的产品；另一方面，企业在产品定位、设计、生产等阶段，通过电子公告栏、在线讨论和电子邮件等方式与顾客进行沟通，以极低的成本即时获取顾客的意见和要求，实现企业与顾客的"一对一"营销，体现"以顾客为中心"的营销理念，满足顾客的个性化需求。

② 在价格方面，网络营销主体直接面对顾客，节省了中间费用，降低了销售成本；企业通过网上采购，将原材料采购与产品制造有机地结合起来，形成一体化的信息传递和信息处理体系，大大降低了采购成本；企业在网上发布信息，与顾客沟通的费用通常比较低，节省了促销费用。以上各项费用的降低会最终反映为产品价格的降低，从而产生较大的竞争优势。

③ 在渠道方面，网络营销的优势主要体现在企业可以与顾客进行零距离的沟通和交流。通过网络，企业可以直接向消费者销售产品，减少了批发商、零售商等中间环节和产品库存，节省了大量的店铺运作成本和人工成本，降低了整个商品供应链上的费用和经营风险。

④ 在促销方面，网络营销强调的是与顾客的双向互动沟通，是以顾客为主导的、非强迫性的、低成本与人性化的促销，企业通过信息提供，与顾客建立长期的合作关系。

⑤ 在服务方面，销售之前通过网络向顾客提供丰富生动的产品信息及相关资料，留给顾客更多自由考虑的空间，使顾客更加理智地进行购买；在买卖过程中，顾客无须花费时间去商场选购，也不必为联系送货而与商场工作人员交涉，只需在相应的购物网站浏览商品，在线支付货款，通过专业物流公司获得所购买的商品；同时，用户在购买后若出现了问题，可以随时与厂家联系，得到来自卖方及时、快捷、7×24 小时的技术支持和服务。

(3) 市场反应快

网络具有快捷、方便等特性，开展网络营销提高了营销活动的效率和企业的市场反应能力，为企业更高效地获取市场信息、满足顾客需求提供了可能。

2．网络营销的不足

与传统营销相比，网络营销具有显著优势，但作为一种新的营销模式，网络营销还存在以下 3 方面的不足。

(1) 通信技术与网络安全问题

虽然近几年来我国网络安全状况明显改善，但网络用户信息泄露、网络黑客勒索和通信信息诈骗等问题仍频繁出现。2017 年 5 月和 6 月，名为"WannaCry"和"Petya"的勒索病毒袭击全球，给超过 150 个国家的金融、能源、医疗等行业造成了影响。

【"WannaCry"和"Petya"】

(2) 价格问题更加敏感

公开、透明的产品服务价格信息，使得顾客极易在比较中做出选择，价格问题对顾客购买决策的影响进一步加强。网络营销企业为获得更多的订单和销量，也常把价格作为重要的竞争策略。

(3) 购物乐趣缺失

对一些消费者来讲，特别是女性消费者，商品的选购过程是一个休闲、娱乐的过程。网上购物尽管方便、快捷，但在虚拟的网络空间中的购物活动失去了传统市场中的购物乐趣。同时，网上购物也无法满足消费者社交的心理需要，无法使消费者获得在线下购物中所能得到的显示自身社会地位或支付能力等方面的心理需要。

1.2.3 网络营销与传统营销的整合

在现代市场营销中，网络营销和传统营销各有侧重，两者的整合是实现营销目标的关键。

1．网络营销无法取代传统营销

网络营销作为一种新的营销模式，与传统营销相比有许多优势，但它无法在短期内取代传统营销。

根据 CNNIC 的调查，截至 2019 年 6 月，我国网民数量为 8.54 亿，互联网普及率为 61.2%；我国网络购物用户数量为 6.39 亿，占网民整体的 74.8%；手机网络购物用户数量为 6.22 亿，占手机网民整体的 73.4%；网上外卖用户数量为 4.21 亿，占网民整体的 49.3%；10～39 岁网民群体占网民整体的 65.1%，60 岁以上的网民占网民整体的 6.9%。

2．网络营销的 4C 策略

4C 理论由美国营销专家罗伯特·劳特朋教授于 1990 年提出，以消费者需求为导向，重新设定了市场营销组合的 4 个基本要素，即消费者 (Consumer)、成本 (Cost)、便利 (Convenience) 和沟通 (Communication)。网络信息技术和现代通信技术的发展，使 4C 策略在网络营销中得到更有效的运用，也使市场营销实践得到快速发展。

(1) 消费者策略

企业应把追求消费者满意度放在第一位，即忘掉产品，专注于消费者的需求，生产和销售消费者真正需要的产品。

(2) 成本策略

企业应努力降低消费者的购买成本，即忘掉价格，考虑消费者愿意支付的成本，生产出的产品的成本必须是消费者能够接受的。

(3) 便利策略

企业要充分注意到消费者购买过程中的便利性，即忘掉渠道，专攻消费者便利、安全购物。

(4) 沟通策略

企业应以消费者为中心实施有效的营销沟通，即忘掉促销，加强与消费者的沟通，尊重消费者，与消费者建立一种积极友好的关系。

3. 整合网络营销与传统营销

传统营销与网络营销是现代市场营销的两个有机组成部分，这两者缺一不可，必须有效整合才能使其发挥最大的功效，满足消费者的个性化需求，实现企业的营销战略和目标。

(1) 产品策略整合

产品和服务要更加注重对消费者个性化需求的满足。企业通过市场调研了解消费者的需求，设计生产符合消费者需求的产品，借助传统营销模式，满足一般消费者需要；借助网络平台，满足更广大区域内的网络消费者的个性化需求。网络营销的实施，不仅为企业提供了一种全新的营销模式，也为企业提供了新的开拓市场的工具和增长点。例如，戴尔(中国)有限公司(Dell)通过互联网，根据消费者的需求组装计算机，在计算机部件价格急剧下降的今天，仍实现销售业绩的大幅增长。

(2) 价格策略整合

价格的高低不仅影响企业的收入和利润，同时也影响着消费者的需求和支付成本。在定价时，企业不仅要考虑生产成本、费用和目标利润，还要借助网络平台了解目标市场的支付能力和意愿，平衡企业和消费者双方的利益，从而提高定价的有效性和可行性。

(3) 渠道策略整合

不同的消费者有不同的偏好和渠道选择，同一消费者在不同的时间和条件下也会选择不同的渠道。企业若采用单一渠道模式，无异于放弃更大的市场份额和市场拓展空间。企业要通过传统渠道和网上销售渠道的有效整合，以更为有效、便利的方式满足消费者需求，从而提高营销效率和业绩。

(4) 促销策略整合

促销的本质是沟通，线下交流与线上交流各有目标和优势。有效利用两种不同的方式进行沟通，充分了解消费者的意愿和真正关心的利益点，是影响促销策略成败的关键。

1.2.4 网络营销的发展趋势

我国网民对互联网深层次应用的需求和接受程度增速快，但水平低，成长空间较大。

1. 网络广告模式创新加快

自 2001 年以来，网络广告模式，包括网络广告形式、尺寸，网络广告媒体形式，网络广告信息传递形式和网络广告投放形式等，均在不断创新。

企业在开展网络营销时，可根据网站提供的相关内容和服务选择网络广告媒体；可根据广告受众的偏好、广告目标、广告预算等选择广告形式，例如语音广告、视频广告；在网络广告的投放和管理模式上，企业可根据自身情况、管理能力和资源，确定是自助投放、自助管理，还是委托或由广告代理商负责。

快速增长的网络广告

根据 CNNIC 的调查，2018 年我国网络广告市场规模为 3717 亿元，较上一年增长 25.7%。移动终端广告增长快速，主流互联网广告运营商广告收入结构呈现移动端压倒 PC 端的势态，如图 1.6 所示。

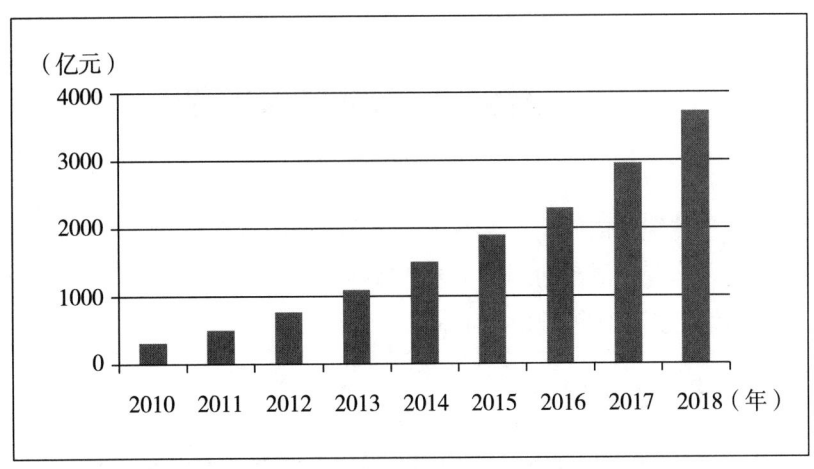

图 1.6　2010—2018 年我国互联网络广告市场规模

(资料来源：第 43 次中国互联网络发展状况统计报告 [EB/OL]. (2019-02-08)[2019-12-10]. http://www.cnnic.net.cn/hlwfzyj/hlwxzbg/hlwtjbg/201902/P020190318523029756345.pdf)

2. 搜索引擎营销竞争加剧

行业的发展有其内在的规律，从诞生、发展、成熟直至衰退，市场份额通常都要经历从集中到分散再到集中的过程。随着互联网的普及和广泛应用，搜索引擎领域的市场竞争也在不断加剧，主要表现在两个方面：一是搜索引擎服务商的数量不断增加，新生搜索引擎不断涌现；二是搜索引擎服务商为获得更多的市场份额，不断改进销售渠道，增加和改进服务项目与内容。

目前，搜索引擎营销服务具有一定的垄断性，产品价格和销售模式基本上取决于服务商的规定，但随着竞争的加剧，多渠道销售、多种灵活定价模式的搜索引擎产品将更具有市场吸引力。

3．Web 2.0网络营销越来越受到企业的重视

尽管Web 2.0网络营销尚未成为主流，但随着Web 2.0网站的快速发展，企业的网络营销资源、网络营销方法也在不断增加。诸如博客(Blog)、RSS、网摘、播客(Podcast)等Web 2.0网络营销越来越受到企业的重视，并成为有效的网络营销工具。

【Web 2.0】

4．提供一站式解决方案将成为企业获得专业化网络营销服务的重要途径

一站式解决方案是指集网站建设、站点推广、商机转化等网络营销重要环节于一体的网络营销服务，由一家网络服务商提供。一站式解决方案不仅能够降低企业在时间、精力和资金上的消耗，而且有利于网站后续管理和维护，实现网站的有效运行。

【一站式】

1.3　网络营销的基本理论

网络营销区别于传统营销的根本之处在于网络自身的特性和对消费者个性化需求的有效满足。企业开展网络营销活动的理论主要有目标市场营销理论、直复营销理论、关系营销理论、软营销理论、整合营销理论和定制营销理论等。

1.3.1　目标市场营销理论

目标市场营销是指企业通过市场细分，选择一个或几个细分市场作为自己的目标市场，专门研究其需求特点，并有针对性地设计适当的产品，制定适当的价格，选择合适的渠道和促销手段开展市场营销活动，集中力量为目标市场服务，满足目标市场的需要。

目标市场营销的核心是市场细分(Segmenting)、目标市场选择(Targeting)和市场定位(Positioning)，又称STP营销。

1．市场细分

所谓市场细分，是指企业根据市场需求的多样性和购买行为的差异性，把市场划分为若干个具有某种相似特征的消费者群体，即细分市场或子市场，以便选择并确定自己的目标对象。通过市场细分，使各细分市场之间具有较为明显的差异性，而属于同一细分市场的消费者，则具有相同或相似的需求特征和要求。

市场细分的主要依据有两点：一是消费者之间的需求存在广泛的差异，这些差异是由消费者所处的不同地理环境及千差万别的文化、社会、个人和心理特征的影响而形成的；二是企业资源的有限性，即任何一家企业都不可能满足所有消费者的所有

需求。

消费者市场的细分方法有地理细分、人口细分、心理细分和行为细分四大类。

2．目标市场选择

在市场细分的基础上，企业通过评估每个细分市场的吸引力，根据企业自身的优势和能力，选择一个或若干个细分市场作为自己的目标市场，并针对目标市场的特点展开营销活动，以期在满足顾客需求的同时，获取更大的利润。

目标市场选择策略包括无差异市场营销策略、差异性市场营销策略和集中性市场营销策略三种。每种策略都有其优点和缺点、适用的范围和条件。企业应根据自身资源、产品同质性、市场同质性、产品所处的生命周期阶段、竞争对手的目标市场战略等具体情况来选择相应的营销策略。

3．市场定位

市场定位是指企业针对选定的目标市场，根据自身的优势、劣势和竞争对手的情况，为产品在顾客心目中建立有利的竞争位置，从而树立鲜明的品牌形象，以吸引更多的顾客，提高产品的市场竞争力，实现企业既定的营销目标。

有效的市场定位，可使消费者对企业的产品或品牌产生深刻、独特的印象和好感，形成习惯性购买，提高企业的市场竞争力。

市场定位的基础是差异化。没有差异化，就不存在定位问题。差异化主要包括产品差异化、服务差异化、人员差异化、企业形象差异化等方面。

1.3.2 直复营销理论

直复营销(Direct Response Marketing)指不通过中间商，企业直接与消费者"面对面"开展的营销活动。"直复"即直接回复，是指消费者对企业的营销有一个明确而直接的回复，企业可以通过对回复的统计，对营销效果进行评价。传统的直复营销形式有以下4种。

【我国企业的直复营销】

1．直接邮购营销

直接邮购营销指企业自身或委托广告公司制作宣传信函，分发给目标消费者，引起消费者对产品的兴趣，并通过信函或其他媒体进行订货和发货，最终完成销售的营销过程。

2．目录营销

目录营销指企业编制商品目录，并通过一定的途径分发到消费者手中，实现订货并发货的销售行为。目录营销实际上是从邮购营销演化而来的，两者最大的区别在于目录营销适用于经营一条或多条完整产品线的企业。

3．电话营销

电话营销指企业通过电话向消费者提供产品和服务信息，消费者再借助电话提出交易要求的营销活动。

4．电视营销

电视营销指企业通过购买电视的某个时段，播放有关产品信息，包括产品功能、价格等，促使消费者产生购买意向并最终达成交易行为的营销活动，其实质是电视广告的延伸。

借助互联网的高效性，消费者可以直接通过网络订货和付款，企业则通过网络接收订单、安排生产，并直接将产品送达消费者。互联网成为直复营销的最佳工具之一。

案例1-2

红孩子公司的直复营销之路

红孩子公司成立于2004年，同年www.redbaby.com.cn网站正式开通，公司构建了B2C网站、直投DM商品目录、呼叫服务中心、社区网站、特别渠道联盟等多个平台，以及分布在9个省市的分公司。

2005年8月，红孩子公司推出服务会员的网上论坛及社区；2006年9月，新增化妆、家居、健康等品类的经营；2008年5月，新增3C小家电品类销售；2009年，食品和化妆品先后成为B2C领域销售领先的频道；2010年6月，获中国互联网协会信用评级AAA级；2010年，全国呼叫中心运营监控及现场分析体系、全国统一服务质量监控体系试上线运行，热线岗前培训统一标准及管理体系、全国投诉管理分析和红孩子社区分享功能先后上线；2011年，UCP系统上线，"缤购"binggo.com全新上线。

2012年9月，苏宁以6600万美元全资收购红孩子公司。收购后，苏宁整合了苏宁易购的母婴产品和红孩子电商产品，红孩子电商也依托苏宁打造了线下实体，以实现线上线下协调融合(图1.7)。

图1.7 苏宁易购下的苏宁红孩子网页

(资料来源：编者根据CNNIC网站相关资料整理。)

思考题：查阅资料，简述红孩子公司成功的主要原因。

1.3.3 关系营销理论

关系营销(Relationship Marketing)倡导企业应积极主动地与其相关利益群体，例如顾客、公众、供应商、营销中介等建立并保持友好合作的关系，以形成一种长期稳定的关系网络，保持企业有利的市场竞争位置，实现企业的营销目标。

关系营销的核心是建立和发展与顾客长期的、良好的关系，在此基础上开展营销活动，为顾客提供高度满意的产品和服务。有关调查显示：一位满意的顾客会影响8笔潜在的生意，其中至少有一笔会成交；一位不满意的顾客会影响25位潜在顾客的购买意愿；争取一位新顾客所花费的成本是保住一位老顾客的6倍。由此可见，建立良好的顾客关系，有利于提高顾客的忠诚度，并为企业带来长远利益。

互联网的普及使企业与顾客之间有条件实现低成本的沟通和交流，并为企业与顾客之间建立长期稳定的关系提供了有效保障。企业利用互联网获得顾客需求信息，了解市场需求，有效地进行市场细分和目标市场选择并锁定市场，最大限度地降低营销费用，提高对市场的反应速度，更好地为顾客提供服务，实现双赢。

1.3.4 软营销理论

软营销也称为柔性营销，是针对工业经济时代以大规模生产为主要特征的强势营销所提出的新理论。该理论强调企业在进行市场营销活动的同时，必须尊重消费者的感受和体验，通过一系列人性化的营销活动让消费者能心甘情愿地接受企业的产品和服务。

相对于以广告和人员推销等为主要促销手段的强势营销，软营销强调通过有效沟通，让消费者主动接受企业提供的产品或服务。借助于互联网，企业实现了与消费者之间自由、平等、开放和交互的信息交流，从而使软营销理论得以实践。

网络社区(Network Community)和网络礼仪(Netiquette)是实施网络软营销的基本保障。

网络社区是指那些具有相同兴趣或目的、经常相互交流、互利互惠、能给成员以安全感的互联网上的单位或个人所组成的团体。在网上，人们利用网络论坛、新闻组等工具，就共同感兴趣的话题展开讨论，形成如程序员、游戏、摄影爱好者甚至某球星的球迷等社区。

网络礼仪是互联网自诞生以来，逐步形成并不断完善的一套良好的、不成文的网络行为规范。在互联网上开展网络软营销活动，特别是促销活动，必须遵循一定的网络礼仪。例如，利用电子邮件进行网络营销时，必须谨记两个"必须"与一个"不要"：公司或者个人收到电子邮件，必须及时礼貌地给予答复；每一封寄出的电子邮件，必须表述清楚简洁，且有一定价值；不要发送人们不欢迎或明确表示拒绝接收的电子邮件。

1.3.5 整合营销理论

整合营销(Integrated Marketing)是一种对各种营销工具和手段的系统化结合，根据营销环境的变化，进行即时的动态修正，以使交易双方在交互中实现价值增值的营销理念与方法。整合就是把营销的各个环节和各种策略与方法综合成一个有机的整体。

整合营销要求以消费者为中心，综合利用企业所有可利用的资源，实现企业的高度一体化营销。整合既包括企业营销过程、营销方式以及营销管理等方面的整合，也包括对企业内外部的商流、物流及信息流的整合。在网络经济时代，整合营销要特别注重对网络营销的整合，发挥网络优势，实现 4C 策略前提下的 4P 策略。

整合营销强调协调与统一，一方面要整体配置企业所有的资源，另一方面要使企业中各层次、各部门和各岗位，以及总公司、分公司、产品供应商、经销商和相关合作伙伴协调行动，并追求企业与外部环境的协调一致，形成竞争优势。

案例1-3

海尔"零距离下的虚实网融合"

1984 年海尔集团创立于青岛，是目前全球最大的家电制造商之一。2017 年，海尔集团全球营业额为 2419 亿元。2017 年全球冰箱业 TOP3 为海尔(17.3%)、LG(6.9%)、三星(6.1%)。其中，海尔冰箱以 17.3% 的市场份额第十次居全球第一。另外，这也是海尔大型白色家电第九次蝉联全球第一。海尔通过全球六大品牌，让产品远销 160 多个国家，覆盖五大洲，成为中国家电全球化第一品牌。

2000 年，海尔实施战略转型。2004 年，海尔集团的官方网上商城——海尔商城(www.ehaier.com)创建 (图 1.8)。其商业模式从传统商业模式转型为人单合一双赢模式，形成了网上直销、线下直营店和线下分销复合型销售模式。通过海尔商城，客户可以直接参与产品设计，让海尔的"为顾客提供一站式服务"成为现实。

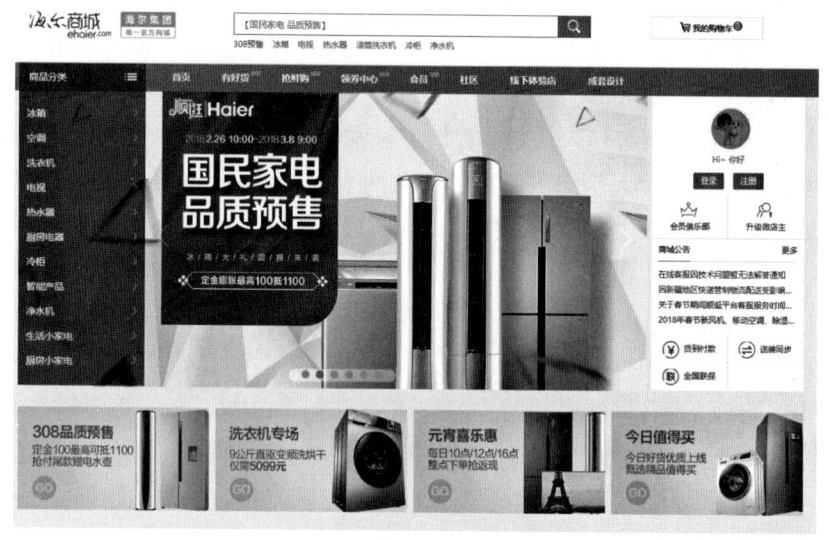

图 1.8 海尔商城首页

(资料来源：编者根据网上相关资料整理。)

思考题：与其他国内家电企业相比，简述网上海尔商城的优势。

1.3.6 定制营销理论

定制营销视每一位顾客为一个单独的细分市场,根据每一个人的特定需求来安排营销组合策略。定制营销是在规模化生产不能满足顾客多样化、个性化需求的情况下提出来的。

在市场需求多样化的今天,定制营销能极大地满足顾客的个性化需求,提高企业的竞争力。在定制营销中,顾客可以直接参与产品的设计,企业参考顾客的意见改进产品,从而达到产品、技术等方面的创新,且与顾客的需求保持一致,促进企业的不断发展。例如,2000年,海尔提出"定制冰箱"的概念,即"我的冰箱我设计",为顾客量身定做冰箱产品。

顾客数据库是企业实施定制营销的依据。企业将自身与顾客的每一次交易都记录下来,包括顾客购买的数量、价格、采购条件、特定需要、性别、年龄等。通过数据库分析,了解新老顾客的需求状况,从而制定出针对性更强的营销策略。

案例1-4

型牌男装,密码定制

型牌男装是为商务男士提供高级男装定制服务的专业品牌,专注做好"男装定制专家"。型牌网是北京酷绅服装有限公司旗下的个人定制网站。

型牌男装志在提高定制服装的性价比,希望顾客"用成衣的价格享受到高级定制服务"。为此,型牌发明了密码定制法,让客户只用3个尺寸即可开始网上定制,95%以上的人只需通过这一简单便利的方法就可以定制到满意的高级男装,同时,也为那些要求更加严格的客户提供了告知日常穿衣感受、审核调整成衣设计尺寸、在线客服沟通、电话沟通和无条件退货等多项服务,尽一切可能达到顾客满意。

(资料来源:编者根据网上相关资料整理。)

思考题:网上服装定制真的能代替传统定制吗?服装定制的主要客户群体有哪些?

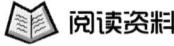阅读资料

电商应用:多因素驱动电子商务市场快速发展

根据CNNIC的调查,截至2019年6月,我国网民数量达8.54亿,较2018年年底增长5653万,互联网普及率为61.2%。

1. 社交应用仍是互联应用的主要方面之一

截至2018年12月,微信朋友圈、QQ空间用户使用率分别为83.4%和58.8%,微博作为社交媒体,在短视频和移动直播方面发挥优势。社交网络正发展成为"连接一切"的生态平台,社交媒体传播影响力显著提高,微信朋友圈正在成为商业活动的重要平台之一。

2. 网络购物规模继续扩大

截至 2019 年 6 月,我国网络购物用户数量达 6.39 亿,占网民整体的 73.4%;手机网络购物规模为 6.22 亿元。2018 年网络零售继续保持高速增长,全年交易额达 90065 亿元,同比增长 25.4%。与此同时,网络消费品质量不断提高,线上线下融合向纵深发展,线上向线下渗透更为明显。

3. 网上外卖快速增长

截至 2019 年 6 月,我国网上外卖用户数量达 4.21 亿。其中手机网上外卖用户达 4.17 亿。在用户规模保持高速增长的同时,高频市场需求已经形成,网上外卖客单价不断提升,外卖平台和餐饮品牌开始重视打造外卖品牌,外卖产品和服务质量得到提升。

4. 旅行预定继续保持高速增长

截至 2019 年 6 月,在线旅行预订客户数量达 4.18 亿,较 2018 年年底增长 814 万,占网民整体的 48.9%。通过手机预订成为在线旅游预订的主要方式。

5. 网络金融的应用发展

截至 2019 年 6 月,购买互联网理财产品的网民数量达 1.71 亿;网上支付用户数量达 6.33 亿。

用户移动支付习惯进一步巩固,网民线下消费使用手机网上支付比例不断提升。移动支付深入绑定个人生活,手机移动支付安全性得到有效提高。

截至 2019 年 7 月 18 日,全国 ETC 用户数量达 9151 万,日均 ETC 发行量约 42 万,是 2018 年日均发行量的 7 倍。

6. 网络直播继续保持高速增长

截至 2019 年 6 月,网络直播用户数量达 4.33 亿,其中游戏直播用户数量达 2.43 亿,真人秀直播用户数量达 2.05 亿,体育直播用户数量达 1.94 亿。

7. 出行方式不断变化

截至 2019 年 6 月,网约车用户数量达 3.37 亿,网约专车或快车用户数量为 3.39 亿。

8. 在线教育

截至 2019 年 6 月,我国在线教育用户规模达 2.32 亿,占网民整体的 27.2%;手机在线教育用户规模达 1.99 亿,占手机网民的 23.6%。

(资料来源:编者根据 CNNIC 网站相关资料整理。)

本章小结

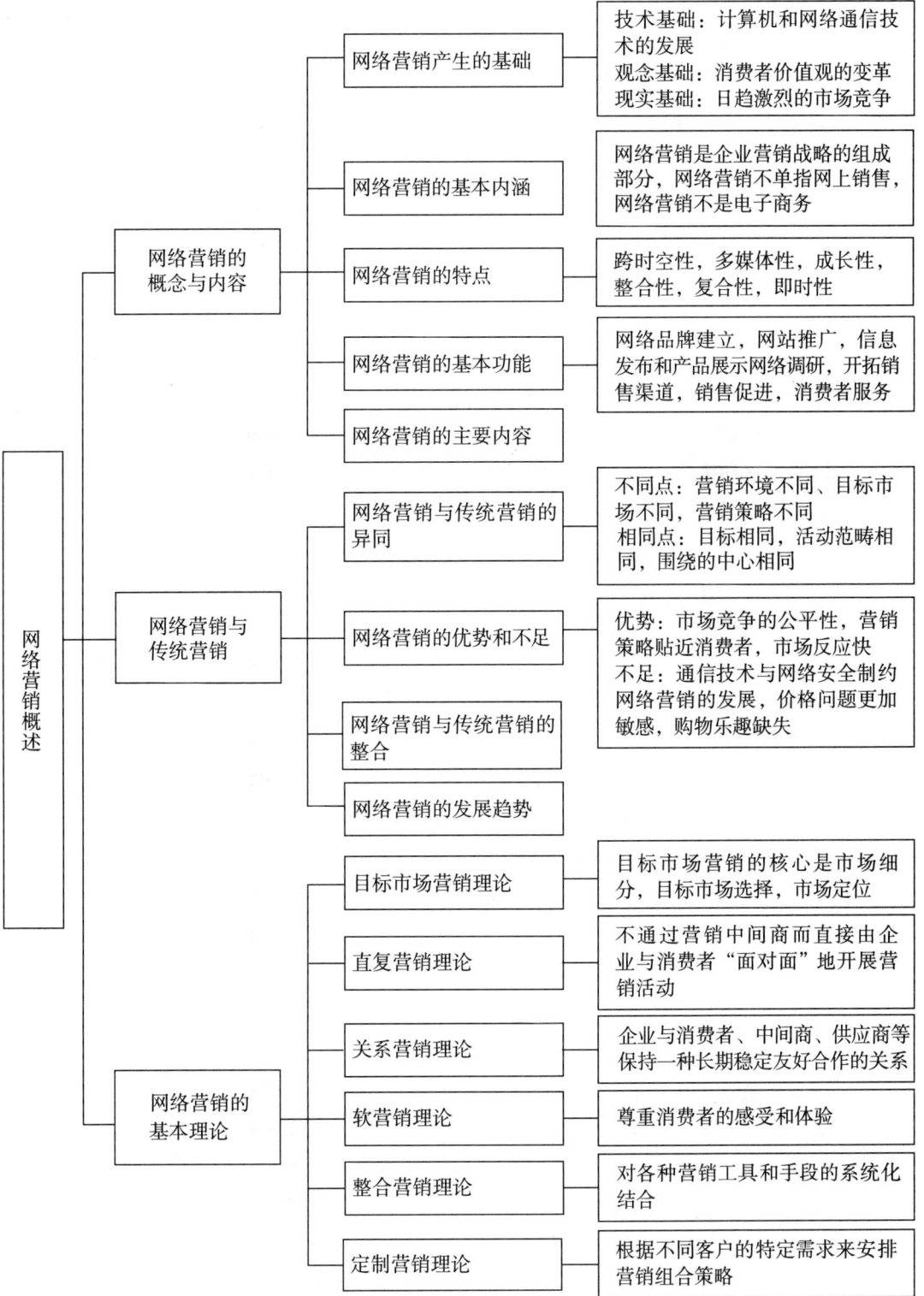

思考与练习

1. 单项选择题

(1) "企业可以借助互联网将不同的营销活动进行统一规划和协调,以统一的资讯向消费者传达信息",这体现了网络营销的(　　)特点。
　　A. 技术性　　　B. 整合性　　　C. 跨时空　　　D. 成长性

(2) "网络营销是在互联网络这个平台上开展的,搭建网络平台需要信息技术、电子技术等的支撑",这体现了网络营销的(　　)特点。
　　A. 技术性　　　B. 整合性　　　C. 跨时空性　　　D. 成长性

(3) 关于网络营销,下列说法中错误的是(　　)。
　　A. 网络营销不是孤立存在的　　　B. 网络营销不是网上销售
　　C. 网络营销不等于电子商务　　　D. 网络营销就是建立企业网站

(4) 下列说法中错误的是(　　)。
　　A. 强势营销活动中消费者常常是被动地接受广告信息的"轰炸"
　　B. 软营销活动强调的是相互尊重和沟通
　　C. 软营销是不断地通过信息灌输的方式在消费者心中留下深刻的印象
　　D. 强势营销的主要促销手段是广告和人员推广

(5) 定制营销视(　　)为一个单独的细分市场。
　　A. 需求相同的顾客　　　B. 每一位顾客
　　C. 居住地相同的顾客　　　D. 年龄相同的顾客

2. 多项选择题

(1) 除了网络调研,网络营销的功能还包括(　　)。
　　A. 网站推广　　　B. 信息发布　　　C. 开拓销售渠道
　　D. 销售促进　　　E. 顾客服务

(2) 网络营销相对于传统营销的优势是(　　)。
　　A. 跨时空性　　　B. 双向互动沟通　　　C. 价格优势
　　D. 个性化　　　E. 安全性高

(3) 下列关于网络营销的说法正确的是(　　)。
　　A. 网络营销并不完全独立于传统营销活动
　　B. 网络营销完全独立于传统营销活动
　　C. 网络营销是建立在计算机和网络通信技术上的营销活动
　　D. 网络营销与传统营销在与顾客接触方式上没有明显的不同
　　E. 网络营销不可能取代传统营销

(4) (　　)是实施网络软营销的基本保障。
　　A. 虚拟市场　　　B. 网络礼仪　　　C. 网络社区

D. 网络消费者　　E. 网络技术

(5) 网络营销不可能完全取代传统营销，是因为(　　)。

A. 依托于互联网的电子商务市场仅仅是整个商品市场的一部分

B. 网络市场所覆盖的消费群体只是整个市场中的一小部分

C. 许多消费者习惯于在传统的商场里边购物边休闲

D. 难以具备传统营销以人为本的营销策略所具有的独特亲和力

E. 网上销售的产品质量低劣

3．简答题

(1) 什么是网络营销？如何理解网络营销？

(2) 网络营销如何与传统营销整合？

(3) 网络营销产生的技术基础、观念基础和现实基础是什么？

(4) 请分别简述整合营销理论、软营销理论、关系营销理论、直复营销理论、定制营销理论的主要思想。

(5) 简述 4C 策略。

(6) 网络营销可以完全取代传统营销吗？为什么？

(7) 网络营销与传统营销的相同点有哪些？

(8) 简述网络营销与传统营销的区别。

(9) 简述网络营销的优势和不足。

案例与实训

(1) 登录 CNNIC 网站(www.cnnic.net.cn)，查阅历年中国互联网络发展状况统计报告等资料，就中国互联网发展趋势提出自己的看法。

(2) 登录淘宝网、当当网等商业网站，比较并分析各网站的市场定位和销售情况，撰写分析报告。

第 2 章

网络营销环境

知识目标

(1) 了解网络营销宏观环境和网络营销微观环境。
(2) 明确网络营销系统的组成。
(3) 了解电子支付系统和物流配送系统的功能。
(4) 理解网络营销的法律规范和政策。
(5) 掌握网络营销的安全保障。

能够分析网络营销环境的变化。

引例

快速发展的互联网

网络经济的快速发展,使原本默默无闻的每年11月11日成为网络购物的狂欢节。阿里巴巴集团旗下的淘宝网和天猫"双十一"销售额由2010年的9.36亿元增长至2019年的2684亿元。2019年京东"11·11全球好物节",11月11总成交2044亿元。网上购物的快速发展得益于互联网应用的普及和移动互联网的发展。

截至2019年6月,我国网民规模及互联网普及率(61.2%)如图2.1所示。

随着智能手机的普及,移动互联网的应用迅速发展,手机网民规模不断扩大,手机网民占网民整体的比率在2019年6月达到99.1%,如图2.2所示。

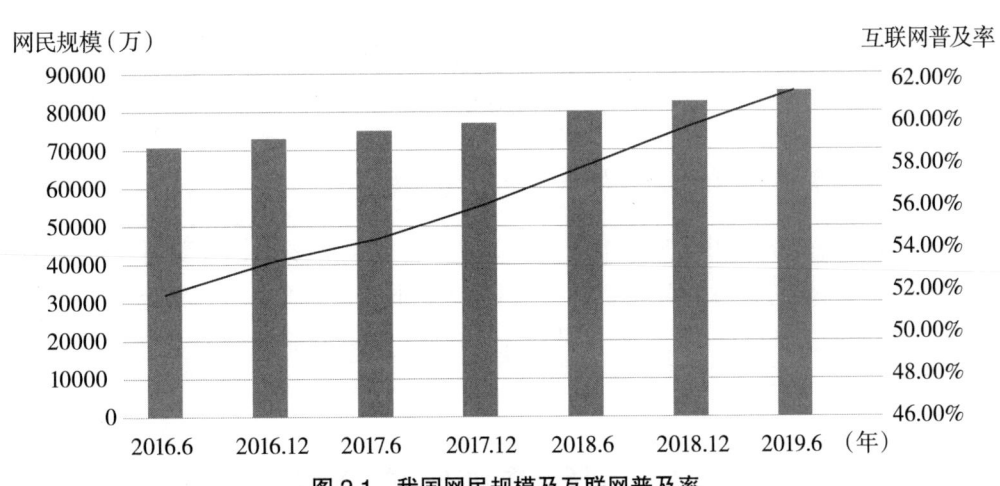

图2.1 我国网民规模及互联网普及率

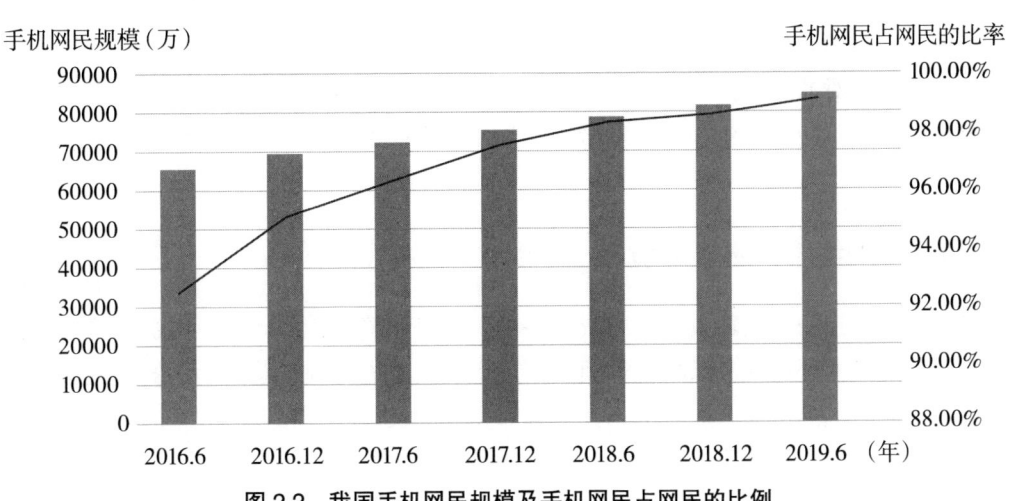

图2.2 我国手机网民规模及手机网民占网民的比例

互联网应用的普及和移动互联网的发展，为网上购物的发展奠定了基础。2018年，全国网上零售额达90065亿元(图2.3)，较上年增长23.9%，其中实物商品网上零售额70198亿元，同比增长25.4%，占社会消费品零售总额的比重为18.4%。

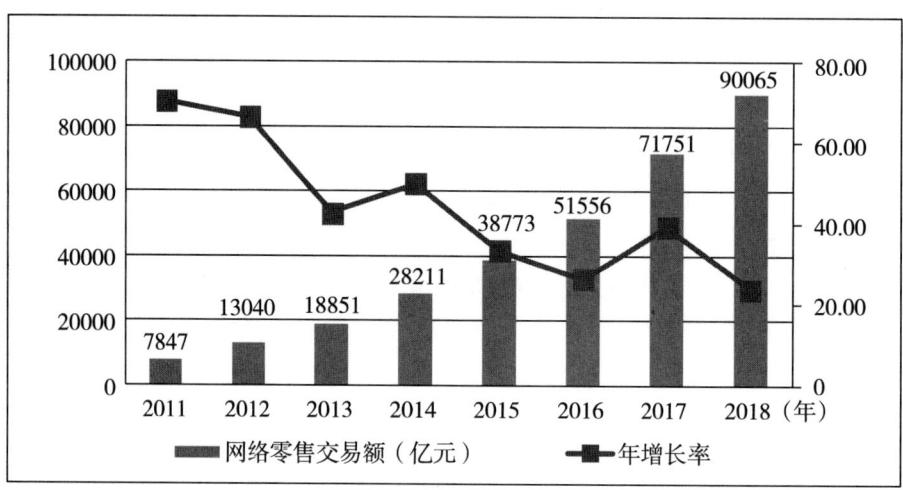

图2.3　我国网上零售交易规模及增长率

(资料来源：编者根据相关网络资料整理。)

思考题：为何淘宝网能在众多网络购物平台中获得绝对优势？

企业作为社会经济组织，其营销活动总是处于一定的环境中，既受到外部环境的影响，也受到内部条件的制约。网络营销环境既能为企业提供机会，也会给企业网络营销造成威胁；企业的内部条件既能够使企业获得竞争优势，也会使企业处于劣势。

2.1　网络营销环境分析

企业的网络营销环境是指影响企业的网络营销活动及其目标实现的各种因素和动向。环境的变化是绝对的、永恒的。随着社会的发展，特别是网络技术在营销中的运用，使得环境更加多变。不断地观察和分析环境的变化并适应这种变化，是企业网络营销取得成功的关键。

2.1.1　网络营销宏观环境

宏观环境是指一个国家或地区的政治环境、法律环境、人口环境、经济环境、社会文化环境、科学技术环境和自然环境等因素，是影响企业进行网络营销活动的宏观条件。宏观环境对企业短期的利益可能影响不大，但对企业的长远发展和发展战略的制定具有重大的影响。网络营销宏观环境主要包括以下6种因素，如图2.4所示。

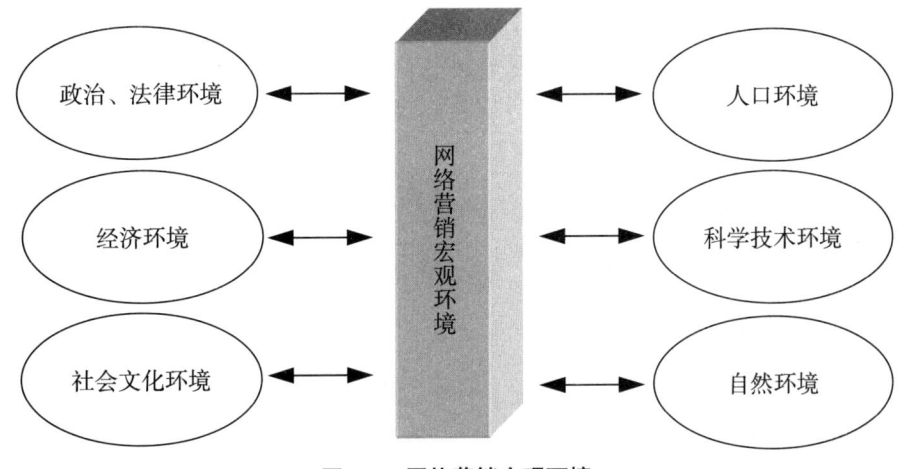

图 2.4　网络营销宏观环境

1．政治、法律环境

网络营销政治环境主要包括一个国家(或地区)的政治制度、政治局势，政府在发展电子商务、网络营销方面的方针政策等因素。

网络营销法律环境是指能对企业的网络营销活动起到规范或保障作用的有关法律、法令、条例及规章制度等法律性文件的制定、修改、废除及其立法与司法等因素的总称。

政治、法律环境因素对企业开展网络营销活动具有保障和规范作用。具体来讲，体现在以下 4 个方面。

① 企业的网络营销活动要遵守目标市场东道国的相关法律法规。
② 企业的网络营销活动要服从国家有关发展战略与政策的要求。
③ 企业要积极利用国家政策给网络营销带来的机会及时开展营销活动。
④ 企业要积极运用相关的法律法规武器，保护自己在网络营销活动中的合法权益。

目前，关于电子商务、网络营销的国际立法主要有国际商会的《电传交换数据统一行动法则》、国际海事委员会的《电子提单规则》、联合国国际贸易委员会的《电子商务示范法》和《电子签字示范法》等。我国的电子商务法规主要有《中华人民共和国计算机信息网络国际联网管理暂行规定》《计算机信息网络国际联网安全保护管理办法(2011 修订)》《互联网信息服务管理办法》《互联网站从事登载新闻业务管理暂行规定》《互联网电子公告服务管理规定》《关于互联网中文域名管理的通告》《中华人民共和国电子签名法》《网络营销服务技术规范》等。

2．经济环境

在网络营销活动中，企业需要考虑的经济环境因素主要有两个方面，即现实的经济环境和网络经济。

(1) 现实的经济环境

现实的经济环境主要包括社会经济结构、经济发展水平、经济体制和宏观经济政策等。

① 社会经济结构指国民经济中不同的经济成分、不同的产业部门以及社会再生产各个方面在组成国民经济整体时相互的适应性、比例关系及关联性等。社会经济结构主要包括5个方面，即产业结构、分配结构、交换结构、消费结构、技术结构，其中以产业结构最为重要。

② 经济发展水平是指一个国家经济发展的规模、速度和所达到的水准。反映一个国家经济发展水平的常用指标有国民生产总值、人均国民生产总值、经济增长速度等。

③ 经济体制是指国家经济组织的形式。经济体制规定了国家与企业、企业与企业、企业与各经济部门的关系，并通过一定的管理手段和方法调控或影响社会经济流动的范围、内容和方式等。目前，世界上大多数国家实行市场经济体制。

④ 经济政策是指国家或政党制定的、一定时期内国家经济发展目标及其实现的战略与策略，包括综合性的国家经济发展战略和产业政策、国民收入分配政策、价格政策、物资流通政策、金融货币政策、劳动工资政策、对外贸易政策等。经济政策是影响国民经济发展和产业结构调整的主要政策。

阅读资料

我国国民经济现状摘要

国家统计局2019年2月28日公布的《中华人民共和国2018年国民经济和社会发展统计公报》显示：2018年，全年国内生产总值90.03万亿元，人均GDP为6.46万元；全年全国居民人均可支配收入2.82万元，其中，农村居民人均纯收入1.46万元，城镇居民人均可支配收入3.93万元；全年社会消费品零售总额38.10万亿元；全国境内住户年底存款余额72.44万亿元。我国国内生产总值及其增长率如图2.5所示。

国民经济的快速稳定发展，是网络经济发展的基础和推动力量。

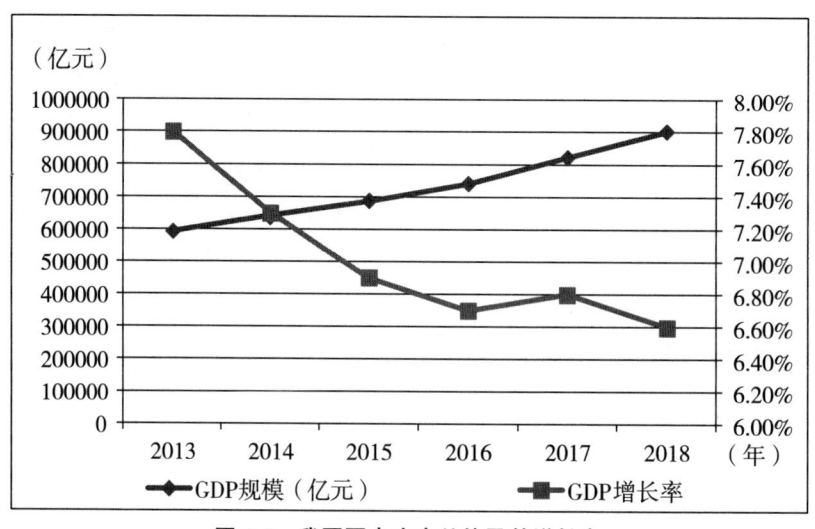

图2.5 我国国内生产总值及其增长率

(资料来源：编者根据国家统计局网站相关资料整理。)

(2) 网络经济

网络经济是指建立在计算机网络基础上的生产、分配、交换和消费的经济关系。网络经济并不是独立于传统经济之外、与传统经济完全对立的纯粹的"虚拟"经济，而是一种在传统经济基础上产生的，经过以计算机为核心的现代通信技术提升的高级经济发展形态。网络经济与传统经济相比有许多不同的特点，这些特点对网络营销从经营理念到营销战略与策略都会产生极大的影响。

① 网络经济是全球一体化的经济。以互联网为基础的网络经济打破了时间和空间的限制，将世界变成了一个"地球村"，使地理距离变得无关紧要。基于网络的经济活动受空间因素的制约很小，经济全球化进程大大加快，世界各国的相互依存性空前加强。

② 网络经济具有自我膨胀性。网络经济的自我膨胀性突出表现在四大定律上：一是摩尔定律(Moore's Law)，即计算机芯片的运算处理能力，每18个月就增加1倍，或价格减半；二是梅特卡夫法则(Metcalf's Law)，即网络产生和带来的效益将随着网络用户的增加而呈指数形式增长；三是马太效应(Matthew Effect)，即在一定条件下，优势或劣势一旦出现并达到一定程度，就会导致不断加剧而自行强化，出现"强者更强，弱者更弱"的局面；四是吉尔德定律(Gilder's Law)，即通信系统的总带宽将以每8个月增加1倍的速度增长。

网络经济的四大定律不仅展示了网络经济自我膨胀的规模与速度，而且揭示了其内在的规律性。

③ 网络经济呈边际效益递增性。网络资源，即虚拟空间是无限的，使得网络经济呈现边际效益递增性。

第一，网络经济中的边际成本是递减的。信息网络成本主要由3部分构成，即网络建设成本，信息传递成本和信息的收集、处理、制作成本。在无限的虚拟空间中，网络信息可以长期存储使用，网络建设费用与信息传递成本与入网人数无关，故网络建设和信息传递的边际成本为零。信息的收集、处理、制作成本与入网人数相关，即入网人数越多，所需的信息收集、处理、制作的费用就越高，但其边际成本呈下降趋势。综合起来，信息网络的边际成本是递减的，而网络收益却随着入网人数的增加而增加，使边际收益递增。

第二，网络经济具有累积增值性。在网络经济中，对信息的投资不仅可以获得一般的投资报酬，还可以获得信息累积的增值报酬。一方面，网络信息能够发挥特殊功能，把零散而无序的大量资料、数据、信息按照使用者的要求进行加工、处理、分析、综合，从而形成有序的、高质量的信息资源，为决策提供科学依据；另一方面，网络信息的使用具有传递效应，即信息的使用会带来不断增加的报酬，使网络经济呈现边际收益递增的趋势。

④ 网络经济的核心是创新，创新的核心是速度。在网络经济时代，产品的生命周期大大缩短，产品更新换代的速度越来越快。创新成为企业获得超额回报的手段和条件，企业之间为了追求市场垄断，就必须在创新的速度上展开激烈的竞争。

在网络经济时代，市场竞争是在全球范围内进行的。网络经济的快速发展和变化，要求企业必须具备极强的适应性。企业的适应性包括3方面的内容：一是企业产品的适应性，即企业产品或服务能够适应不断变化的市场需求；二是企业行为的适应性，即企业行为要适应急剧变化的市场竞争的需要；三是企业组织的适应性，即企业组织要富有弹性，能够伸缩自如地应对市场变化的要求。

网络经济具有与传统经济迥然不同的特征、原理和规律。在网络经济中，企业必须顺应环境的变化，采取新的竞争战略与策略，才有可能在激烈的竞争中取胜。

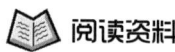 阅读资料

2018年我国互联网产业规模

根据CNNIC的调查，2018年，我国电子商务平台收入3667亿元，同比增长13.1%。电子商务继续保持快速发展，服务模式、技术形态和赋能效力不断创新突破。在B2C领域，网络零售市场发展依然保持强劲势头，以无人便利店、无人餐厅、无人办公室货架为代表的零售形式层出不穷，刷脸支付服务再次提高了网络零售的便利性。

2018年，网络游戏业务收入1948亿元，同比增长17.8%。网络游戏产业呈现出国际化、竞技化发展趋势。移动网络游戏发展迅速，在行业的营业收入中占90%以上，成为网络游戏产业中新的驱动力量。

2017年网络广告市场规模3717亿元，同比增长25.7%。移动端广告投放增长迅速。从未来发展趋势来看，技术仍然是网络广告发展的驱动力，通过智能算法、数据挖掘实现广告信息的精准推送。网络广告将逐渐成为广告主常规、主流、高效的投放渠道。

(资料来源：编者根据CNNIC网站相关资料整理。)

3．社会文化环境

任何企业都是由社会成员所组成的一个小的社会团体，存在于一定的社会环境中，受到社会环境的影响和制约。社会文化环境的内容很丰富，在不同的国家、地区、民族之间存在明显差异。在营销竞争手段向非价值、使用价值型转变的今天，营销企业必须重视对社会文化环境，尤其是网络文化的研究。

网络技术为人们创造了崭新的、数字化的虚拟空间，为人类营造了一个"虚拟社会"。在这个虚拟社会里，没有权威和世俗的约束，为人们彰显个性提供了场所，创造了机会。通过快速、高效的信息传递和虚拟身份，人与人之间进行着前所未有的思想、观念和价值观的交流与影响，进而改变行为，并形成一种独具特色的网络文化。

网络文化作为一种不分国界、不分地区、建立在互联网基础上的亚文化，涵盖了人们在参与信息网络应用与技术开发过程中所建立起来的价值观念、思想意识、语言习惯、网络礼仪、网络习俗以及社会关系等，并对网络消费群体产生重大影响。

(1) 网络语言

网络语言是在网络社会人群交际中形成的，网络社会约定俗成、自我确认、互相认同的"方言"。网络语言一般由汉字、数字、符号、字母、图形等组成，能够简单方便、快捷迅速地表达意思和情绪。常见的网络语言见表2-1。

表 2-1　常见的网络语言

网络语言	含　　义	网络语言	含　　义
锦鲤	"好运"的象征	老铁	对"哥们儿"的别称
官宣	强调消息的权威性、可靠性	种草	分享或推荐某一商品的优秀品质，以激发他人的购买欲望
佛系	不纠结，不计较，随遇而安	我酸了	我羡慕了
巨婴	指心理滞留在婴儿阶段的成年人	凉凉	形容完蛋了，表示有点绝望
咸鱼	自嘲无能，没法干出一番成就	确认过眼神	"确认过""甄别过"
杠精	抬杠成精的人	母胎 solo	从出生的那一刻起就保持单身，没有谈过恋爱

(2) 网络礼仪

网络礼仪是指在网络交往活动中形成的、被赞同的礼节和仪式，即人们进行网络交往应遵循的礼节和行为规范，包括自由和自律、平等和尊重、礼貌和诚信、奉公守法等。

【网络礼仪】

(3) 网络习俗

网络习俗是在网络社会形成过程中逐步形成的、人们习以为常的一些观念、态度和行为方式的总和。比较突出的网络习俗是休闲和免费。

① 休闲。互联网作为休闲和娱乐的媒体，人们习惯于在随意的气氛与环境中开展业务。企业应利用人们休闲娱乐的习惯，为其产品和服务命名活泼、有趣的名字，给人留下深刻印象，达到"过目不忘"的效果；在网络促销、广告设计方面，应根据目标市场需求，做到活泼随意，并富有吸引力；在撰写产品说明书时，应做到语言轻松活泼、通俗易懂，在条件允许的情况下，可使用一些网络语言。

② 免费。为访问者免费提供有价值的信息且不带任何附加条件，是成功的互联网业务活动的特点。免费登录企业网站并获得相关信息已成为访问者的习惯。提供免费信息或服务，已成为企业网络营销战略的重要内容。通过提供免费的信息或服务，企业可以获得访问者信息及其所关心的产品和服务，同时，能展示企业在技术、质量和承诺等方面的实力，树立良好的企业形象。

4. 人口环境

人是企业营销活动的最终对象，是产品的购买者和消费者。人口的规模决定着市场规模和潜力；人口结构影响着消费结构和产品构成；人口组成的家庭、家庭类型及其变化，影响着消费品的消费结构及其变化。网络营销的人口环境包括网民数量、结构及其变化趋势等。

【中国网民规模和结构】

5. 科学技术环境

网络营销的产生和发展是以计算机和通信技术为基础的。科学技术的发展在促进网络发展的同时，也为企业改善经营管理提供了有力的技术保障。企业开展网络营销必须密切注意信息技术的发展变化，并掌握信息技术的发展变化对网络营销的影响，及时调整营销方式和策略。

技术的进步改变了网络用户的结构，扩展了网络营销的范畴。宽带技术的发展使视频点播、多媒体网络教学成为可能；无线上网技术的发展实现了移动办公、移动购物，进一步促进了电子商务和网络营销的发展。

案例2-1

快速发展的移动通信技术

1G：第一代通信技术，1995年问世的第一代模拟制式手机只能进行语音通话。1G无线系统在设计上只能传输语音流量，并受到网络容量的限制。AMPS为1G网络的典型代表。

2G：第二代通信技术，1996—1997年出现的第二代GSM、CDMA等数字制式手机，具备接收数据的功能，如接收电子邮件或网页。

3G：第三代通信网络，2000年5月，国际电信联盟正式公布第三代移动通信标准，中国提交的TD-SCDMA正式成为国际标准，与欧洲WCDMA、美国CDMA 2000成为3G时代最主流的三大技术之一。3G主要特征是可提供移动宽带多媒体业务，能够在全球范围内更好地实现无线漫游，并处理图像、音乐、视频流等多种媒体形式，提供包括网页浏览、电话会议、电子商务等多种信息服务。

4G：第四代移动通信技术，2012年开始应用。4G最明显的优势在于通话质量及数据通信速度，它集3G与WLAN于一体并能够传输高质量视频图像，以及图像传输质量与高清晰度电视不相上下的技术产品。4G系统能够以100Mbps的速度下载，比拨号上网快2000倍，上传的速度也能达到20Mbps，并能够满足几乎所有用户对于无线服务的要求。

5G：第五代通信技术。2014年5月13日，三星电子宣布开发出首个基于5G核心技术的移动传输网络，并表示在2020年以前进行5G网络的商业推广。2017年8月22日，德国电信联合华为在商用网络中成功部署基于最新3GPP标准的5G新空口连接，速率直达Gbps级，时延低至毫秒级。

2019年6月6日，我国工业和信息化部向中国电信、中国移动、中国联通、中国广电发放5G商用牌照，我国正式进入5G商用之年。

(资料来源：编者根据网上相关资料整理。)

思考题：移动通信技术的发展给我们带来了哪些革命性变化？

6. 自然环境

自然环境是指一个国家或地区的客观环境因素，主要包括自然资源、气候、地形地质、地理位置等。网络营销自然环境是指影响网络营销目标市场顾客群需求特征与购买行为的气候、地貌、资源、生态等因素。从网络营销活动本身来看，互联网跨越时空，网络营销不受自然环境的影响，但从网络营销目标市场需求特征与消费行为来看，自然环境因素对网络营销策略选择有较大的影响。

案例 2-2

网购卸妆水冻成冰坨

2018年1月14日,江苏南京一名女大学生,选择了一家黑龙江黑河的卖家网购卸妆水。没想到收到快递的时候,卸妆水竟冻成了一瓶大冰坨。对此,卖家解释由于黑龙江黑河比较冷,发货会冻,这些都是普遍的现象,常温放置一晚就能再使用了。

对此,买家也表示理解,她在网上看到很多评论也提到这种情况,结冰的卸妆水只要融化后就能正常使用。

(资料来源:编者根据网上相关资料整理。)

思考题:从该案例中你"读"到了什么?

2.1.2 网络营销微观环境

微观环境由企业及其周围的活动者组成,直接影响着企业为顾客服务的能力。它包括企业内部环境、网络供应商、网上公众、网络营销中介、网络顾客、网络竞争者等因素,如图2.6所示。

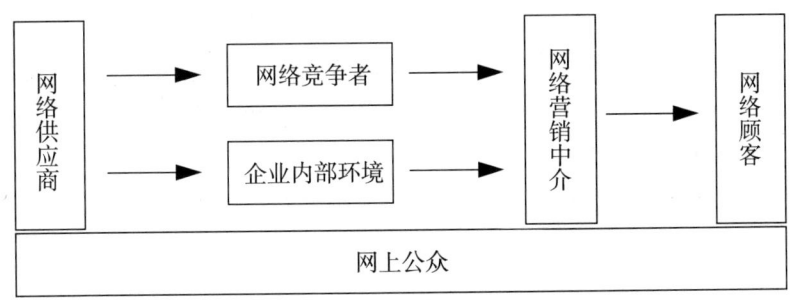

图 2.6 网络营销微观环境

1. 企业内部环境

在网络营销活动中,信息交换和网上交易是营销活动的重要内容,并由此形成3种网络化:企业内部网络化,例如管理信息系统和以互联网为基础的企业内联网;企业与企业之间的网络化,例如关联企业之间、企业与供应商和分销商之间的网上交易和信息交换平台;企业与消费者之间的网络化,企业通过互联网与分布广泛且不稳定的消费者进行交易。

网络化是网络营销活动的基础,网络营销部门在制订网络营销计划时,应以企业营销战略和发展目标为依据,兼顾企业内部各部门之间、企业决策层与管理层之间、企业各级管理层之间的沟通、协调和配合,使整个企业成为快速高效、有较强市场反应能力和竞争力的有机整体。

2．网络供应商

供应商是指向企业及其竞争者提供生产经营所需原料、部件、能源、资金等资源的公司或个人。

企业和供应商之间的关系是交易关系、竞争关系和合作关系。首先是交易关系，双方因各自的需要而相互交换产品、服务和信息。其次是竞争关系，为各自独立的经济利益而讨价还价，力图获得定价权。最后是合作关系，交易的结果是双方相互依赖和交流，通过有效合作实现共赢。在营销活动中，企业必须处理与供应商之间的这3种关系，最终形成合作伙伴关系。

3．网上公众

网上公众是指对网络营销企业实现其营销目标构成实际或潜在影响的任何团体、单位和个人，包括网民、网络金融服务机构、网络媒体、内联网公众、政府等。

网民是网络营销企业的潜在消费者，是企业网站的主要访问者和企业的营销对象，是企业关注的核心。网络营销企业必须关注网民对其网站、产品或服务的态度和评价，树立良好的网上企业形象。

网络金融服务机构是网络营销企业的融资对象或投资人，包括网上银行、风险投资公司等。

网络媒体由发表网上新闻、网上特写和网上社论的机构组成，主要包括电子化报纸、电子化杂志、主要搜索引擎、提供网站评估服务的专业性网站等，为企业提供站点推广和广告宣传支持。

内联网公众包括董事会成员、员工等。企业内联网是企业内部信息传递和交流的重要平台。

政府是互联网和网络营销的立法者和监督管理者，负责管理网络企业审批、网络链接、网络交易、网络安全、网络立法等工作，以确保网络经济健康、稳定、有序地发展。

课堂讨论

假设你在一家在网上销售服装的企业工作。你的领导认为开展网络营销离不开网上公众的参与和支持，他要求你准备一份清单，列出你认为对公司来说重要的网上公众，并对怎样与这些网上公众建立良好的关系提出建议。

4．网络营销中介

网络营销中介包括网络服务提供商(Internet Service Provider，ISP)、第三方物流提供商、认证中心、网上金融服务商、网上营销服务机构及网络中间商(如网络批发商、网络零售商、经纪人和代理商)等。

网络营销中介机构与企业的关系如图2.7所示。

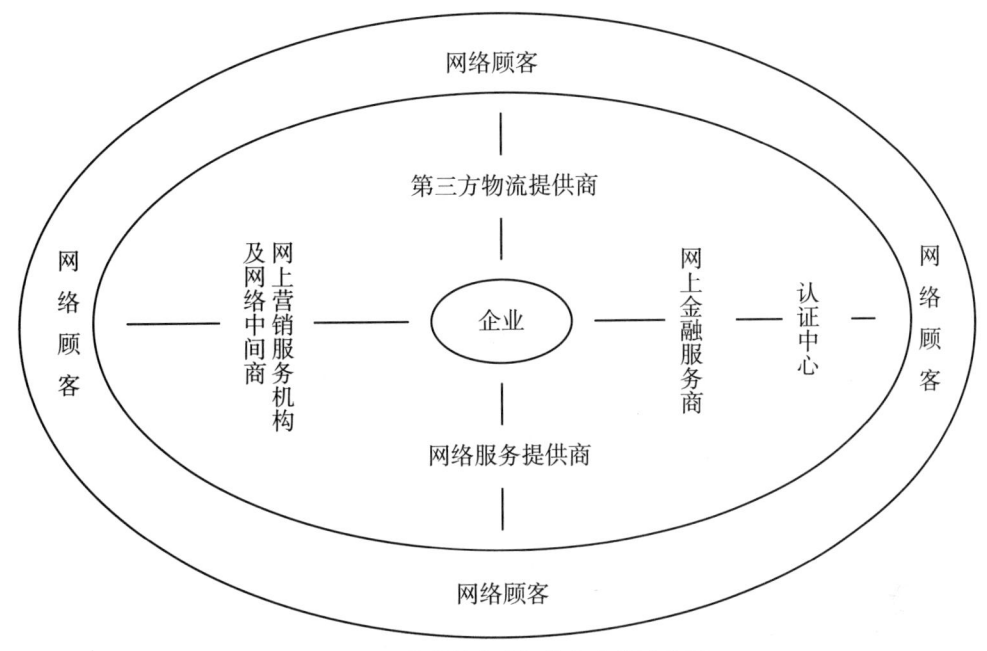

图 2.7 网络营销中介机构与企业的关系

一般而言，企业为了使其网站正常运转，应与相关的网络服务提供商合作，获得他们的技术支持。面对呈爆炸式、散乱增长的网上信息，访问者往往无从下手，这就需要网络服务提供商对信息进行有效的组织和引导，对原本无序的信息进行过滤和梳理，为访问者节省搜索、分类、整理信息的时间，从而提高网站的访问量。对于网络营销企业来讲，与网络服务提供商建立长期的、良好的合作伙伴关系，有利于提高网络营销活动的效率。

第三方物流提供商是为交易的商品提供运输配送的专业机构。在网络营销活动中，合同的订立、所有权的转移、资金的支付、信息的交流都可以在网络平台上完成，而只有商品实体的转移需要在线下进行。借助于快捷高效的第三方物流来完成交易已成为许多网络营销企业的首选，这就要求企业与第三方物流提供商建立良好的合作伙伴关系，以降低物流成本，提高物流效率。

认证中心和网上金融服务提供商是影响网络营销的关键因素。认证中心提供对企业和顾客身份的认证，确定交易双方身份的合法性、真实性，以提高交易的可靠性和安全性。网上金融服务提供商通过提供各种电子支付方式，简化企业与顾客之间的支付活动，提高支付效率，实现安全支付。

网上营销服务机构是为企业提供网络技术支持、网络调研、营销策划、网络广告设计发布、站点推广、会计及法律咨询等服务的中介机构，对企业顺利开展网络营销活动，提高营销效率、降低营销成本及费用具有重要作用，是社会分工专业化的结果。

在网络经济时代，企业借助网络直接与最终用户接触，减少了中间环节，降低了交易成本，对传统营销中的中间商的功能和作用的发挥产生了重要影响。

课堂讨论

网络营销会导致传统的中间商走向消亡吗?

5. 网络顾客

顾客是产品的购买者或消费者,是企业最终的营销对象。计算机和网络技术的发展极大地消除了企业与顾客之间的空间距离,为双方提供了一个快速、高效的信息交流平台,使经济全球化、市场一体化得以实现。互联网的发展不仅为企业提供了广阔的市场营销空间,而且为消费者在更大范围内选择商品、比较商品创造了条件。通过网络,顾客可以获得更多的产品或服务信息,做出更为合理的购买决策。借助互联网双向沟通平台,企业可以充分展示其产品,丰富产品服务信息,了解顾客需求和市场竞争状况,有针对性地开展营销活动,从而更好地满足顾客需求。

6. 网络竞争者

竞争是市场经济活动的必然,没有竞争就没有发展。企业开展网络营销,也面临来自以相同方式向相同市场提供相同或相近产品和服务的企业的竞争压力。研究竞争对手,取长补短,是取得竞争优势的重要途径。

在网络环境下,企业的竞争者来源于两个方面:一方面是线下市场竞争者,另一方面是线上市场竞争者。线上竞争者也以相同的方式、相同或相近的价格,向相同的顾客提供相同或相近的产品或服务,是网上企业的主要竞争对手。为取得竞争优势,企业通过直接访问在线竞争者的网站,了解其新产品、价格、服务、优惠措施等信息;通过阅读与在线竞争者有关的新闻组上的内容,了解顾客对竞争者产品、服务的评价;通过自己的网站,了解顾客对本企业的评价或与在线竞争者的对比情况等,做到知己知彼。

与传统市场竞争相比,线上竞争不仅包括产品和服务的质量、价格等,还包括以下几个方面。

(1) 网站界面设计的吸引力

在线企业不计其数,基于上网费用和时间的限制,网络消费者不可能浏览每个网站,那些界面设计好的网站首先会吸引网民"驻足",进而为其进一步了解企业信息、产品服务信息提供了方便。网站页面是网络营销的"脸",做好界面设计是站点推广的重要前提。

(2) 产品信息查询的方便性

网络空间的相对无限性使企业有条件将尽可能多的信息在网上展示,供访问者查询。访问者在浏览时单击一次,就像打开一道门。当访问者需要经过多次单击才能获得所需信息时,就会影响信息查询效率和网站的访问量。做好信息分类,方便访问者查询是提高访问量、留住访问者,进而提高市场竞争力的重要手段。

(3) 物流的快捷性

方便、快捷的物流是网络营销的重要环节,也是网络营销企业竞争的手段。物流能力差、速度慢、效率低、不能及时与顾客进行实物交割，都将直接影响企业的经营业绩和市场竞争力。

(4) 网上支付的安全性

网络的虚拟性导致网络欺诈活动时有发生，网上支付的安全性问题成为影响网络营销的重要因素。加强企业网站的防火墙建设和顾客个人信息的保密工作，增强顾客对网络支付的信任感，对争取顾客、获得更多交易订单具有重要影响。

(5) 服务水平

随着市场经济和科学技术的发展，产品的同质性越来越强，服务的差异性成为影响企业市场竞争力的重要因素。越来越多的企业开始认识到服务水平的重要性。在网络经济下，产品质量、价格、性能都是透明的，唯有服务是个性的、差异的，建立快捷有效的网络营销服务体系，是实现网络营销可持续发展的关键。

案例 2-3

苏宁易购退换货政策中的"免鉴定"

苏宁易购是新一代 B2C 网上购物平台(www.suning.com)，现已覆盖传统家电、3C 电器、日用百货、图书、理财、交通工具等品类。2017 年，公司实现营业收入 1879.10 亿元，其中线上平台实体商品交易规模为 1266.96 亿元，是中国领先的 B2C 平台之一。

在苏宁的退换货政策中，不仅提出了"30 天包退，365 天包换"，并针对一些产品，在满足一定条件的情况下，做出了"免鉴定"等规定。

【苏宁易购的会员等级及权益】

1. 权益内容

(1) 苏宁易购 V1、V2 会员购买单价低于 300 元(含券、云钻使用金额)苏宁自营商品，如商品存在国家三包规定的性能故障，无须至指定的服务商或授权网点检测，经苏宁初步确认属实后，自收货次日起 7 天内可直接免检测退货，15 天内可直接免检测换货。

(2) 苏宁易购 V3、V4 会员购买单价低于 500 元(含券、云钻使用金额)苏宁自营商品，如商品存在国家三包规定的性能故障，无须至指定的服务商或授权网点检测，经苏宁初步确认属实后，自收货次日起 7 天内可直接免鉴定退货，15 天内可直接免鉴定换货。

2. 服务内容

7 天内可免检测退货，15 天内可免检测换货。

3. 服务范围

仅限苏宁自营的商品(含苏宁门店、易购)。通信(配件除外)，红孩子母婴美妆，超市(如家居清洁、食品酒水、生鲜进口、成人用品等)，百货(如服饰箱包、家装建材、汽车产品等)，及其他特殊虚拟型商品等均不参加免鉴定退换货。

4. 退换货商品要求

申请退换货时，请务必将商品的内带附件、赠品(如有)、保修卡、说明书、发票等随同商品一起退回。

友情提示：建议商品外包装自收货之日起保留 15 天，退换货时附商品的原外包装。

(资料来源：编者摘自苏宁易购网站相关资料。)

思考题：苏宁易购的"免鉴定"规定，对提高苏宁的客户服务水平和市场竞争力有何帮助？

2.2 网络营销的支持条件

网络营销是现代信息技术在企业商务活动中的应用，网络营销是企业电子化经营的基础，而开展网络营销又需要一定的支持条件。

2.2.1 网络营销管理系统

网络营销是随着互联网的产生和发展而出现的一种新型营销模式。网络营销管理系统是企业通过营销环境分析，结合自身情况和网络特征，为实现其营销目标所建立的管理体系。

1. 网络营销管理系统的功能

网络营销管理系统主要有以下 5 个方面的功能。

(1) 信息发布与沟通

通过网络营销系统发布有关的产品服务信息，与顾客进行直接沟通，是大多数企业网络营销系统的初步形式。

(2) 电子单据的传输

电子单据的传输是网上交易的重要环节，用以保证交易的合法性。电子单据的传输一般要求保密、安全、可靠，而且可以作为法律凭证。

(3) 网上支付与结算

网上支付与结算就是实现商品所有权转移，完成资金支付，实现市场交易完成的功能。

(4) 物流系统

物流系统是网络营销的重要环节，是另一个完成交易的关键。

(5) 网络营销的售后服务

网络营销的售后服务主要指提供产品技术资料、网上咨询及售后商品的保修、维修、退货等服务。

2. 网络营销管理系统的主要构成

网络营销管理系统由 5 个子系统构成，即品牌管理子系统、营销沟通子系统、网上销售子系统、客户关系管理子系统、营销绩效评价子系统。

(1) 品牌管理子系统

品牌管理子系统的主要功能是宣传介绍品牌，通过企业介绍、产品服务介绍、品牌宣传，让顾客充分了解企业的产品和服务、企业目前的政策和活动，传递相关信息与知识，培养顾客的认知感、信任感。利用品牌管理系统达到宣传、塑造良好企业形象和品牌形象的目的，并通过详细的企业品牌目录和产品目录吸引顾客。

(2) 营销沟通子系统

设置营销沟通子系统，主要是企业通过选择有效的信息沟通渠道，向顾客迅速地传递连续的信息，实现访问者对产品服务的认知、比较、选择乃至购买。

为提高沟通效率和有效性，营销沟通子系统通常需要建立一个顾客自由参与讨论的虚拟社区，让顾客发表对有关问题的看法和意见，引导、激发顾客讨论，了解顾客对企业及产品的态度，为企业进一步研究消费者需求和行为、提高营销绩效奠定基础。

(3) 网上销售子系统

网上销售子系统为满足用户网上交易的需求，设置订单处理、支付处理、物流处理和售后服务等功能模块，以顺利实现产品销售。

(4) 客户关系管理子系统

通过客户关系管理子系统实现对客户销售、市场调研、技术支持和服务的全面管理。该系统通过对客户基本数据的记录和跟踪、客户订单的流程追踪、市场的划分和研究、客户服务数据的分析等活动，进行数据挖掘和在线联机分析，并对客户信息、客户的反馈意见进行统计分析和归类等。

(5) 营销绩效评价子系统

营销绩效评价子系统通过建立一套定量和定性的评价指标体系，对网络营销的活动从各个方面，包括营销理念、网站访问量、顾客服务等，进行客观、科学的综合绩效评价，以掌握企业网络营销的运行状况和运行效果，为制定和调整营销目标、营销计划、营销策略提供依据。

2.2.2 电子支付系统

建立可靠的安全电子支付系统，使客户和商家透明地进行安全交易，是顺利开展网络营销的基础和保障。

电子支付是指电子交易的当事人使用安全电子手段，通过网络进行的货币支付或资金流转，电子交易的当事人包括消费者、厂商和金融机构。

案例 2-4

网上支付状况

随着互联网应用的普及和智能手机的普遍使用，我国居民网上支付用户规模也在不断扩大。根据CNNIC发布的第 44 次《中国互联网络发展状况统计报告》，截至 2019 年 6 月，我国网上支付用户数量达 6.33 亿，网民使用率达 74.1%，其中手机网民支付用户数量达 6.21 亿，手机网民支付使用率达 73.4%，如图 2.8 所示。

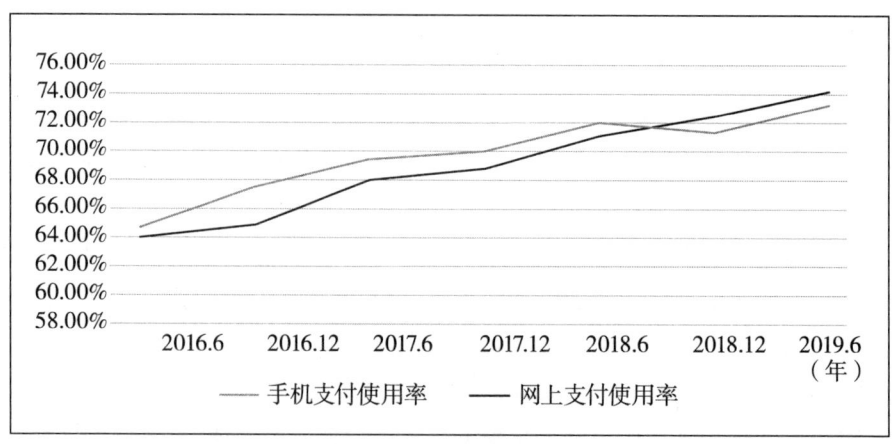

图2.8 我国网民网上支付规模

(资料来源：编者根据 CNNIC 网站相关资料整理。)

问题：快速增长的网上手机支付说明了什么问题？

1. 电子支付系统的参与者

(1) 付款人

付款人是指与网络营销企业存在交易关系或有未清偿的债权债务关系的一方。付款人用自己拥有的支付工具(如信用卡、电子钱包、电子支票等)借助支付平台付款，这是电子支付体系运作的原因和起点。

(2) 网络营销企业

网络营销企业是与付款人有商品交易关系或有债权债务关系的另一方，付款人发起的支付指令向中介金融机构请求获取货币给付，即请求结算。网络营销企业一般需要设置专门的后台服务来处理电子支付问题，包括协助身份认证、处理不同的电子支付工具等。

【2019年我国移动支付安全调查报告】

(3) 付款人开户行

付款人开户行是指付款人在其中拥有资金账户的金融机构，是电子支付的付款行。付款人所拥有的电子支付工具由金融机构提供。付款人开户行在提供电子支付工具的同时，提供一种银行信用，即保证支付是真实并可兑付的。

(4) 网络营销企业开户行

网络营销企业开户行是指企业在其中开设资金账户的金融机构，是支付结算的收款行。企业将收到的支付指令提交给开户行，开户行接受请求并收款，完成与付款人开户行之间的清算工作。

(5) 支付网关

【支付网关】

支付网关(Payment Gateway)是互联网公用网络平台与银行内部的金融专用网络平台之间的安全接口。电子支付的信息必须通过支付网关进行处理后，才能进入金融机构的内部支付结算系统，完成安全的授权和结算。支付网关的建设关系到整个电子支付系统,特别是网络营销支付结算的安全及金融机构的安全。

在网络营销中,网络平台同时传输交易信息和支付信息,保证这两种信息在网络传输过程中不被无关的第三方阅读,包括付款人的支付信息(如客户信用卡号、授权密码等)不被企业看到,网络交易信息(如商品种类、商品总价等)不被金融机构获得,是确保网络交易安全进行的关键,这就要求支付网关必须由交易参与者之外的第三方银行或其委托的信用卡发卡机构来建设完成。

(6) 金融专用网

金融专用网包括连接各商业银行及支付网关的各种金融专用网,包括中国国家现代化支付系统、中国人民银行电子联行系统、工商银行电子汇兑系统、银行卡授权系统等。金融专用网是网络营销网上支付平台的重要组成部分。

(7) CA 认证中心

CA 认证中心又称电子商务认证授权机构(Certificate Authority,CA),主要负责向互联网上参与网络营销活动的各方(包括客户、商家、支付网关、银行等)发放与维护数字证书,确认各方身份的真实性,发放公共密钥及提供数字签名服务等,保证网络营销支付结算安全有序地进行。

【CA证书】

除此之外,要顺利完成交易的电子支付结算活动,还要有网上支付工具及所遵循的支付通信协议。支付通信协议主要是指支付的安全通信与控制模式。电子支付体系的基本构成如图 2.9 所示。

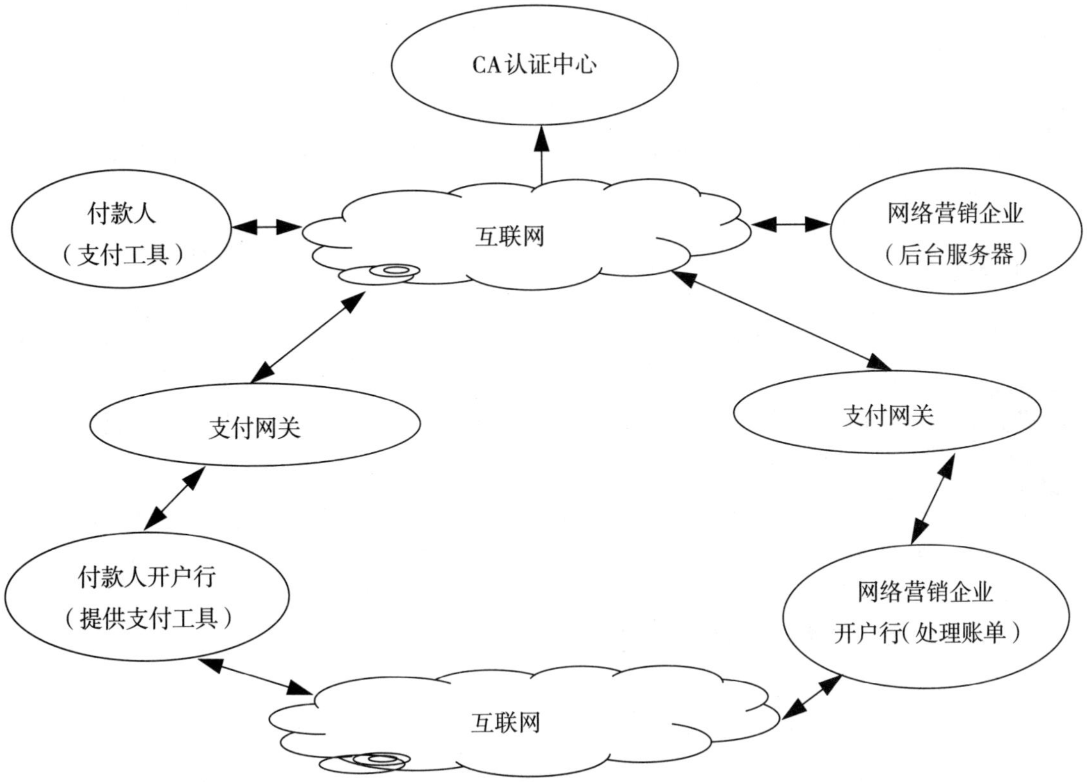

图 2.9 电子支付体系的基本构成

2．电子支付系统的功能

安全、有效、便捷是各种支付方式追求的共同目标。电子支付系统具有以下5项功能。

(1) 支付功能

支付功能是支付系统的基本功能。随着支付系统的发展，多边支付问题得以有效解决。

(2) 认证功能

为保证交易的安全性，应对网上欺诈和虚假交易，通过认证机构向参与各方发放数字证书，以证实参与各方身份的合法性。

(3) 加密功能

电子支付系统采用单钥体制或双钥体制来进行加密，并采用数字信封、数字签名等技术来加强数据传输的保密性，以防止未被授权的第三者获取相关信息。

(4) 确认业务信息的完整性功能

电子支付系统要保护数据不被未授权者建立、嵌入、删除、篡改、重放，完整无缺地到达接收方。

(5) 保证功能

当交易双方出现纠纷时，电子支付应保证双方业务的不可否认性，例如发送用户不可否认所发送的信息，接收方不可否认已接收到的信息等。支付系统必须在交易过程中生成或提供足够充分的证据来迅速辨别纠纷中的是非，通常用仲裁签名、不可否认签名等技术来实现。

2.2.3 物流配送系统

网络营销的快速发展有赖于信息流、资金流、物流的发展。没有与之相配套的配送体系，网络交易只能流于形式。

1．物流配送

【我国快递业的发展趋势】

物流配送是实现商品实体转移、完成商品交易的最后环节。物流配送活动包括商品实体的运输、储存、配送、装卸、保管、物流信息管理等各种活动。在网络营销中，除无形产品和服务外，绝大多数有形产品需要通过物流配送系统实现商品实体的转移。建立快捷、准确、安全的物流配送系统和物流信息监控系统，对降低物流费用和营销成本，以及促进网络营销发展具有重要作用。

2．网络营销下物流配送系统的特征

(1) 实时化

网络的应用可以实现对整个物流过程的实时监控和实时决策。新型的物流配送系统通过与网络系统的连接，对系统的任何一个末端收到的需求信息，都能在极短的时间内做出反应，拟订出详细的配送计划，并通知各环节开始工作，实现物流配送。

(2) 信息化

信息化是现代物流配送系统的基本特征。物流信息化表现为物流信息转让的商品化、物流信息收集的数据库化和代码化、物流信息处理的电子化、物流信息传递的标准化和实时化、物流信息存储的数字化等。

(3) 自动化

自动化以信息化为基础，其核心是机电一体化，表现为无人化，其结果是快速、准确、高效。建立自动化物流配送系统对扩大物流作业能力、提高劳动效率、减少物流作业的差错等具有重要作用。

(4) 网络化

物流系统网络化以信息化为基础，有两层含义：一是物流配送系统的计算机通信网络化，包括物流配送中心与供应商、制造商、顾客等通过计算机网络联系；二是物流组织网络化，即建立物流联盟，将各地物流企业作为节点连接起来，形成一个基于互联网的精准物流系统，将商品快速、安全地送达各地顾客手中。

(5) 智能化

物流管理智能化是物流自动化和信息化的更高层次应用。物流作业过程中大量的运筹和决策，包括库存水平的确定、最佳运输路径的选择、自动导向车的运行轨迹和作业控制、自动分拣机的运行、物流配送中心经营管理等工作，都需要借助于大量的知识技能来完成。

【智能化】

物流管理智能化就是用准确计算法和因素穷尽法将物流管理中出现的问题较准确地记录下来，通过编制计算机程序来自动对这些问题进行分析、判断和处理，解决物流管理中出现的各种技术问题。

(6) 柔性化

物流管理柔性化是在柔性化管理平台下，强调各部门利益与整体利益的协调一致，以作业信息共享、设备调配为基础，有效配置各种资源，满足终端客户柔性化需求的物流系统。物流管理柔性化是在社会需求差异化、个性化的基础上发展起来的一种新型物流模式。要求物流管理根据客户需求"多品种、小批量、多批次、短周期"的特点，灵活地组织和实施物流作业，满足客户需求。

物流设施、商品包装的标准化，物流的社会化、共同化都是电子商务下物流模式的新特点。

案例 2-5

扫二维码，打开链接，回答下面问题。

思考题：结合案例内容，简述苏宁易购的物流配送政策的特征。

【苏宁易购的运费政策】

2.2.4 网络营销的安全保障

随着计算机和通信技术的发展，互联网得到广泛应用，网络营销已成为许多企业的重要营销手段。有效解决网络营销的安全问题，是促进网络营销健康、快速发展的重要保障。

1. 网络营销存在的主要安全问题

(1) 支付安全问题

网络营销的核心是交易双方通过互联网进行信息交流、业务洽谈，直至达成交易协议，完成交易。网上支付作为网络营销活动的重要环节，支付的安全性一直受到威胁，例如信用卡号码被盗、个人银行信息泄露等。

(2) 技术安全问题

网络营销的发展，不仅要求网络传输有极快的响应速度，还要求有更高的安全保障。目前，网络技术安全问题主要表现在不法行为者采用假冒在线服务站点方式盗取访问者密码、身份信息、计算机数据资料等。考虑到个人信息的安全性，许多顾客可能放弃网上交易，从而影响网络营销的发展。

(3) 产品的质量安全问题

买到称心如意、质量可靠的商品是消费者的期望。由于市场行为缺乏必要的自律性和完善的社会监督，假冒伪劣商品屡禁不止，欺诈时有发生。在网上交易时，消费者付款后买不到商品或买到商品的质量、性能与网上宣传存在明显差异，都会影响网络营销的发展。

2. 网络营销安全保障的层次

为保证网络营销的顺利进行，网络营销平台的运行要安全、稳定可靠，任何影响网络正常运行的因素，例如计算机硬/软件错误、网络通信故障、病毒攻击等都会影响网络营销活动的顺利开展，使交易数据在确定的时间和地点的有效性得不到保证，甚至造成巨大的经济损失。

从整个网络营销安全系统来看，安全性可划分为4个层次，即网络节点的安全性、通信的安全性、应用程序的安全性、用户的认证管理。

(1) 网络节点的安全性

防火墙是一种由计算机硬件设备和软件组合而成，在内部网与外部网之间、专用网与公用网之间的界面上构建的保护屏障，以保护内部网免受非法用户的侵入。防火墙可以有效地阻止黑客的入侵及攻击，为网络营销的开展提供了一个相对安全的平台。

为确保网络节点的安全，单有防火墙是不够的，网络营销企业需要建立全方位的防御体系，包括规定的网络访问和服务访问、本地和远程用户认证、磁盘和数据加密、病毒防护措施以及健全的管理制度等，对所有有可能受到网络攻击的位置给予同样级别的安全保护。

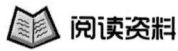

防火墙的主要功能

防火墙的主要功能有以下3个方面。

首先，防火墙对流经它的网络通信信息进行扫描，这样能够过滤掉一些攻击，以免其在目标计算机上被执行。由于只有经过精心选择的应用协议才能通过防火墙，所以网络环境变得更安全。同时，防火墙可以记录下这些访问并做出日志，还能提供网络使用情况的统计数据。

其次，防火墙可以关闭不使用的端口，而且它还能禁止特定端口的通信流出，以防重要的内部信息外泄，可以封锁特洛伊木马。

最后，防火墙可以禁止来自特殊站点的访问，从而防止来自不明入侵者的所有通信。

(2) 通信的安全性

为保证通信安全，在客户端浏览器和网络营销 Web 服务器之间采用 SSL(Secure Socket Layer) 协议建立安全链接，对所传递的重要信息进行加密。实践证明，加密是保障通信安全的有效方法。

(3) 应用程序的安全性

计算机程序是网络黑客和病毒攻击的主要对象之一。对已经编写缜密的计算机应用程序进行不断升级、更新，弥补程序漏洞，可以有效提高应用程序的安全性。

(4) 用户的认证管理

企业用户身份认证可以通过服务器 CA 证书与 IC 卡相结合来进行。CA 证书用来认证服务器的身份，IC 卡用来认证企业用户的身份。对个人用户采用 ID 号和密码口令的身份确认机制来认证。

 阅读资料

2017 年度安全大事件盘点

1. 跨国名企信息泄漏，波及全球超两亿用户

2017 年，国际上多家知名企业发生用户信息泄露事件，其中包括全球四大会计师事务所之一的 Deloitte(德勤)、加拿大电信巨头贝尔集团、知名教育平台 Edmodo 与知名云服务商 Cloudflare 等。泄露的信息主要为用户的隐私信息、私人账户信息、企业内部敏感文件与公司内部往来邮件内容等，总计影响全球超两亿用户。

2. 美国中央情报机关被"闯入"，"最高机密"泄露

2017 年 3 月，美国中央情报局数千份"最高机密"文档泄露，包括全球窃听计划，一个可入侵全球网络节点和智能设备的庞大黑客工具库。

4 月，黑客组织 Shadow Brokers 公布了其盗取的美国国家安全局的机密文件，其中包括可以远程攻破全球约 70% Windows 机器的漏洞利用工具。

3. 勒索病毒"WannaCry"全球爆发，规模史无前例

2017 年 5 月 12 日，一款名为"WannaCry"的蠕虫勒索病毒袭击全球网络，通过加密计算机文档向用户勒索比特币。这是迄今为止最大的勒索病毒事件，至少 150 个国家、30 万名用户中招，造成的经济损失达 80 亿美元。

4.《中华人民共和国网络安全法》颁布，实行"全民实名制"

2017 年 6 月 1 日，《中华人民共和国网络安全法》正式施行，网络安全领域的首部法律的颁布，将让广大网络用户在虚拟的世界中有法可依。

5."暗云Ⅲ"突袭全国，百万机器帮不法黑客"赚黑钱"

2017 年 6 月 9 日下午，腾讯电脑管家监控到复杂度最高、感染用户数量最大的木马之一——"暗云Ⅲ"大量传播，数百万用户的计算机沦为不法黑客发起的 DDoS 攻击的"傀儡机"。

6. 家用摄像头遭入侵，你的生活正在被"直播"

2017年6月，国家市场监督管理总局对市场上的智能摄像头进行了监测，在40批样品中，32批存在安全隐患，28批数据传输没有加密，20批初始密码是"弱口令"。央视曝光了一起家用摄像头遭破解的案例，用户家庭隐私被公开贩卖，用户真实生活被"直播"。

7. "善心汇"不善心，传销诈骗数百亿元

2017年7月，"善心汇"特大网络传销组织遭到了公安机关的查处。该组织打着"扶贫济困、均富共生"的旗号发布虚假宣传，采取"拉人头"方式大肆发展会员，为头目谋取不法高额收益，涉案金额数百亿元。

8. 加密协议被破解，Wi-Fi 不再安全

2017年10月，用于保护 Wi-Fi 网络安全的 WPA2 安全加密协议被黑客破解。这意味着绝大多数 Wi-Fi 处于易受攻击的状态，信用卡、密码、聊天记录、照片、电子邮件等重要信息随时有可能被不法黑客窃取。涉及平台包括安卓系统、iOS 系统以及 Windows 操作系统。

9. 高危漏洞"潜伏"17年，Office 文档或带毒

2017年11月，潜伏长达17年之久的 Office 远程代码执行漏洞(CVE-2017-11882)的攻击代码被公开，影响所有版本的 Office 软件。这意味着任何人都可以利用此漏洞发起攻击，例如通过钓鱼邮件或网络共享的办公文档诱骗人们点击。如果不慎打开恶意文档，计算机就会被黑客远程控制。

(资料来源：腾讯安全.2017年度互联网安全报告 [EB/OL].（2018-01-18）[2019-03-12]. https://slab.qq.com/news/authority/1708.html)

本章小结

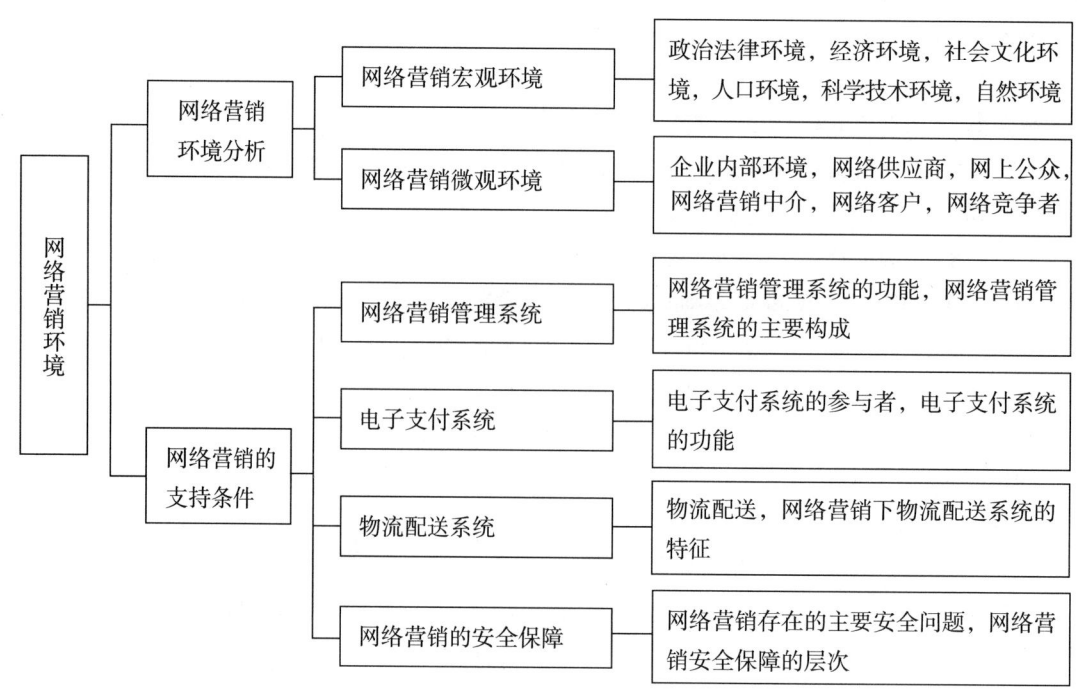

思考与练习

1. 单项选择题

(1) 网络营销环境是指(　　)。
A. 影响网络营销活动的各种因素　　B. 计算机的安全环境
C. 企业的内部条件　　D. 网络上的交易环境

(2) 耐克公司的广告中使用动画人物"黑棍小人"形象,被认定为剽窃中国闪客而被判赔30万元。这是耐克公司忽略(　　)环境因素而造成的后果。
A. 政治法律　　B. 网络经济　　C. 社会文化　　D. 科学技术

(3) 某跨国公司为了保证在中国市场的营销成功,将中国的高层管理者由原来的外国人换成了解中国市场和中国员工特点的中国人。这是由于他们考虑到了网络营销的(　　)环境。
A. 政治法律　　B. 网络经济　　C. 社会文化　　D. 科学技术

(4) 为开展网络营销活动的企业提供商品运输配送的专业物流机构属于企业的(　　)。
A. 网上公众　　B. 网络竞争者
C. 供应商　　D. 网络营销中介顾客

(5) 包括网上银行、风险投资公司在内的(　　)是网络营销企业的融资对象或投资人。
A. 网络媒体　　B. 内联网公众
C. 网络金融服务机构　　D. 网民

2. 多项选择题

(1) 网上公众是指对网络营销企业实现其营销目标构成实际或潜在影响的任何团体、单位和个人,包括(　　)。
A. 网民　　B. 网络媒体
C. 内联网公众　　D. 政府
E. 网络金融服务机构

(2) 宏观环境包括(　　)等因素,是影响企业进行网络营销活动的宏观条件。
A. 政治法律　　B. 网络竞争者
C. 社会文化　　D. 企业内部
E. 科学技术

(3) 网络营销中介包括(　　)。
A. 网络供应商　　B. 网络中间商
C. 认证中心　　D. 网上金融服务商
E. 第三方物流提供商

(4) 网络营销管理系统的功能有(　　)。
A. 信息发布与沟通　　　　　　B. 电子单据的传输
C. 网上支付与结算　　　　　　D. 物流系统
E. 网络营销的售后服务
(5) 网络营销下物流配送系统的特征有(　　)。
A. 实时化　　　B. 信息化　　　C. 智能化
D. 网络化　　　E. 柔性化

3．简答题

(1) 简述网络营销宏观环境的内容。
(2) 简述网络营销微观环境的内容。
(3) 网络营销系统应具备哪些功能？
(4) 电子支付系统在网络营销中起什么作用？
(5) 举例说明我国网络营销的安全保障现状和完善措施。
(6) 分析我国的网络营销法律规范和政策。

案例与实训

(1) 通过搜索引擎查找《国务院办公厅关于加快电子商务发展的若干意见》《中华人民共和国电子签名法》，了解其内容，分析它们对我国发展电子商务及网络营销的意义。

(2) 案例分析

社交应用

社交应用泛指具有社交功能的互联网应用，包括综合类社交网站、即时通信工具及垂直类社交网站，本次报告重点研究当前使用较为频繁的综合类社交网站和即时通信工具。

综合性社交网站是指以交互性为主，建立人与人之间社会网络或社会关系连接的平台，是社交拓展的一种方式。我国社交应用的分类见表2-2。

表2-2　我国社交应用的分类

社交应用	即时通信工具		QQ、微信、陌陌、阿里旺旺等
	其他社交应用	综合社交应用	QQ空间、新浪微博、微信朋友圈等
		图片视频社交	美拍、抖音、优酷拍客等
		婚恋社交	百合网、世纪佳缘等
		社区社交	百度贴吧、豆瓣、天涯社区、知乎等
		职场社交	脉脉、猎聘等

1. 典型社交应用

2016年，各类社交应用持续稳定发展。一方面，综合性社交应用引入直播等服务带来用户和流量的增长，用户使用率较高；另一方面，针对不同场景、不同垂直人群、不同信息承载方式的细分社交平台进一步丰富，向创新、小众化方向发展。

典型社交应用中，微信朋友圈、QQ空间、新浪微博均属综合社交应用，使用率分别为85.8%、67.8%、37.1%，排在前3位，其中微信朋友圈、QQ空间作为即时通信工具所衍生出来的社交服务，用户使用率较高。新浪微博作为社交媒体，得益于名人明星、网红及媒体内容生态的建立与不断强化，以及在短视频和移动直播上的深入布局，用户使用率持续回升，达37.1%。垂直类社交应用中，百度贴吧使用率为34.4%，相对较高(图2.10)。

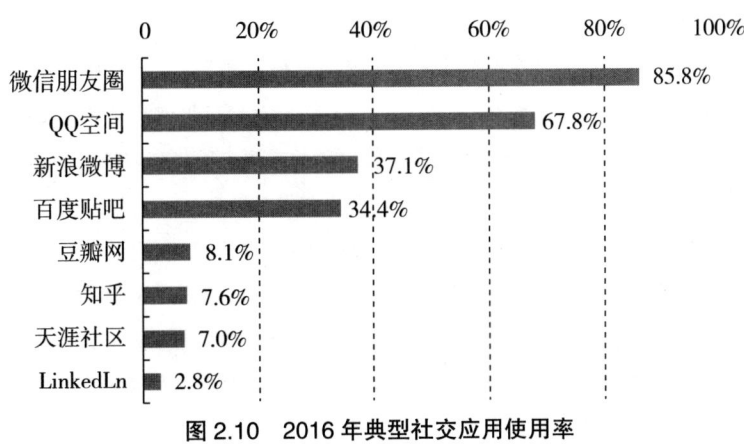

图2.10　2016年典型社交应用使用率

2. 2016年我国社交应用的发展趋势

(1) 社交应用市场产品类型丰富，呈多样化发展趋势。

当前社交应用市场主要包括即时通信工具、综合社交应用和垂直细分社交应用。即时通信工具以微信、QQ为代表，主要满足用户交流互动的社交需求，使用率在90%左右；综合社交应用以新浪微博、微信朋友圈、QQ空间为代表，主要满足用户进一步展现自我、认识他人的社交需求，使用率介于即时通信工具和垂直社交应用之间；垂直社交应用主要包含婚恋社交、社区社交、职场社交等类别，在特定领域为用户提供社交关系连接，用户相对小众，除百度贴吧使用率相对较高外，其他应用的使用率都在10%以内。

(2) 典型综合社交平台在产品定位、社交关系紧密度、分享内容上差异明显。

综合社交应用内部，微信朋友圈、QQ空间趋向于通过分享个人生活信息来促进朋友之间的互动、增进彼此感情，新浪微博主要是基于社交关系来进行信息传播的公开平台，用户使用目的主要是了解新闻资讯和热点、兴趣信息，关注的内容相对公开化，社交关系上更侧重于陌生人社交。

(3) 网络社交用户在整体网民中的占比不断扩大，社交应用为网络娱乐、购物、新闻应用提供流量入口。

随着即时通信工具、综合社交应用用户规模的不断增长，网络社交用户与整体网民的重合度不断提升，社交用户的性别、年龄、学历、个人月收入、职业等用户属性与整体网民相比无显著差异。

社交用户中，网络新闻用户、网络视频用户、网络购物用户的占比均在 45% 左右，这部分用户会通过社交应用浏览、转发新闻，分享视频与购物信息，利用社交应用的大流量、高时长，为相关应用导入流量，这也为社交应用盈利创造了条件。

(4) 社交应用媒体属性增强，成为热点事件传播的重要途径。

截至 2016 年 12 月，近一半的网络社交用户通过社交应用来获取新闻，高于使用手机新闻客户端、专业新闻资讯网站获取新闻的比例，社交应用成为网民获取新闻资讯、传播热点事件的重要渠道。社交应用的属性决定了进入关系圈内进行分享的话题多是圈内热点或共同关注、感兴趣的话题，用户通过这些渠道能更快接触到正在发生的热点事件，通过社交应用对热点事件进行分享和讨论，一方面打造了多元化、互动化的新闻阅读体验，另一方面也提升了用户黏性和用户使用率。

(5) 用户在社交应用上的视频消费习惯养成，社交应用成为视频内容分享的重要平台。

社交应用成为视频内容分享的重要平台。在用户端，截至 2016 年 12 月，84.4% 的用户通过社交应用收看网络视频节目，59.4% 的用户在社交应用上分享过网络视频节目，较 2015 年提升 20.8 个百分点，用户在社交应用上的视频消费习惯已经养成。在企业端，主流社交应用网站对视频内容的重视程度加大，视频内容播放量迅速增长。社交应用利用用户关系链，带动视频内容传播的同时，视频内容对社交应用也有反哺作用，提升了社交平台的内容丰富度、互动频率和用户黏性。

(6) 社交应用纷纷引入直播功能，在提升用户活跃度的同时收入快速增长。

2016 年，直播功能成为社交平台的标配。截至 2016 年 12 月，3.44 亿个直播用户中，24.4% 的人通过社交平台来收看直播，直播成为新的用户交流方式。社交与直播相结合，一方面丰富了社交应用的内容和形式，带动用户活跃度和用户黏性增加；另一方面以虚拟礼物为主的直播商业模式与社交应用进行融合，带动社交应用收入快速增长，如社交平台"陌陌"网络直播业务仅上线一年，收入就占到整体营收的 79.1%。

(资料来源：2016 年中国社交应用用户行为研究报告 [EB/OL]．（201-12-27）[2018-3-13]．
https://www.cnnic.net.cn/hlwfzyj/hlwxzbg/sqbg/201712/P020180103485975797840.pdf)

思考题：你登录过社交应用吗？调查三家以上社交应用，比较分析这三家社交应用的营销模式和内容之间的差异。

第 3 章 网络市场调研

知识目标

(1) 理解网络市场调研的含义、特点。
(2) 掌握网络市场调研的步骤和方法。
(3) 了解网络市场调研中应注意的问题。

技能目标

(1) 能根据企业调研目标设计网上调查问卷。
(2) 会运用间接调研方法收集商务信息。

引 例

中国互联网络发展状况统计调查

CNNIC 是经国家主管部门批准，于 1997 年 6 月 3 日组建的管理和服务机构，行使国家互联网络信息中心的职责。

作为中国信息社会重要的基础设施建设者、运行者和管理者，CNNIC 在"国家公益、安全可信、规范高效、服务应用"方针的指导下，负责国家网络基础资源的运行管理和服务，承担国家网络基础资源的技术研发并保障安全，开展互联网发展研究并提供咨询，促进全球互联网开放合作和技术交流，不断追求成为"专业、责任、服务"的世界一流互联网络信息中心。

从 1998 年起，CNNIC 每年开展两次调查活动，调查的内容涉及中国互联网络发展的宏观概况(包括域名、网站、IP 地址、国际出口带宽等)，中国网民的相关情况(包括网民规模与结构特征、网民的行为与观念等)。通过对这些调查数据的整理，形成了内容丰富的调查报告。截至 2019 年 8 月，共发布了 44 次《中国互联网络发展状况统计报告》，所提供的有关我国互联网上网计算机数、用户人数、信息流量分布、域名注册等方面情况的统计信息，对我国政府和企业动态掌握互联网在我国的发展情况、科学地进行决策具有十分重要的意义。

(资料来源：编者根据 CNNIC 网站相关资料整理。)

思考题：CNNIC 发布的互联网调查信息包括哪些方面？采用的调查方法有哪些？

市场调研是企业营销中不可或缺的内容，能为企业快速、准确地把握市场提供依据。

3.1 网络市场调研概述

传统的市场调研是指以科学的方法，系统地、有目的地收集、整理、分析和研究所有与市场有关的信息，重点把握有关消费者的需求、购买动机和购买行为等方面的信息，从而把握市场现状和发展态势，有针对性地制定营销策略，以提高营销效益。作为一种崭新的沟通媒体，互联网优于传统媒体的特性在于其方便、即时的交互功能，为通过 Web 站点收集市场信息提供了有效手段。为适应信息传播媒体的变革，一种崭新的调研方式——网络市场调研随之产生。

3.1.1 网络市场调研的含义

互联网上的海量信息、免费的搜索引擎、免费的电子邮件等服务，已对传统市场调研和营销策略产生了很大的影响，极大地丰富了市场调研的资料来源，扩展了传统的市场调研方法，特别是在互联网上进行直接调研方面具有无可比拟的优势。

网络市场调研是指在互联网上针对特定的营销环境进行调查设计、收集资料和初步分析的活动。

企业利用各种网络市场调研的方式、方法，系统地收集有关市场营销的数据和资料，研究市场需求情况、消费者购买行为、营销因素、宏观环境及竞争对手情况等有关问题，为企业的网上营销决策提供数据支持和分析依据。

网络市场调研的适用范围很广，不仅在企业中得到了广泛的应用，同时也被政府机构及其他社会团体用来开展非营利性的调查研究项目。

3.1.2 网络市场调研的特点

网络的普及使得企业对网络市场调研越来越重视。尽管都属于市场调研，但受互联网自身特点的影响，网络市场调研有别于传统市场调研，它们之间的比较见表3-1。

表3-1 网络市场调研与传统市场调研的比较

比较项目	网络市场调研	传统市场调研
调研费用	费用低。主要是设计费和数据处理费，每份问卷所要支付的费用几乎为零	费用高。包括问卷设计、印刷、发放、回收、聘请和培训访问员，录入调研结果，由专业公司对问卷进行统计分析等多方面的费用
调研范围	全国乃至全世界，样本数量庞大	受成本限制，调研地区和样本的数量均有限
运作速度	速度很快。只需搭建平台，数据库可自动生成，几天就可能得出有意义的结论	速度慢。至少需要2~6个月才能得出结论
调研的时效性	全天候进行	不同的被调查者，可进行调研的时间不同
被调查者的便利性	非常便利。被调查者可自由决定时间、地点回答问卷	不太方便。一般要跨越空间，到达访问地点
调研结果的可信度	相对真实可信	一般由督导对问卷进行审核，措施严格，可信度高
适用性	适合长期的大样本调研和需要迅速得出结论的情况	适合面对面地深度访谈，例如食品类，需要对受访者进行感官测试

网络市场调研是指利用互联网的开放性、自由性、平等性、广泛性和直接性等特点，有效地与被调查者进行信息沟通和交流。与传统调研相比，网络市场调研具有以下5个方面的特点。

(1) 及时性和共享性

在数字化信息技术飞速发展的今天，网络市场调研较好地解决了传统市场调研方法所得的调研结果时效性差的问题。只要鼠标轻轻一点，世界任何一个角落的网络用户都可以加入其中，从用户输入信息到企业接收信息，只需几秒钟的时间。调研者利用后台计算机相关软件对数据进行处理，很快就可以得出调研结果。同时，被调查者只要单击"结果"

键，就可以知道到现在为止所有被调查者的观点所占的比例，可加强被调查者的参与感，实现信息的共享。

(2) 便捷性和低成本

互联网是一个全天候、全球开放性的网络，网络用户可以在任何方便的时间和地点参与调研，不受区域制约和时间限制，参与调研的便捷性非常高。

在开展网络市场调研的过程中不需要派出调研人员，不受天气和调查范围的限制。不需要印刷调查问卷，也无须派人值守。调研过程中最繁重、最关键的信息收集和录入工作将分布到众多网络用户的终端上完成，节省了大量的人力、财力和物力，调研成本较低。

(3) 交互性和充分性

在网上进行市场调研时，被调查者可以通过 BBS、新闻组、电子邮件、即时通信等方法及时就问卷的相关问题提出自己的看法和建议，以减少因问卷设计不合理而导致的调研结果出现偏差等问题。被调查者可以在网上自由充分地表达自己的看法，不受时间的限制。企业以同样的方式对被调查者的意见做出及时反馈。这些都是传统市场调研不可能做到的。

(4) 调研结果可靠、客观真实

企业站点的被调查者一般都对企业或其产品有一定的兴趣，这种基于消费者和潜在消费者的市场调研结果是相对客观和真实的。调研结果能在很大程度上反映消费者的态度和市场发展的趋向，调研结果的可靠性较高。

① 被调查者是在完全自愿的条件下参与调查的，调研的针对性和自愿性强；而传统市场调研中面谈法之一的拦截询问法，实质上带有一定的"强制性"。

② 调查问卷的填写是自愿的，填写者一般对调查内容有一定的兴趣，回答问题相对认真；而传统市场调研的被调查者可能出于各种目的参与调查，填写调查问卷多数是为了应付。

③ 网络市场调研可以避免传统市场调研中人为因素所导致的调研结果的偏差，被调查者是在完全独立思考的环境中接受调研的，能最大限度地保证调研结果的客观性。

案例 3—1

淘宝网店铺评价

网络市场调研的形式多种多样，许多调研是以顾客的评价形式进行的，如淘宝网的店铺动态评分实际上就是一种对顾客满意度的调研(图 3.1)。

(资料来源：编者根据淘宝网资料整理。)

思考题：你认可这种动态评分调研结果吗？为什么？

(5) 可检验性和可控制性

利用互联网进行网络市场调研、收集信息，可以有效地对采集信息的质量实施系统的检验和控制。调查问卷可以附加全面规范的指标解释，有利于消除因对指标理解不清或调研人员解释口径不一而造成的调研偏差。调查问卷的复核检验由计算机依据设定的检验条件和控制措施自动实施，可以确保检验与控制的客观公正性。通过对被调查者的身份验证技术，可以有效地防止信息采集过程中的舞弊行为。

图 3.1 买家积累信用

3.2 网络市场调研实务

互联网上的信息极为丰富，运用有效的方法和工具，在海量的网络信息中收集企业所需的商务信息，并进行特殊分析和处理，已成为企业营销人员的必备能力之一。

3.2.1 网络市场调研的步骤

网络市场调研与传统的市场调研一样，应遵循一定的方法与步骤，以保证调研质量。网络市场调研一般包括以下 5 个步骤。

1．明确问题与调研目标

网络市场调研的第一个步骤是要明确调研问题和调研工作所要达到的目标。企业在任何问题上都存在许多可以进行调研的内容。调研目标既不可过于宽泛，也不能过于狭窄，要明确地界定调研目标并充分考虑网络市场调研成果的实效性。

在确定调研目标时，要考虑企业的顾客或潜在顾客是否上网，网民与企业的顾客或潜在顾客是否重合，企业的网上顾客规模是否足够大，能否代表企业的所有顾客群体等问题，以保证网上市场调研结果的有效性。

2．制订调研计划

网络市场调研的第二个步骤是制订行之有效的市场调研计划，包括确定资料来源、调研方法、调研手段、抽样方案和联系方法，见表 3-2。

网络市场调研计划应该由专业人员设计，他们必须具有丰富的营销调研知识，以便审批调研计划，分析调研结果。

表 3-2　调研计划内容

项　目	具 体 内 容
资料来源	一手资料、二手资料
调研方法	选择调研方法：专题讨论法、问卷调查法、实验法
调研手段	选择调研手段：在线问卷、交互式计算机辅助电话访谈系统、网络调研软件系统
抽样方案	确定抽样方案：抽样单位、样本规模、抽样程序
联系方法	明确联系方法：用电子邮件传输问卷、网上论坛、互联网提交

3．收集信息

网络通信技术的迅速发展，使信息收集的方法变得非常简单，企业只需将被调查者反馈的信息进行下载、归集，或直接从网上下载相关数据即可。

【CGI】

在问卷回答中，被调查者经常会有意无意地漏掉一些信息，企业需在页面中嵌入脚本或 CGI 程序进行实时监控。当被调查者遗漏问卷上的一些内容时，程序会拒绝提交调查表或者验证后重发给被调查者要求补填，完整填写后，被调查者会收到证实问卷已完成的公告。

4．分析信息

网络市场调研的目的是通过对调研信息进行分析研究，为企业营销决策提供依据，因此，信息分析非常重要，直接关系到信息使用和企业决策。"答案不在信息中，而在调研人员的头脑中"。调研人员如何从数据中提炼出与调研目标相关的信息，会直接影响最终的结果。常用的数据分析技术包括交叉列表分析、概括分析、综合指标分析和动态分析等。国际上较为通用的分析软件有 SPSS、SAS 等。

【SPSS软件】

网上信息的突出特征是即时呈现，竞争者也可能从一些知名的商业网站上看到同样的信息，因此，提高信息的分析能力，有利于企业在快速变化的市场中捕捉商机，获得竞争优势。

5．撰写调研报告

【调研报告的格式】

撰写调研报告是整个调研活动的最后阶段。调研报告不是数据和资料的简单堆砌，而是市场调研人员采用一定的统计分析技术，对所获得的信息进行分析整理并得出相应的有价值的结果，可为企业制定营销策略和营销决策提供依据。

作为对被调查者的一种激励或奖赏，网络市场调研应尽可能地把调研报告的全部结果反馈给被调查者。

3.2.2　网络市场调研的方法

利用互联网进行市场调研有两种方法：一是网上直接调研，收集一手资料；二是网上间接调研，收集二手资料。

> **课堂讨论**

作为某化妆品公司的营销人员，目前公司拟推出一款面向 18～22 岁未婚女性的唇膏。你将如何通过互联网进行网络市场调研？

1. 网上直接调研

(1) 网上直接调研的分类

根据不同的标准，可以对网上直接调研进行分类。

① 按照所采用调研方法的不同，可以分为网上问卷调查法、网上讨论法和网上观察法，其中常用的是网上问卷调查法。

网上讨论法是小组讨论法在互联网上的应用。网上讨论法可通过多种途径实现，例如 BBS、新闻组、互联网中继聊天、网络会议等。主持人在相应的讨论组中发布调研项目，请被调查者参与讨论，发表各自的观点和意见。调研结果需要主持人加以总结和分析。这种方法对信息收集和数据处理的模式设计要求很高，难度较大。

网上观察法是对网站的访问情况和网络用户的网上行为进行观察和监测的方法。采用这种方法的代表性企业是法国的全球性互联网研究公司 NetValue，重点对网络用户的网上行为进行监测，号称是"基于互联网用户的全景测量"。

案例 3-2

NetValue 的全景测量

NetValue 的全景测量的独特之处在于：一般的网上观察是基于网站的，通过网站的计数器来了解访问量和停留时间等信息，而 NetValue 的测量则是基于用户的，它可以全面了解网站和用户的情况。NetValue 首先通过计算机辅助电话访问系统获得用户的基本人口统计资料，然后从中抽取样本，寻找自愿受试的用户，下载软件到用户的计算机中，由此记录被测试用户的全部网上行为。它不仅记录了用户访问的网站，而且还记录了用户上传和下载软件、收发电子邮件等全部网上行为，因此，被称为"基于互联网用户的全景测量"。

思考题：采用网上观察法调研时需要注意什么？

② 按照调研者组织调研样本的行为，可以分为主动调研法和被动调研法。主动调研法是调研者主动组织调研样本，完成统计调研的方法；被动调研法是调研者被动地等待调研样本造访，完成统计调研的方法。

③ 按照网络市场调研采用的技术可以分为网络站点法、电子邮件法、随机 IP 法和视讯会议法等。

网络站点法是将调查问卷的 HTML 文件附加在一个或几个网站的网页上，由浏览这些站点的用户在此网页上回答调研问题的方法。这种方法属于被动调研法，是网上直接调研的基本方法。

电子邮件法是采用给被调查者发送电子邮件的形式，将调查问卷发给一些特定的网络用户，由用户填写后以电子邮件的形式再反馈给调研者的调研方法。电子邮件法属于主动调研法。

随机 IP 法是以产生一批随机 IP 地址作为抽样样本的调研方法。随机 IP 法属于主动调研法，其理论基础是随机抽样。

视讯会议法是基于 Web 的计算机辅助访问(Computer Assisted Web Interviewing, CAWI)，是将分散在不同地域的被调查者利用互联网视讯会议功能虚拟地组织起来，在主持人的引导下讨论调研问题的调查方法。

④ 按照被调查者有无意识到调研的行为，可分为网上民意测验和网络跟踪。网上民意测验是在被调查者有意识下进行的调研活动。网络跟踪调研则是通过网络跟踪器进行调查，是在被调查者无意识下进行的调研活动。

案例 3-3

扫描二维码，打开链接，回答下列问题

【京东如何收集和使用您的个人信息】

(2) 网上问卷调查

网上问卷调查是目前最常见的一种网上直接调研方法。网上问卷调查是将调查问卷在网上发布，被调查者通过网络填写问卷并完成调研的一种方法。合理设计调查问卷、选择恰当的问卷发布方法是提高问卷反馈率和调研效果的重要手段。

① 网上调查问卷的设计。调查问卷一般包括 4 个主要组成部分，即卷首语、问题指导语、问卷的主体及结束语。

卷首语是说明由谁执行此项调研、调研目的和意义。卷首语的目的是使被调查者感到正在进行的调研项目是合理、合法的，是值得他们花时间和精力来认真填写的。

问题指导语(填表说明)是向被调查者解释怎样正确地填写问卷的语句。

问卷的主体包括问题和备选答案，是问卷的核心部分，问题的类型分为开放型和封闭型。

结束语中可以表示对被调查者的感谢，或者送出一些奖品、优惠券等。

采用网上问卷调查时，问卷设计的质量会直接影响调查效果。所以，在设计问卷时要注意以下 5 点。

A. 调查问卷的主题要明确，重点要突出。调查问卷开始部分应生动清晰地向被调查者介绍调研目的，以吸引潜在的被调查者注意，争取他们参与问卷调查。同时介绍内容还应包括完成答卷的相关指示和整个过程所需的时间。

B. 科学地设计调查问卷的问题。首先，网上调查问卷的问题应尽量采用封闭型问题，提供选择性信息(单选或多选)，减少被调查者的信息输入量，以免被调查者厌烦；其次，每个问题都必须与主题相关，每个问题的答案应该是企业需要的，而不一定是企业喜欢的；最后，问卷中的问题数量要合理，填写问卷的时间长短要合适。

C. 问卷调查的结果要便于整理、分析。成功的问卷设计除了要紧密结合调研主题，方便信息收集外，还应考虑便于对调研结果进行统计分析。

D. 有奖问卷的奖项设置要合理。奖品设置过小，对被调查者难以产生激励作用；奖品设置过大，就会吸引一些人为了获得奖品而参与调研，不仅会降低调研结果的可靠性，也会造成调研费用过高。图3.2为艾瑞调研社区参与调研的报酬设置。

E. 保护个人信息隐私。网络信息传播面广、速度快，网络用户的个人信息一旦被他人掌握，很容易受到侵犯，因此，每位网络用户对个人信息都有不同程度的自我保护意识。如果调查问卷中包含一些被调查者不愿意透露的个人信息，被调查者可能会拒绝回答。

② 网上调查问卷的发布。网上调查问卷的发布是将设计好的问卷通过一定的方式在网上发布，让被调查者了解并参与调研。常见的网上调查问卷的发布方式有以下几种。

图 3.2 艾瑞调研社区参与调研的报酬设置

A. 网站(页)问卷调查，即将设计好的问卷放在网站的某个网页上。这要求问卷设计有吸引力，且易于回答，被调查者根据自己的情况，决定是否参与调研。

案例 3-4

扫二维码，打开链接，回答下面问题。
思考题：1. 被调查者获得网站的主要途径是什么？说明什么问题？
2. 分析被调查者为什么喜欢通过电子邮件方式加强与一网通的沟通和交流？
3. 问题 3、4、5 的调研结果说明什么？

【一网通网站建设调查问卷统计结果】

B. 电子邮件调研，即将问卷直接发送到被调查者的私人电子邮箱中，吸引被调查者的注意和兴趣，主动参与调研。这需要调研人员收集目标群体的电子邮箱地址作为抽样样本，类似于传统调研中的邮寄问卷调查。电子邮件调查覆盖面大，是网络市场调查中最快、最简单的方法。电子邮件调研的不足之处主要有两点：一是问卷以平面文本格式为主，无法实现跳答、随机化、错答检查等较为复杂的问卷设计；二是调研的质量在很大程度上取决于抽样框的完备性和回收率。

C. 弹出式调研，即调查者在网站上设计一个弹出窗口，当网络消费者访问网站时，就会弹出窗口，请网络消费者参与调研。网络消费者单击该窗口中的"是"，则会出现调查问卷的页面，完成调查问卷后即可在线提交。

D. 讨论组调研，即在相应的讨论组中发布问卷信息或调研题目，邀请访问者参与调研。这种方法与电子邮件调研方法一样，调研费用低，而且属于主动调研法。在指向 Web 网站上的问卷在新闻组和 BBS 上发布时，应注意网上行为规范，调研的内容应与讨论组主题相关，以免引起被调查者的反感。

2. 网上间接调研

网上间接调研主要是利用互联网收集与企业经营有关的二手信息资料，这些信息资料是由他人收集、整理的关于市场、竞争者、消费者以及宏观环境等方面的信息。网上间接调研一般是通过搜索引擎搜索有关的网页信息，调查者根据这些信息进一步查找所需资料。

（1）网上间接调研的方法

① 利用搜索引擎收集资料。搜索引擎是指根据一定的策略、运用特定的计算机程序收集互联网上的信息，在对信息进行组织和处理后，为用户提供检索服务的系统。搜索引擎是在互联网上获取所需信息的重要工具，是互联网的主要应用之一。

案例 3-5

2015—2019 年各类搜索服务渗透率

根据 CNNIC 发布的《2016 年中国网民搜索行为调查报告》，2016 年除微信搜索外，各类搜索服务的渗透率均较去年有所降低，造成这种状况的主要原因在于：第一，随着非网民的不断转化，低学历、低收入用户在整体网民中的占比越来越高，而这类用户的搜索需求相对偏低，造成各类搜索服务在整体网民中的渗透率有所下降；第二，主动搜索信息行为在用户通过互联网获取信息过程中的重要性有所降低，被动推送逐渐成为用户获取信息的主要方式，且这一现象在手机端尤其明显。

截至 2016 年 12 月，互联网搜索服务用户中使用过百度、搜狗、360 等综合搜索引擎的用户占比为 85%，相比 2015 年下降 9.6 个百分点。购物搜索、视频搜索和新闻搜索，渗透率均在七成以上。微信搜索成为极少数渗透率有所提升的搜索服务类型，渗透率为 57.6%，相比 2015 年提高 3.4 个百分点（图 3.3）。

根据 CNNIC 2019 年 8 月 30 日发布的第 44 次《中国互联网络发展状况统计报告》，截至 2019 年 6 月，

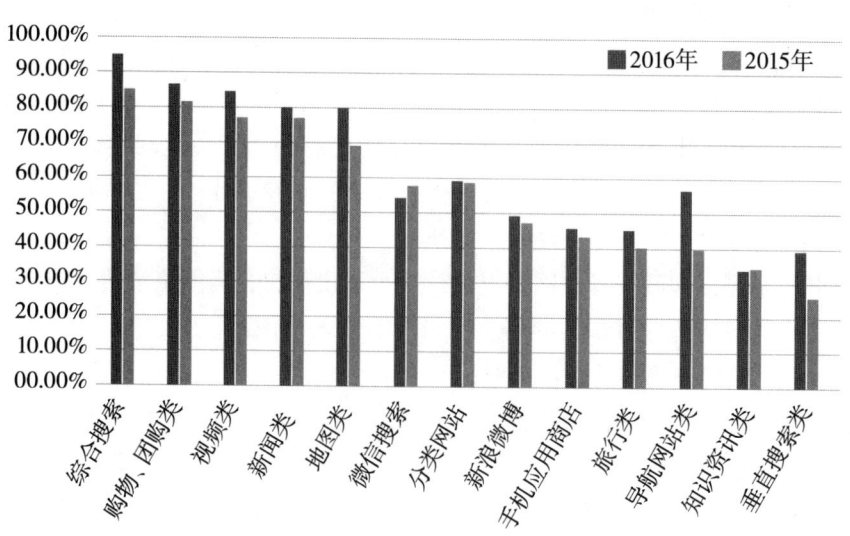

图 3.3　各类搜索服务渗透率

我国搜索引擎用户数量达 6.95 亿，占网民整体的 81.3%；手机搜索引擎用户数量达 6.62 亿，占手机网民的 78.2%。

(资料来源：编者根据 CNNIC 网站相关资料整理。)

思考题：为什么微信搜索的渗透率会有所提升？

现在，越来越多的企业、政府机构、国际组织等建立并使用网站，使用搜索引擎来查询所需信息越来越便捷、有效。应当注意的是，在使用搜索引擎时，应根据查询的是中文信息还是外文信息，选择对应的中文搜索引擎或外文搜索引擎，以便更加快捷有效地查询到所需信息。

② 利用网络社区收集资料。网络社区是指以博客、个人空间、BBS 等形式存在的网上交流空间。兴趣相同的网民集中在某个网络社区，共同交流相关话题。网络社区不仅是网民获取信息的渠道之一，也是网民寄托情感的途径，网络社区用户黏度较高。

【网络社区】

网络社区的形式多种多样，搜索引擎网站开通的贴吧和空间，电子商务网站开通的论坛，即时通信网站背靠巨大的用户规模开通的个人空间，还有以各种不同人群定位的专业论坛、博客/个人空间等，都是网络社区发展的形式。不同形式网络社区的兴起，既满足了网民的不同需求，也为开展网络间接调研提供了方便。

③ 利用新闻组收集资料。新闻组是一个基于网络的计算机组合，这些计算机被称为新闻组服务器，不同的用户通过一些软件可连接到新闻组服务器上，阅读其他人的消息并可以参与讨论。新闻组是一个完全交互式的超级电子论坛，是网络用户进行交流的工具。新闻组和 WWW、电子邮件、远程登录、文件传输同为互联网提供的重要服务内容。在国外，新闻组账号和上网账号、电子邮件账号一起并称为三大账号。

新闻组作为一种高效而实用的工具，具有主题鲜明、信息量大、直接交互性和全球互连性强等多方面优点。它的信息内容广泛，并可以精确地按兴趣爱好及类别对使用者进行分类。其中包含的各种不同类别的主题已经涵盖了人类社会所能涉及的所有内容，包括科学技术、人文社会、地理历史、休闲娱乐等。新闻组的使用者可以从中获得免费的信息，并可相互交换免费信息。

④ 利用电子邮件收集资料。电子邮件是互联网使用最广的通信方式，不仅费用低，而且使用方便快捷，拥有大量的网络用户。电子邮件也是快捷有效的信息收集渠道，资料收集者只需在有关网站注册，便可接收电子邮件信息。

(2) 网上间接信息来源

网上间接信息的来源包括企业内部信息源和企业外部信息源两方面。与市场有关的企业内部信息源，主要是企业自己收集、整理的市场信息，企业产品市场销售记录、档案材料和历史资料，包括企业会计账目、销售记录、客户名称表、推销员报告、客户和中间商的通信记录、信件、市场营销调研报告和企业发布的专门审计报告等。企业外部的市场信息源的范围极广，主要是国内外有关的公共机构，包括以下 6 种。

① 政府机构网站。政府机构网站包括本国政府网站和外国政府网站。政府有关部门、

国际贸易研究机构、海关以及本国政府在外国的官方办事机构(如商务处)，通常因工作需要会较全面地收集世界或所在国的市场信息资料。通过这些机构网站可以方便地获取较为详细、系统、专门化的信息资料。

② 国际组织网站。世界上许多国际组织都会定期或不定期地发布大量市场情报。主要国际组织名称、网址及提供的信息简介见表3-3。

表3-3 主要国际组织名称、网址及提供的信息简介

国际组织名称	网 址	提供信息简介
联合国(United Nations)	http://www.un.org	发布有关国际的和各国的贸易、工业和其他经济方面的统计资料，以及与市场发展问题有关的资料
世界贸易组织(World Trade Organization)	http://www.wto.org	发布贸易关税的规定、多边及诸边贸易协定等资料
国际货币基金组织(International Monetary Fund)	http://www.imf.org	发布有关各国和国际市场的外汇管理、贸易关系、贸易壁垒、各国对外贸易和财政经济发展情况等资料
世界银行(World Bank)	http://www.worldbank.org	通过考察某国的银行业系统和金融市场以及贸易、基础设施、贫困和社会保障网络等事项，评估其经济前景
国际贸易中心(International Trade Centre, ITC)	http://www.intracen.org/	提供特种产品的研究、各国市场介绍资料，专门提供由计算机处理的国际市场贸易方面的全面、完整、系统的资料

③ 金融机构网站。金融机构包括银行、保险公司、城市信用合作社、证券公司和财务公司等机构。这些机构网站上一般会有全国性的经济调查、金融调查、相关商品评论以及其他有关资料，获取这些资料，有利于把握市场和各细分市场的营销环境。

④ 图书馆。公共图书馆和大学图书馆是企业获得市场背景资料和文件、研究报告的主要渠道。在对外贸易部门的图书馆，企业可以获得各种贸易统计数据，有关市场的产品、价格信息，国际市场分销渠道和中间商的市场信息资料。

⑤ 商情调研机构。商情调研机构除了为委托人提供研究和信息咨询工作外，其定期发表的市场报告和专题研究论文也是企业的重要信息资料来源之一。

⑥ 其他来源。竞争对手及相关企业是企业市场信息的重要来源之一。企业营销人员通过与这些企业的外联部门联系，获取相关企业的商品目录，产品资料，价目表，经销商、代理商、批发商和经纪人一览表，年度报告等资料，以了解市场竞争的全貌和竞争环境。

通过互联网访问相关企业或者组织机构的网站，可以帮助企业获得市场信息和相关资料。在网络信息时代，信息的获取不再是难事，困难的是如何在信息的海洋中选择企业需要的、有价值的信息。

3.2.3 网络市场调研应注意的问题

在网络信息时代，利用互联网进行市场调研是一种非常有效的方式，许多企业网站上

都设置在线调查表，用以收集用户的反馈信息，包括有关产品信息、消费者行为、消费者意见、品牌形象等。这是企业获得第一手调研资料的有效手段。应该注意的是，在企业网站访问量较小或接受调研的人数较少时，企业难以获得足够的有效调查问卷，调研结果的有效性就会受到严重影响。

为了提高在线调查的质量，对网络市场调研活动中的每个环节都要考虑周全，特别应做好以下4个方面的工作：一是设计科学合理的在线调查问卷，既便于被调查者填写问卷，也便于调研人员统计调查数据，尽量减少无效问卷；二是确定参与调研群体的代表性，需注意网络市场调研结果不仅受样本数量少的影响，也受样本分布不均衡的严重影响；三是提高被调查者的参与性，例如设置合理奖项以吸引尽可能多的人参与调研、及时公布保护个人信息声明等；四是采用多种网络调研手段，虽然在线问卷调查是网络市场调研最基本的调研方式，但为了提高调研结果的可靠性和有效性，调研者还可以采用其他网络调研方法作为有效补充。

 阅读资料

中国互联网调查（说明）

中国互联网调查社区是由 CNNIC 发起并运行，旨在支持中国互联网行业研究和发展的调查社区。社区招募了一群热爱调研的社区会员，并经常组织多个领域的问卷调查。由于问卷的回收数量较为可观，调研价值明显，现免费开放问卷平台供有调查需求的企业发起问卷调查。

一、具体操作步骤

1. 提交问卷。企业提出调研需求，向 CNNIC 提交问卷，以及问卷奖品方案。

2. 审核并编辑问卷。中国互联网络信息中心审核问卷内容，并制作相应的在线问卷。

3. 投放问卷。CNNIC 在社区投放问卷，同时企业可以根据调研情况在自身网站或通过其他途径进行投放。

4. 数据回收和反馈。问卷投放结束后，CNNIC 帮助回收问卷数据并及时反馈给企业，企业按照之前制定的奖品方案向接受调研的会员提供回馈奖品。奖品可以为电子卡密、实物奖品等。

二、调查问卷

1. 总体互联网问卷

Q1：*请问您使用互联网几年了？【单选】

Q2：*最近半年，您平均每周上网多长时间？【填写 0～168 范围内的数字】

Q3：*最近半年，您上网时使用过以下哪些网络应用，或者进行过以下哪些活动？【可多选】

Q4：*最近半年，您上网的地点有哪些？【可多选】

Q5：*您目前每月的上网费用大概是多少？【单选】

Q6：*您认为现在的宽带价格高低？【单选】

Q7：*您能接受的家庭每月宽带费用大概是多少？【单选】

Q8：*请问在最近半年内，您使用过哪些设备上网？【可多选】

Q9：*为了更加深入地了解互联网应用状况，请选择以下您最感兴趣的主题问卷进行调查，最多可以选两项，再次感谢您的合作。【可多选】

2. 购物网站

D1：*最近半年，您在网上买过东西吗？【单选】

D2：*您在网上买东西的方式有以下哪些？【可多选】

D3：*您常登录的购物网站是？【可多选】

D4：*最近半年，您用手机查找过商品吗？【单选】

D5：*您一般在手机上如何查看商品信息？【可多选】

D6：*您在手机上常登录哪些购物网站？【可多选】

D7：*您在决定购买商品之前，是否会上微博搜索商品的相关信息？【单选】

D8：*您在自己的微博上是否转发过有关商品的信息？比如看到价格促销、款式中意的商品，转发给他人。【单选】

D9：*您有没有在微博上看到商品信息(图片展示、文字介绍等)，然后通过其后面的链接访问销售该商品的网站，最后实际购买了该商品的经历？【单选】

D10：*最近半年您有过几次这样的经历？【单选】

D11：*您最后购买的商品与您预期的一样吗？【单选】

D12：*最近半年，您在网上参加过海外代购商品吗？【单选】

三、个人信息部分

1. 性别：

2. 您的出生年份是：

3. 您所在的地区：

4. 您的文化程度是：(含在读学历)

5. 您的职业是：

6. 您个人平均每月收入大约是：

7. 过去半年，您主要居住在城镇、城郊还是乡村：

8. 电子邮件地址：

9. 身份证号：(仅作为抽奖使用，非必答)

10. 姓名：(仅作为抽奖使用，非必答)

四、关于用户隐私

1. 我的个人信息资料会泄露吗？

不会。尊重用户个人隐私是 CNNIC 的基本服务要求，CNNIC 不会公开、更改或泄露用户的任何信息资料，除非有法律许可要求。您所提供的个人信息将仅用于：为您提供更好的个性化服务；与您保持必要的联系，如礼品寄送、奖品领取确认等；不记名的数据分析，如您所代表的具有某一类特征(性别、教育、地区等)的网民行为特点分析。

2. 我的上网记录会泄露吗？个人隐私安全吗？

CNNIC 保证，每一位调查志愿者的个人隐私(包括上网记录)都将受到标准安全措施的保护，任何未经授权的访问都将被拒绝。

此外，如果您成为网民样本，我们只会对您所代表的具有某一类特征(性别、教育、地区等)的网民行为进行分析。网民行为分析并不针对个人，并且只统计访问量排名靠前的网站、频道相关数据，而不包括用户访问的具体页面。相关数据及分析将被应用于中国互联网行业研究，为中国互联网的发展提供参考依据。

同时，调查者还需介绍自己的情况、调查目的、用途等有关内容。

(资料来源：编者根据 CNNIC 网站相关资料整理。)

本章小结

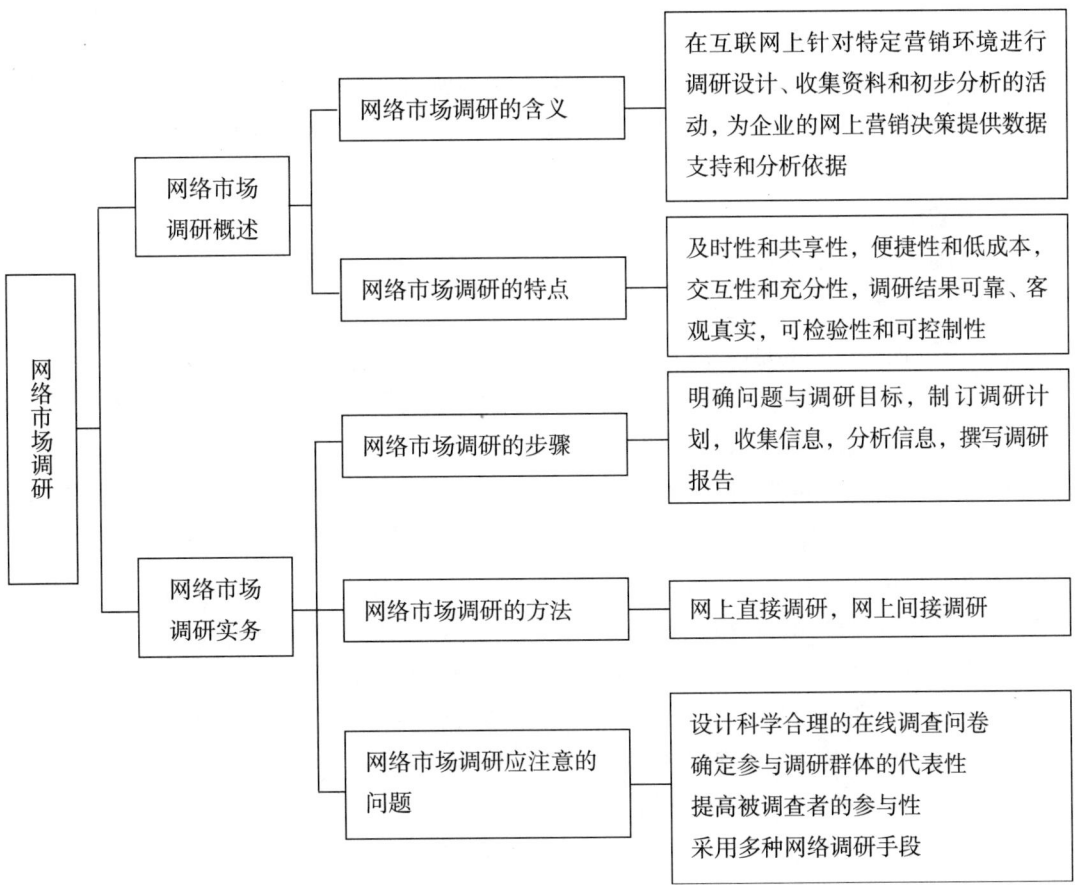

思考与练习

1．单项选择题

(1) 最常用的收集原始资料的网络营销调研方法是(　　)。

　A．网上讨论法　　　　　　　　　B．网上观察法

　C．视讯会议法　　　　　　　　　D．网上问卷调查法

(2) 在下列网络营销调研方法中，属于被动调研法的是(　　)。

　A．电子邮件法　　　　　　　　　B．随机 IP 法

  C. 视讯会议法   D. 网络站点法

  (3) 在网络市场调研时，被调查者可以及时就问卷相关的问题提出自己的看法和建议，这说明网络调研具有( )特点。

  A. 及时性和共享性   B. 便捷性和低成本

  C. 可靠、客观、真实   D. 交互性和充分性

  (4) 问卷的复核检验由计算机依据设定的检验条件和控制措施自动实施，可以确保网络市场调研的( )。

  A. 及时性和共享性   B. 交互性和充分性

  C. 可靠、客观、真实   D. 可检验性和可控性

  (5) 设计调查问卷时，( )是说明由谁执行此项调研、调研目的和意义的，目的是使被调查者感到正在进行的调研项目是合理、合法的，是值得他们花时间和精力来认真填写的。

  A. 问题指导语   B. 问卷主体

  C. 卷首语   D. 结束语

2．多项选择题

  (1) 下列说法正确的是( )。

  A. 网络市场调研费用主要是设计费和数据处理费，但比传统市场调研费用高

  B. 网络市场调研范围可以是全国乃至全世界

  C. 企业可以全天候进行网络市场调研

  D. 网络市场调研中，被调查者可自由决定时间、地点回答问卷

  E. 网络市场调研适合进行深度访谈

  (2) 网络市场调研的特点有( )。

  A. 及时性和共享性   B. 便捷性和低成本

  C. 可检验性和可控制性   D. 交互性和充分性

  E. 调研结果可靠、客观真实

  (3) 以下属于网上直接调研方法的是( )。

  A. 网上问卷调查法   B. 网上讨论法

  C. 收集第三方调研报告   D. 收集各种媒体资料

  E. 网上观察法

  (4) 以下属于网上间接调研方法的是( )。

  A. 主动调研法   B. 电子邮件法

  C. 第三方调研报告   D. 各种媒体资料收集

  E. 被动调研法

  (5) 企业可以通过( )等方式发布网上调查问卷。

  A. 电子邮件   B. 网站(页)问卷

  C. 新闻组   D. 搜索引擎

  E. 网络社区

3．简答题

(1) 什么是网络市场调研？

(2) 举例说明网络市场调研的特点。

(3) 简述设计在线问卷时应注意的问题。

(4) 什么是网上直接调研？有哪些方法？

(5) 什么是网上间接调研？有哪些方法？

(6) 网络市场调研需要经过哪些步骤？

(7) 简述网络市场调研与传统市场调研的区别。

(8) 在网络市场调研过程中应该注意哪些事项？

案例与实训

(1) 模拟市场调研过程：分成若干小组，选择一名比较自信的同学作为小组的"产品"，并针对这款"产品"设计一份调查问卷，问题个数不少于7个；挑选另一小组与本组合作，两组互相交换问卷并填写；收集数据、分析数据并完成调查报告；指定一名同学介绍本组调查问卷并公布调研结果。

(2) 为自己申请一个免费电子信箱，并且使用Foxmail软件来管理该邮箱。

第 4 章
网络市场分析

知识目标

(1) 掌握网络市场的含义、分类及特征。
(2) 了解网络消费者的需求类型和特征。
(3) 了解影响网络消费者购买的主要因素。
(4) 掌握网络消费者的购买动机和购买过程。

技能目标

(1) 能够结合实际分析网络消费者的购买动机。
(2) 能够根据不同的网络消费者类型制定不同的营销策略。

引例

VIPKID 如何成为全球增长速度最快的教育公司

成立不到 4 年，VIPKID 不仅成为科比在全球演讲的案例，而且取得在线少儿英语营收、市场占比超过行业 50% 的成绩。这一成绩让 VIPKID 快速成为行业的代名词，让行业追随者羡慕不已，也奠定了 VIPKID 成为在线少儿英语教育行业独角兽的地位。事实上，VIPKID 之所以成为市场上的领军者，原因就在于 VIPKID 始终坚持用心做教育，在教材、师资和用户体验上不断提升，为中国乃至全球的孩子提供更好的学习体验，抓住了做教育的真正本质所在。

【VIPKID 公司简介】

1. 让行业"大吃一惊"的专业教研团队，定制最适合中国孩子的教材

在 2017 年 7 月的中国互联网大会上，VIPKID 公布了与美国国家地理学习达成战略合作的消息，这让 VIPKID 在优质教材课程的打造上在整个行业都向前迈了一大步。教材作为孩子在线学习的第一接触对象，直接影响了孩子是否会有学习兴趣，以及学习效果会如何。而 VIPKID 教材最大的优势在于专业团队的自主研发能力，VIPKID 拥有一支超过 200 人的专业教研团队，他们很多都来自哈佛、斯坦福等国际名校，并不断和国际一流的教育机构合作，与全球教研专家一起为中国孩子量身打造英语教材内容。比如 VIPKID 对照美国 CCSS 教学标准打造的原创教材，会根据中国孩子的学习特点进行分级，重新定义学生每个学习阶段结束后应该掌握的知识和技能，让教材符合中国孩子的学习节奏。而且考虑到中国孩子和美国孩子成长环境的不同，教材里也相应会做本土化创新设计，加入诸如《郑和下西洋》《司马光砸缸》等中国孩子耳熟能详的故事，方便孩子更快速地理解对应的英语知识点。

VIPKID 互动教室不仅可以实现孩子在学习过程中根据课堂内容随时拖动，北美外教还可以根据孩子的课堂表现进行互动奖励，全面提升了孩子的学习效率。

图 4.1 VIPKID 页面

2. 最难的不是技术，是孩子的课堂体验

目前，VIPKID 的付费用户人数超过 10 万人，续费率达到 95%，家长的主动推荐和口碑传播造就了 VIPKID 用户规模的几何级增长。这主要得益于 VIPKID 用技术赋能护航下的优质用户体验。VIPKID 通过大数据和人工智能等技术与教育的融合应用，从学习行为数据搜集，到数据分析与运用，再到个性化学习效果实现，打造了一套独有的个性化学习体系。

VIPKID技术创新实现了智能师生最优匹配，让学生遇到最合适的教师。VIPKID通过用户数据的深度挖掘，分析出学生的学习特性与偏好，并由人工智能技术采集教师授课数据，为北美外教在教学语言、技能等多层维度划定数百个标签，然后通过智能算法匹配，从而向学员推荐最适合本人的北美外教，这就是中国孩子越来越喜欢VIPKID北美外教的真正原因。

3. 赋能外教，1.5万名北美外教

如今，北美外教作为各大在线少儿英语机构竞相争夺的宝贵资源，成为衡量各家机构实力的重要指标，更是家长选择在线少儿英语教育的首要条件。VIPKID最近公布其北美外教数量已超过1.5万名，成为全球北美教师规模最大的在线少儿英语教育平台。

在外教筛选上，VIPKID坚持行业最高的评选标准，所有外教必须来自美国和加拿大，并要求具备ESL(以英语为第二语言课程)证书或当地小学教学经验。近年来，VIPKID还先后与国际知名的教育机构建立合作，进一步赋能外教。一方面，VIPKID与全球权威TESOL学术机构TESOL International Association达成深度战略合作，双方从课程研发、教师招聘和教师资质认证3个方面合作，联手提高EFL/ESL行业认证标准，VIPKID也成为全球拥有最多TESOL认证教师的教育企业；另一方面，VIPKID成为国内首家与Coursera达成深度战略合作的在线少儿英语教育平台，Coursera会为VIPKID北美外教提供超过5万小时的在线培训课程，帮助外教在授课技巧、英语教学理论与实践上取得提升。

凭借本土化的教材创新研发和强大的北美外教师资规模，VIPKID已经成为万千中国家长的首选，行业差距逐渐拉大。作为行业领导品牌，VIPKID正在用一种开放、包容的姿态面对更多国际化合作，推动全球优质教育资源的共享，为中国孩子提供更好的在线学习体验，从"独角兽"到"全球教育航母"指日可待。正如VIPKID创始人米雯娟所说，VIPKID正在努力将世界变成一个大教室，让每个孩子都能享受到最优质的教育资源。

（资料来源：VIPKID如何成为全球增长速度最快的教育公司 [EB/OL].（2017-07-18）[2019-11-24]. http://www.takefoto.cn/viewnews-1210969.html）

思考题：请分析VIPKID如何迅速占领了英语在线教育市场。

从阿里巴巴发布的消费数据报告可以看出，网络使人们的消费行为变得迅速而复杂，而顾客作为企业服务的对象，企业需要通过满足顾客的需求获得利润。因此，企业首先要研究顾客真正想要什么，分析顾客的购买行为，这对有效开展营销活动至关重要。

4.1 网络市场概述

满足市场需求是企业营销活动的出发点和归宿点。对于在网上开展营销活动的企业而言，必须深刻认识网络市场的特点，准确把握网络顾客的购买行为特征，才能明确产品的销售对象，有针对性地制定营销策略，在充分满足顾客需求的前提下，提高网络营销活动效率，实现企业的发展目标。

4.1.1 网络市场的含义

市场是社会分工和商品交换的产物,它具有交换、分配和服务三大功能。随着现代科学技术的发展及其在市场活动中的广泛应用,现代市场发生了很大变化,尤其是借助现代计算机技术和网络技术实现了国际互联网的建成与应用,使得广大消费者(用户)可以通过互联网进行交易谈判、合同签订,最终实现商品交易,网络市场应运而生。作为市场,网络市场也必须具有一般市场的三要素,即商品、愿意购买商品的人和购买力。综上所述,网络市场是指那些对某些产品和服务具有特定欲望和需求,并且愿意和能够通过互联网来购买这些产品和服务的客户总和。

网络市场交易的主体包括企业、政府组织、团体机构、网络中介机构和网民等。

4.1.2 网络市场的分类

一般情况下,开展网络营销活动的企业并不能满足所有网络顾客的所有需求。企业应按一定标准对网络市场进行分类,针对不同类型市场中顾客的需求特点,制定不同的营销策略。

网络市场上顾客的购买目的是不同的,按照顾客购买目的的不同可将网络市场划分为网络消费者市场和网络组织市场两大类,如图 4.2 所示。

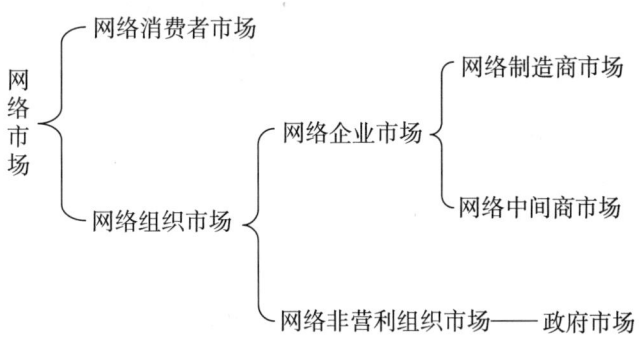

图 4.2 网络市场结构示意图

1. 网络消费者市场

个人和家庭是市场的基本购买单位。网络消费者市场是指以满足个人或家庭消费为目的,由网民构成的市场。研究网络消费者的购买目的、动机、影响其购买行为的主要因素及购买过程等,对制定网络营销策略、有效地开展网络营销活动至关重要。

2. 网络组织市场

企业组织、政府部门及其他非营利组织购买商品,通常以组织消费或再生产、再销售为目的,由它们所组成的网络市场称为网络组织市场。

制造商购买产品和服务的目的在于生产其他产品或劳务,以供销售、出租;中间商购买产品和服务的目的在于转售或出租给他人;各级政府和非营利组织购买产品和服务的目的在于执行政府的职能,维持机构的正常运作。

> **资料链接**

我国网络用户规模

根据 CNNIC 发布的第 44 次《中国互联网络发展状况统计报告》，截至 2019 年 6 月，我国网络用户数量为 8.54 亿，较 2018 年增长 2598 万，互联网普及率达 61.2%，较 2018 年提升 1.6 个百分点，我国网络用户规模继续保持平稳增长。目前，中国拥有全球最多的网络用户，占全球网络用户的 20%。

截至 2019 年 6 月，我国手机网络用户数量达 8.47 亿，较 2018 年增长 2984 万，网络用户中使用手机上网人数的比例由 2018 年的 98.6% 提升至 99.1%，手机上网已成为网络用户最常用的上网方式之一。

网络用户使用手机上网人数的比例为 99.1%，使用台式计算机上网、笔记本电脑上网和平板电脑上网人数的比例分别为 46.2%、36.1% 和 28.3%，而网络用户使用电视上网的人数比例为 33.1%，较 2018 年提高了 2.0 个百分点。

截至 2019 年 6 月，IPv6 地址数量为 50286 块 /32，较 2018 年增长 14.3%。".CN" 域名总数为 2185.2 万个，较 2018 年增长 2.9%，占我国域名总数的 45.5%。

表 4-1 为我国网络用户人数及 CN 下注册域名数一览表。

表 4-1 我国网络用户人数及 CN 下注册域名数一览表

时间点	网络用户（万）	手机网络用户（万）	WWW 站点数（万）	CN 下注册域名（万）	国际出口带宽（Mb）
2009 年 6 月	33800	15500	360.10	1296.3685	747541
2009 年 12 月	38400	23300	323.18	1345.9133	866367
2010 年 6 月	42000	27700	278.75	724.6686	998217
2010 年 12 月	45700	30300	190.81	434.9524	1098957
2011 年 6 月	48500	31800	183.01	350.2288	1182261
2011 年 12 月	51300	35600	229.56	352.8511	1389529
2012 年 6 月	53800	38800	250.36	398.4188	1548811
2012 年 12 月	56400	42000	268.00	751.0000	1899792
2013 年 6 月	59056	46376	294.00	—	—
2013 年 12 月	61758	50006	320.00	1083	3406824
2014 年 6 月	63200	52705	273.00	—	3776909
2014 年 12 月	64875	55678	335.00	1109	4118663
2015 年 6 月	66769	59357	357.00	—	4717761
2015 年 12 月	68826	61981	423.00	1636	5392116
2016 年 6 月	70958	65637	454.00	—	6220764

续表

时间点	网络用户（万）	手机网络用户（万）	WWW 站点数（万）	CN 下注册域名（万）	国际出口带宽（Mb）
2016 年 12 月	73125	69531	482.00	2061	6640291
2017 年 6 月	75116	72361	506.00	—	7074779
2017 年 12 月	77198	75265	533.00	2085	7320180
2018 年 6 月	80166	78774	554.00	—	8826302
2018 年 12 月	82851	81698	523.00	2124.3	8946570
2019 年 6 月	85449	84681	518.00	2185.2	—

（资料来源：编者根据 CNNIC 网站相关数据整理。）

近年来，我国网络用户规模增长趋于稳定，互联网行业持续稳健发展，互联网已成为推动我国经济社会发展的重要力量。以互联网为代表的数字技术正在加速与经济社会各领域深度融合，成为促进我国消费升级、经济社会转型、构建国家竞争新优势的重要推动力。同时，随着中国互联网产业发展加速融合，工业互联网全力推进，"互联网+"持续助推传统产业升级；互联网、大数据、人工智能和实体经济从初步融合迈向深度融合的新阶段，转型升级的澎湃动力加速汇集；数字经济成为经济发展新引擎，互联网和数字化推动传统经济向互联网经济升级和转型。

4.1.3 网络市场的特征

消费者是企业产品或服务的购买者，企业能否在市场上实现其价值，关键在于有没有消费者购买其产品。在网络市场中，网络和电子商务系统的巨大信息处理能力为大量的产品和服务信息提供了展示平台，消费者通过网络检索机制取得全方位的产品服务信息，从而做出满足自己需求的、理性的决策，网络市场也真正成为买方市场。但由于网络的特点，网络消费者市场与传统消费者市场有许多不同。

网民是网络营销的主要个体消费者，广大的网民构成了网络消费者市场。网民的规模决定了网络消费者市场的规模和潜力，网民的结构影响着消费结构和产品结构。企业要做好网络市场营销工作，就必须对网络消费者的群体特征，即网民特征进行分析，以便采取相应的对策。

1. 构成特征

随着互联网的广泛应用，我国网民的构成也在不断地变化，深入分析、研究网民的结构，把握网络消费者群体的需求状况是企业必须考虑的重要问题。根据 CNNIC 发布的第 44 次《中国互联网络发展状况统计报告》（截至 2019 年 6 月），我国网民结构主要包括以下几个方面。

(1) 性别结构

截至 2019 年 6 月，我国网民男女比例为 52.4∶47.6，与 2018 年 12 月基本持平，如图 4.3 所示。近年来中国网民性别比例保持基本稳定。受性别因素影响，男性的网络消费更多的是电子产品和户外用品，而女性则更倾向于服装和食品。

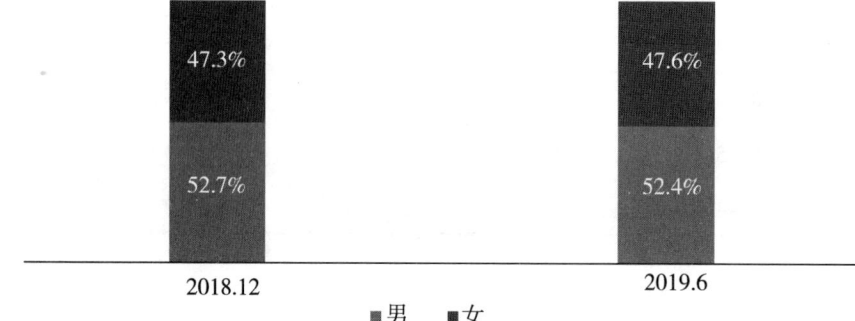

图 4.3 网民性别结构对比

(2) 年龄结构

如图 4.4 所示，截至 2019 年 6 月，10～39 岁群体占网民整体的 65.1%，其中 20～29 岁年龄段的网民占比最高达 24.6%；40～49 岁中年网民群体占比由 2018 年 12 月的 15.6% 扩大至 17.3%，50 岁及以上的网民比例由 2018 年 12 月的 12.5% 提升至 13.6%。我国网民以中青年群体为主，并持续向中高龄人群渗透。受网民年龄结构的影响，中国互联网应用呈现出与年轻网民特征较为相符的特点，娱乐成为网络的主要应用之一。

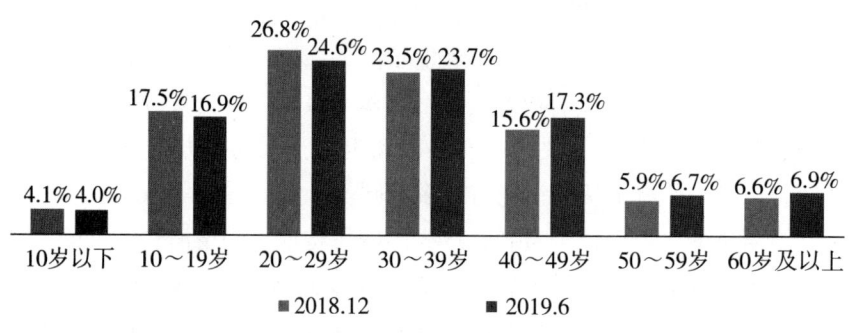

图 4.4 网民年龄结构对比

(3) 学历结构

我国网民以中等教育水平的群体为主。截至 2019 年 6 月，初中、高中 / 中专 / 技校学历的网民占比分别为 38.1% 和 23.8%；受过大学专科、大学本科及以上教育的网民占比分别为 10.5% 和 9.7%（图 4.5）。随着网民规模的逐渐扩大，网民的学历结构正逐渐向中国总人口的学历结构靠拢，这也是互联网大众化的表现之一。

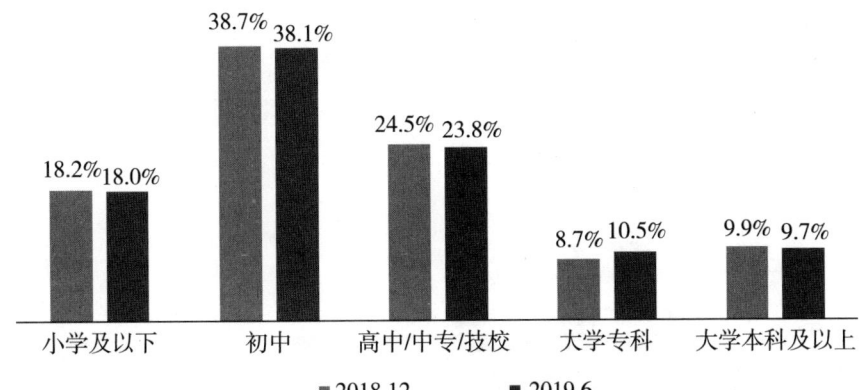

图 4.5 网民学历结构对比

(4) 职业结构

截至 2019 年 6 月，在我国网民中，学生群体最多，占比达 26%；其次是个体户/自由职业者，占比为 20.0%；企业/公司高层/中层管理人员和一般人员占比共计 11.8%（图 4.6）。我国网民职业结构基本保持稳定，占我国人口最大比重的农民、服务业工人，以及其他行业人员在网民中所占比重还比较低。

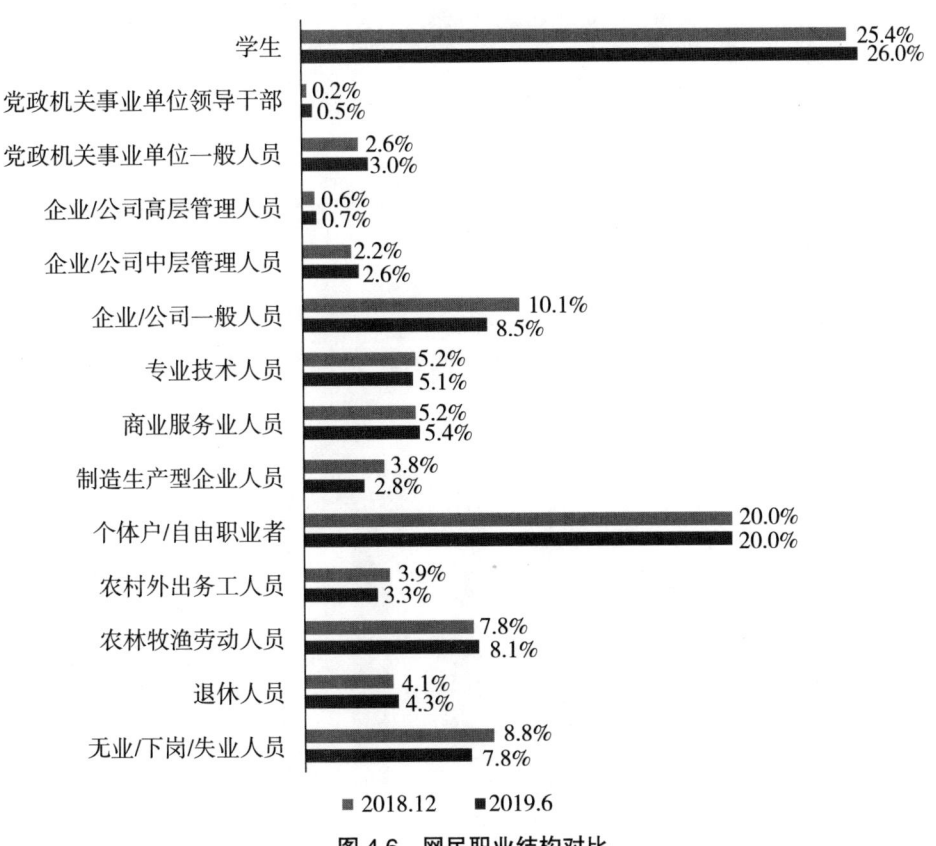

图 4.6 网民职业结构对比

(5) 收入结构

截至 2019 年 6 月，月收入在 2001～5000 元的群体占比最高，为 33.4%；月收入在 5000 元以上的人群占比为 27.2%；无收入及月收入在 500 元以下的人群占比为 19.9%。我国网民规模向高收入群体扩散，如图 4.7 所示。

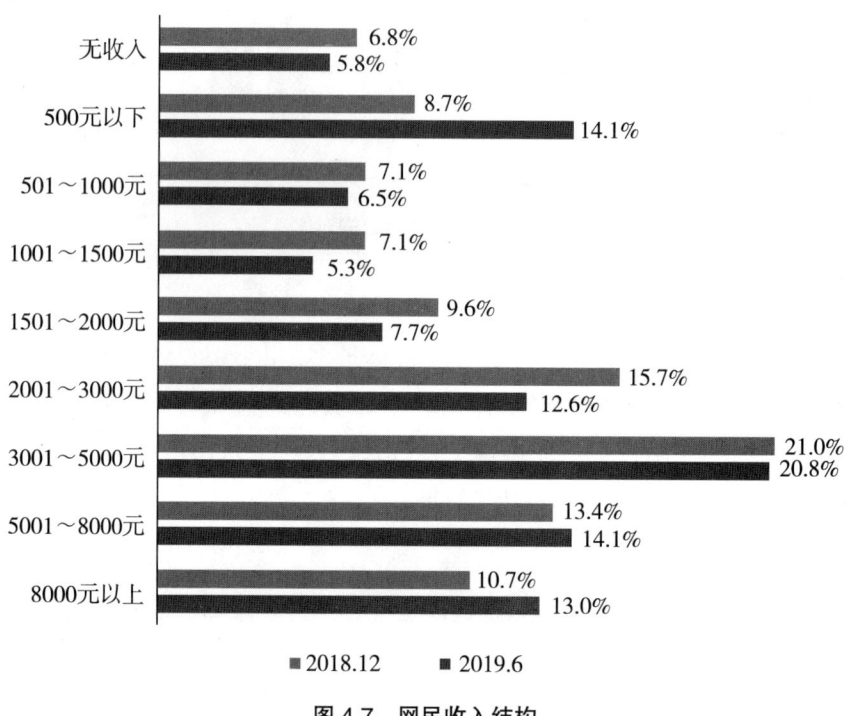

图 4.7　网民收入结构

2．网络使用特征

(1) 上网时间

截至 2019 年 6 月，我国网民的人均周上网时长为 27.9 小时，较 2018 年提高 0.3 个小时，如图 4.8 所示。

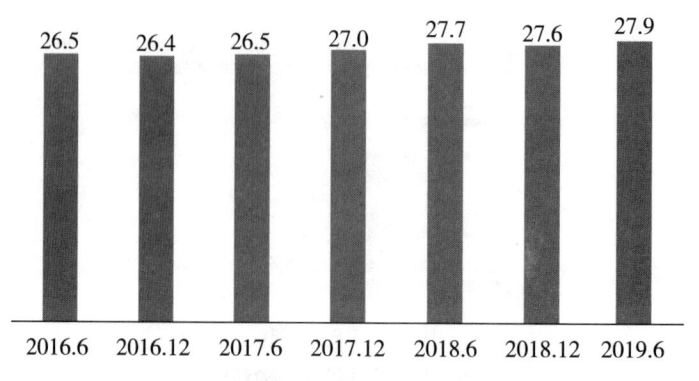

图 4.8　网民平均每周上网时长（单位：小时）

网民上网时间与网龄之间存在密切关系,网龄越长,上网时间越长。上网时间是各种网络应用的基础和使用程度的客观反映。一方面,现代网民主要通过手机等移动终端上网,有效利用了碎片时间,提升了网民的上网时长;另一方面,网民对一些互联网的应用深度不断提升,明显增加了使用时长,比如网络直播、网络短视频等。

(2) 上网地点

截至 2018 年 12 月,我国网民在家通过计算机接入互联网的比例为 81.1%,较 2017 年降低 4.5 个百分点;在网吧上网的比例为 19.0%,与 2017 年的比例基本持平;在单位、学校、公共场所上网的比例分别增长了 3.8、3.0 和 2.9 个百分点,分别达到 40.6%、22.1% 和 21.6%,如图 4.9 所示。

图 4.9 网民使用计算机接入互联网的场所

(3) 上网设备

如图 4.10 所示,截至 2019 年 6 月,我国网民使用手机上网的比例达 99.1%,较 2018 年提升 0.5 个百分点;网民使用电视上网的比例达 33.1%,较 2018 年提升 2.0 个百分点;使用台式计算机上网、笔记本电脑上网、平板电脑上网的比例分别为 46.2%、36.1% 和 28.3%。不同职业的网民,上网设备也存在明显差异,管理人员更加倾向于使用笔记本电脑上网,办公室职员主要通过台式计算机上网,而学生多用手机上网。

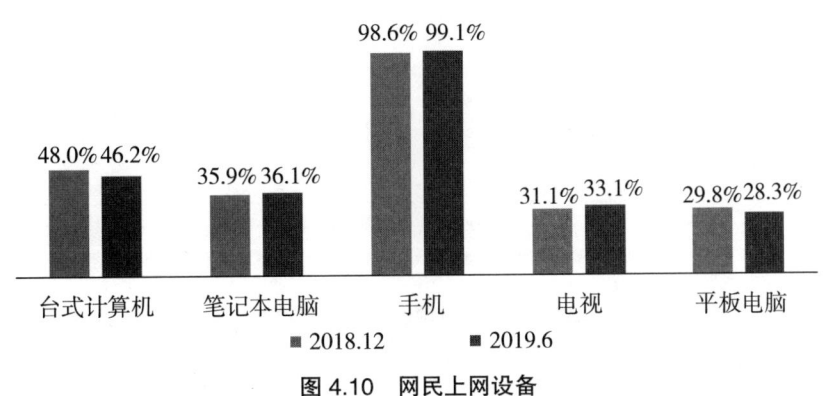

图 4.10 网民上网设备

资料链接

农村网民的发展

截至 2019 年 6 月，我国农村网民规模为 2.25 亿，占网民整体的 26.3%，较 2018 年增加 305 万；城镇网民规模为 6.30 亿，占比达 73.7%，较 2018 年增加 2293 万（图 4.11）。城乡互联网普及率持续提升，但城乡差距仍然较大。

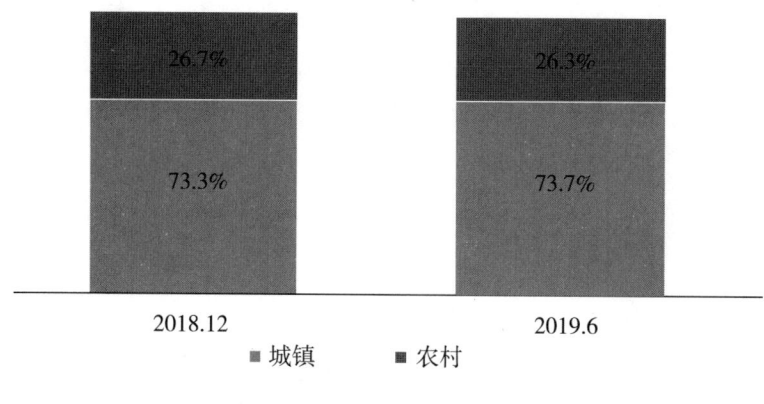

图 4.11 网民城乡结构

互联网在城乡地区的普及率同步提升。截至 2018 年 12 月，我国城镇地区互联网普及率为 74.6%，较 2017 年提升 3.6 个百分点；农村地区互联网普及率为 38.4%，较 2017 年提升 3.0 个百分点（图 4.12）。与此同时，不同地区互联网应用的使用率也存在明显差异，这种差异主要由应用类型和区域特点决定：一方面，由于使用门槛相对较高，农村地区网民在商务金融类应用上与城镇地区差异较大；另一方面，外卖、网约车、共享单车等具有明显区域化特点的应用，城镇地区使用率更为突出。而对于即时通信、网络音乐、网络视频等发展较早的基础类应用，城乡网民使用差异并不明显。

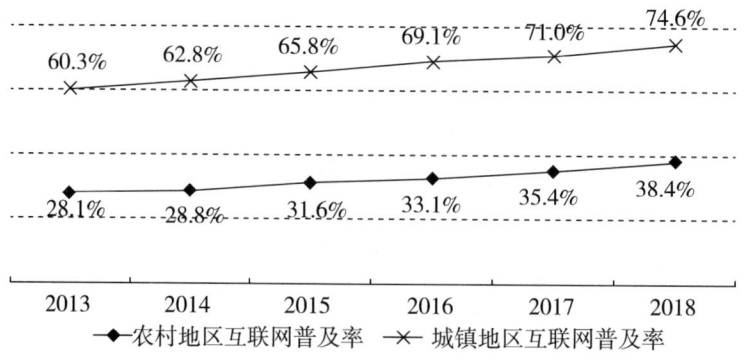

图 4.12 城乡地区互联网普及率

(4) 主要网络应用的使用行为

2019年上半年，我国个人互联网应用发展较为平稳。其中，在线教育用户规模增长最快，半年增长率达15.5%；其次，是互联网理财和网络直播，用户规模半年增长率分别为12.1%和9.2%。表4-2为网络应用使用率排名。

表4-2 网络应用使用率排名

应用	2019.6 用户数量（万）	2019.6 网民使用率	2018.12 用户数量（万）	2018.12 网民使用率	半年增长率
即时通信	82470	96.5%	79172	95.6%	4.2%
搜索引擎	69470	81.3%	68132	82.2%	2.0%
网络新闻	68587	80.3%	67473	81.4%	1.7%
网络视频（含短视频）	75877	88.8%	72486	87.5%	4.7%
网络购物	63882	74.8%	61011	73.6%	4.7%
网上支付	63305	74.1%	60040	72.5%	5.4%
网络音乐	60789	71.1%	57560	69.5%	5.6%
网络游戏	49356	57.8%	48384	58.4%	2.0%
网络文学	45454	53.2%	43201	52.1%	5.2%
旅行预订	41815	48.9%	41001	49.5%	2.0%
网上订外卖	42118	49.3%	40601	49.0%	3.7%
网络直播	43322	50.7%	39676	47.9%	9.2%
网约专车或快车	33915	39.7%	33282	40.2%	1.9%
网约出租车	33658	39.4%	32988	39.8%	2.0%
在线教育	23246	27.2%	20123	24.3%	15.5%
互联网理财	16972	19.9%	15138	18.3%	12.1%
短视频	64764	75.8%	64798	78.2%	-0.1%

（资料来源：CNNIC网站。）

课堂讨论

参考以上的网络应用使用率排名，作为一名快消品营销人员，你会使用哪些平台进行网络推广？

① 即时通信、搜索引擎、网络新闻和社交作为基础应用，用户规模保持平稳增长

即时通信作为基础的互联网应用不断开拓创新，其变化主要集中于产品功能的探索、应用场景的拓展和内容质量的提升3个方面。从2018年开始，主流搜索引擎平台大力发展信息流产品，吸引用户流量、增加广告收入，以巩固市场地位。网络新闻领域相关法律法规建设进一步健全，社交应用与传统媒体互为补充，融合发展。一方面，传统媒体大规

模入驻各类社交平台，成为社交平台优质内容的重要来源；另一方面，社交平台助力传统媒体实现大众化传播，同时也提升自身的影响力。

② 商务交易类应用在近两年均保持快速增长

电子商务领域法律法规逐步完善，行业持续向高质量、高效能阶段过渡并取得成效，线上与线下进入深度融合期；网上外卖行业发展环境进一步优化，高频市场需求已经形成，外卖平台与餐饮企业开始重视打造外卖品牌；旅行预订方面，旅游企业强化战略合作，丰富旅游主题，以产品和服务驱动市场销量。

③ 我国网络支付用户规模持续扩大，用户使用习惯进一步巩固

截至2019年6月，我国网络支付用户规模达6.33亿，较2018年12月增加3265万，使用比例由72.5%提升至74.1%。手机网络支付用户数量达6.21亿，在手机网民中的使用比例由71.4%提升至73.4%。我国购买互联网理财产品的网民数量达1.7亿，较2018年12月增长了1835万，网民使用率为19.9%。互联网理财市场多元化发展趋势明显。

④ 近年来，网络娱乐类应用用户规模均保持了高速增长，强烈的市场需求、政策的鼓励引导、企业的资源支持共同推动网络文化娱乐产业进入全面繁荣期。尤其在短视频领域，众多互联网企业竞相布局，优质而有特色的内容成竞争关键。截至2019年6月，短视频用户规模达6.48亿，用户使用率为75.8%。短视频市场获得社会的关注，百度、腾讯等持续在短视频领域发力，搜狐网等也纷纷推出新的短视频应用，短视频市场迅速发展。与此同时，网络文化娱乐内容进一步规范，以网络游戏和网络视频为代表的网络娱乐行业营收进一步提升。良好的行业营收推动网络娱乐厂商加大对于内容创作者的扶持力度，为网络娱乐内容的繁荣发展打下基础。

⑤ 网约车行业规模不断扩大，运营车辆向新能源升级。新竞争者入局，市场竞争日趋激烈。截至2019年2月，已有110多家网约车平台公司在部分城市获得经营许可，继携程、高德、美团等跨界布局网约车市场后，戴姆勒与吉利等企业入局；同时，新能源汽车未来将逐步淘汰传统网约车辆。截至2019年6月，我国网约出租车用户规模达3.37亿，较2018年增加670万。网约专车或快车用户规模达3.39亿，较2018年12月增长633万。

⑥ 在线教育的发展，人工智能技术驱动在线教育产业升级。在线教育移动化程度进一步加深，微信成为移动端学习的重要工具。智能设备的快速普及、移动互联网的发展为在线教育创造更多机会，轻量化、碎片化、结构化的知识更适合移动端的学习场景。截至2019年6月，我国在线教育的用户规模达2.32亿，较2018年12月增长3122万，占网民整体的27.2%；手机在线教育用户规模达1.99亿，较2018年12月增长530万，占手机网民的23.6%。由于微信在流量获取、社群运营、用户规模与黏度等方面的优势，越来越多的教育产品开始借助微信生态探索新的服务模式，吸引用户通过微信群、公众号、小程序等工具在线学习，并进行持续性分享，以降低获得新用户的成本，提升用户黏度。直播技术助力在线教育行业快速增长。随着语音识别、云存储等技术的进步，直播课堂已能够营造良好的教学场景，尽最大可能还原线下学习模式，教学效果得到市场认可。

> **课堂讨论**
>
> 你如何看待网约车和在线教育在 2018 年的快速发展？

【在线教育的发展】

4.2 网络消费者分析

营销的目标是使目标消费者的需要和欲望得到满足并感到满意。不管在何种营销模式下，对目标消费者的分析和研究始终是制定营销策略的基础。

4.2.1 网络消费者的类型及特征

1．网络消费者的类型

消费者行为是对消费者进行分类的有效方式之一，而网络消费者的网络应用行为则是对网络消费者进行分类的有效方式。企业应该通过网络应用对网络消费者进行群体细分，重点分析不同类型网络消费者的行为特征，并结合企业特点为网络营销、电子商务等工作提供更为精准的人群定位，以便制定相应的营销策略。

根据网络消费者的网络应用行为，可以把网络消费者分为以下 4 种类型。

(1) 娱乐型

娱乐型网络消费者对网络的应用较为单一，主要是网络游戏、网络音乐、网络视频。

(2) 交流型

交流型网络消费者在 QQ、微信、博客等具有社交特征的网络应用上的参与度较高。

(3) 信息收集型

信息收集型网络消费者在网络上的主要活动就是利用政府、媒体等公共信息网站、搜索引擎及电子邮件等收集所需的信息，这是网民中最大的一个群体。

(4) 购物型

购物型网络消费者在网络购物、在线炒股、旅行预订等应用行为上特征明显。这一群体占网民总体比例较小，是网民中的一个小群体。

> **资料链接**
>
> **网络消费者的类型**
>
> 按照网络消费者的消费特征，可以将网络消费者分为 6 类，即简单型、冲浪型、接入型、议价型、定期型和运动型。
>
> (1) 简单型网络消费者需要的是方便直接的网上购物。他们每月只花 7 小时上网，但他们进行的网上交易却占了一半。零售商们必须为这一类型的人提供真正的便利，让他们觉得在网上购买商品将会节约

更多的时间。要满足这类人的需求,首先要保证订货、付款系统的安全、方便,最好设有购买建议的界面。另外,提供一个易于搜索的产品数据库是保持网络消费者忠诚的一个重要手段。

(2) 冲浪型的网络消费者在网上花费的时间较多,而且他们访问的网页是其他网民的4倍。冲浪型网络消费者对经常更新、具有创新设计特征的网站很感兴趣。

(3) 接入型网络消费者是刚触网的新手,他们很少购物,喜欢在网上聊天和发送免费问候卡。那些传统品牌的公司应对这类人保持足够的重视,因为他们更愿意相信生活中熟悉的品牌。另外,这些消费者的上网经验不是很丰富,一般对于网页中的简介、常见问题的解答、名词解释、站点结构之类的链接会更加感兴趣。

(4) 议价型网络消费者有一种趋向购买便宜商品的本能,eBay网站一半以上的网络消费者属于这一类型,他们喜欢讨价还价,并有强烈的愿望在交易中获胜。在网站上打出"大减价""清仓处理""限时抢购"之类的字眼,能够很容易地吸引这类消费者。

(5) 定期型和运动型的网络消费者通常都是被网站的内容吸引。定期型网络消费者常常访问新闻和商务网站,而运动型的网络消费者喜欢运动和娱乐网站。对于这两种类型的网络消费者,网站必须保证自己的站点包含他们所需要的和感兴趣的信息,否则他们会很快跳过这个网站进而转入下一个网站。

2. 网络消费者的特征

网络消费是一种新型的消费形式,与传统的消费形式相比,有类似的地方,也存在不同的特征。网络消费者的特征主要表现在以下7个方面。

(1) 消费的个性化

随着消费品的日益丰富和消费者个性化需求的不断增强,消费者开始制定自己的消费准则,市场营销的重心回到了对个性化需求的满足。个性化消费正在成为消费的主流,而网络应用的普及为网络消费的个性化发展提供了条件,使网络消费个性化特征日益显现。

案例 4—1

扫二维码,打开链接,回答下面问题。

思考题:网易严选的主要目标客户群体是哪些人?

【网易严选与必胜客的合作】

(2) 消费的主动性

在社会分工日益细化和专业化的趋势下,消费者的消费风险随产品服务选择的增加而上升。在选择大件耐用品或高科技产品时,消费者往往利用各种渠道收集相关的产品服务信息,并通过分析比较做出购买决策。网络应用的普及及网络营销的开展,为消费者收集相关的产品服务信息提供了方便,大大提高了消费者选择的主动性和满意程度。

事实上,消费主动性的增强来源于现代社会不确定性的增加和人类追求稳定、平衡的欲望。

案例 4-2

扫二维码，打开链接，回答下面问题。

思考题：什么是体验营销？

【本田的粉丝导购员】

(3) 购买的方便性

追求购买的方便性是网络消费者个体行为的重要特征之一。随着竞争的加剧和生活节奏的不断加快，在职人员所承受的生活和工作压力越来越大，节省时间、便捷购物成为购买行为的主要特征之一。同时，一边上网聊天，一边与网友讨论产品服务信息，并在网上下单购物，已成为许多网民所青睐的购买方式。

(4) 购买的低价性

中国互联网络信息中心发布的《2015 年中国网络购物市场研究报告》显示，随着菜鸟物流的社会化运营，以及其与京东物流快递服务水平的不断提升，较高的快递服务品质已经成为网络购物中的标准配置。网站用户体验的提升和促销活动已经成为常态化的基本保障。网络口碑、价格、网站/商家信誉成为网购用户决策时最为关注的因素，关注度分别为 77.5%、72.2% 和 68.7%，如图 4.13 所示。

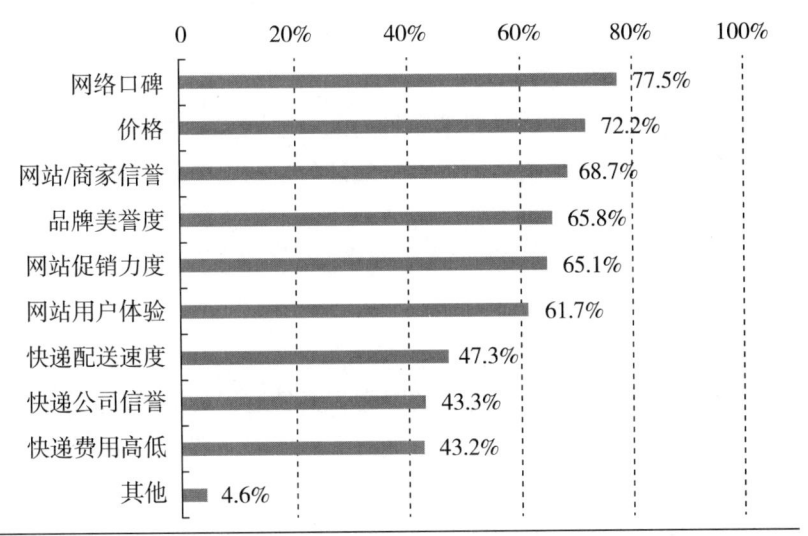

图 4.13 2015 年网络用户购买商品时主要考虑因素

(5) 消费需求的差异性

网络营销的发展使个性化需求和定制得到满足，追求个性需求的满足是许多网络消费者的又一特征。消费需求的差异性是普遍存在的，不同的网络消费者因个人特征和所处的环境不同，会有不同的需求。企业开展网络营销，必须分析和研究消费者需求的差异性及产生差异的原因，从产品的构思、设计、制造到产品的定价、包装、运输、销售，都要根据需求的差异性来设计，并针对不同消费者的需求特点，制定相应的营销策略、营销措施和方法。

(6) 消费需求的层次性

在传统的商业模式下，人们的消费层次一般从低层次需求开始，逐渐向高层次需求延伸，即先满足个人的生存需求，再追求精神上的需求。随着网络法律法规的不断健全，以及网络安全技术的提高和网络营销的发展，网上交易规模不断扩大，交易者数量和交易对象也不断增加。

(7) 消费需求的超前性和可诱导性

追求时尚和新颖是许多网络消费者的特征，也是许多青年消费者的主要购买动机。产品及服务的款式、格调和流行趋势往往成为选择的主要依据。网络营销企业必须借助于丰富、及时的网络信息资源，追踪和引导消费流行趋势，适时开发网络消费者所喜欢的时尚产品和服务，以满足网络消费者的需求。

4.2.2 影响网络消费者购买的主要因素

随着网络营销的发展，网上购物逐渐为消费者所熟悉和接受。影响网络消费者购买的因素有很多，包括个人收入水平、产品服务价格等经济因素，消费者心理、需求与动机等个人因素，社会文化、职业环境等社会文化环境因素。概括起来，影响网络消费者购买的主要因素有以下 6 个方面。

1. 产品服务的价格

价格是影响消费者消费心理及消费行为的主要因素，也是市场竞争的主要手段。一般来讲，价格与需求量成反比关系。计算机软硬件、书籍杂志、娱乐产品等，这些产品的标准化程度较高，网上销售减少了流通环节，降低了售价，因而对网络消费者具有较大的吸引力。

2. 交易时间

交易时间包括网上交易合同订立的时间和交易过程耗费的时间。与线下交易不同，网上交易合同可以在任何时间签订。网上交易产品多为标准化产品，网络消费者为交易花费的时间主要是网上信息资料的收集、分析时间，产品服务选择、比较谈判、达成协议的时间和物流时间。一般较线下时间短，且网上交易可以在网络消费者认为的任何合适时间完成，消费者无须专门花费时间和精力去逛街购物。

【网络购物】

3. 产品的特征

目前，网上交易的产品往往在价格上占绝对优势，例如书刊、音像、时尚礼品等。随着网络营销的发展和网上品牌形象的建立，网上交易产品越来越丰富，一些大件产品、非标准化产品，如电器、家具等，也可以在网上交易。

4. 安全可靠性

一部分网络消费者有稳定的收入、有自己喜欢的品牌，他们追求时尚，也重视品质，但他们对网络购物缺乏信任和安全感，担心没有售后服务或售后服务差。同时，注册时要提交自己的真实姓名、住址和联系方式等私人信息，他们担心会被网站泄露。网上欺诈、网购纠纷频发也严重影响了网上交易的发展。

5. 购物的便捷性

"节省时间""操作方便"是网络消费者网上购物的重要动因，也是网上购物的优势所在。在线下交易中，消费者既要与商家谈判，又要掌握商品服务的信息和知识，需耗费大量的时间和精力。现代快节奏的社会生活使白领阶层更愿意将有限的时间和精力用于休闲娱乐，从事一些有益于身心健康的活动，充分享受生活。网络购物能使消费者在轻松上网的同时，方便快捷地完成购物。

6. 其他因素

影响网络消费者在线交易的因素还包括网络口碑、上网的便利性、网速、网上支付方式、送货方式等。

4.2.3 网络消费者的购买动机与购买过程

在网络虚拟世界中，争取消费者的忠诚度比推销产品更加重要。只有了解网络消费者的特点，分析网络消费者在网上购物时的行为特征，把握其需求方向，企业才能制定合适的营销策略以满足消费者的需求，从而获取较高的收益。

1. 网络消费者的购买动机

消费者的消费需求是由购买动机引起的。网络消费者的购买动机是指在网络购买活动中，能使他们产生购买行为的某些内在的动力。只有了解消费者的购买动机，才能预测其购买行为，制定相应的营销策略和促销手段。网络消费者的购买动机可以分为需求动机和心理动机两类。

(1) 需求动机

网络消费者的需求动机包括兴趣、聚集和交流。

① 兴趣。许多网络消费者之所以热衷于网络漫游，是因为对网络活动抱有极大的兴趣。这种兴趣的产生，主要源自两种内在驱动力：一是探索的内在驱动力，即网络消费者出于好奇的心理，驱动自己沿着网络提供的线索不断查询，希望能够找出符合自己预想的结果，甚至到了不能自拔的境地；二是成功的内在驱动力，即当网络消费者在网络上找到自己所需的资料、软件、游戏时，会产生一种满足感。

② 聚集。网络为具有相似经历或相同兴趣爱好的网络消费者提供了聚集和交流的平台，这个平台不受时间和空间的限制。通过网络平台聚集起来的网络消费者形成了一个极具民主性的群体，在这个群体中，所有成员都是平等的，每个成员都有独立发表自己观点和意见的权利，使得在现实社会中经常处于紧张状态的人们，在虚拟社会中得到解脱。

③ 交流。网上交流是网络消费者上网的主要需求之一。随着信息交流频率的增加，网上交流的范围也在不断扩大，促使对某种产品或服务有相同兴趣和需求的网络消费者聚集在一起，形成商品信息交易的网络，即网络商品交易市场。在这个虚拟交易市场中，参与者大多是有目的的，所交流的信息涉及产品质量、价格、库存量、新产品的种类等，这些信息和经验大多是他们的亲身体会。

网络营销者参与并收集相关信息，不仅可以了解网络消费者的需求，制定切实可行的营销策略，还可以有效地组织生产，降低生产成本，提高劳动生产率。

(2) 心理动机

心理动机是基于人们的认识、感情、意志等心理过程而产生的购买动机。网络消费者购买行为的心理动机主要体现在理智购买动机、感情动机和惠顾动机 3 个方面。

① 理智购买动机建立在网络消费者对在线商场推销的商品的客观认识的基础上。网络消费者多为青年人，具有较强的分析判断能力，其购买决策是在反复比较各在线商场的商品之后做出的，对所要选购商品的特点、性能和使用方法具有较深入的了解。在理智购买动机驱使下，网络消费者首先关注的是商品的先进性、科学性和质量，其次是商品的经济性。理智购买动机具有客观性、周密性和控制性。

② 感情动机是基于网络消费者的情绪和感情所产生的购买动机。感情动机又可以分为两种形态：一是低级形态的感情动机，是基于喜欢、满意、快乐、好奇而产生的，一般具有冲动性和不稳定性；二是高级形态的感情动机，是基于道德感、美感、群体感所产生的，具有较强的稳定性。同时，在线商场为网络消费者提供的异地送货服务，也促进了感情动机的形成。

③ 惠顾动机是基于理智经验和感情之上的，对特定的网站、图标广告、商品产生特殊的信任与偏好，而重复地、习惯性地深入了解产品服务信息并产生购买意愿的心理动机。具有惠顾动机的网络消费者，一般是某一站点的忠实浏览者。他们不仅自己经常光顾相关站点，而且对周围的人也具有较大的影响力，甚至在企业的产品或服务出现某种瑕疵时，也能予以谅解。

2. 网络消费者的购买过程

【共享经济对消费者的改变】

网络消费者在网上购物前，首先会在网上搜索、浏览相关产品服务信息，为做出购买决策提供依据，然后再进行购买。网络消费者的购买决策过程实际上是一个信息收集、分析和评价的过程。网络消费者的购买过程一般分为 5 个阶段，即购买动机产生、收集信息、比较选择、购买决策和购后评价。

(1) 购买动机产生

网络购买过程的起点是诱发并唤起需求。对于网络营销者来讲，诱发网络消费者的需求动因局限于视觉和听觉，即吸引网络消费者的注意是成功的基础。为此，网络营销者必须充分了解与自己产品有关的实际需要和潜在需要，把握诱发网络消费者需求的其他因素，并依此设计相应的促销内容以吸引更多的消费者浏览网页，激发他们的需求欲望。

(2) 收集信息

在需求被诱发后，每位消费者都希望自己的需求能得到有效满足。为此，网络消费者往往会积极地收集相关信息。

一般来说，网络消费者收集信息的渠道可分为内部渠道和外部渠道。内部渠道是指网络消费者个人所存储、保留的市场信息，包括购买商品的实际经验、对市场的观察及个人购买活动的记忆等；外部渠道是指网络消费者从外界收集信息的通道，包括个人渠道、商业渠道和公共渠道等。网络消费者首先会在自己的记忆中搜寻可能与所需产品相关的知识与经验，在内部信息不充分或有缺失时，便会通过外部渠道收集相关信息。

根据网络消费者收集信息的范围和努力程度的不同，收集信息可分为以下 3 种模式。

① 广泛问题的解决模式，是指在网络消费者尚未建立评判特定产品或特定品牌的标准，也不存在品牌偏好倾向的情况下，广泛地收集某种产品或服务信息。当网络消费者因好奇、消遣或其他原因对某种不熟知的产品产生兴趣时，就会广泛收集相关信息以便进一步了解产品，为做出购买决策提供依据。

② 有限问题的解决模式，是指在网络消费者已建立了对特定产品的评判标准，但还没有特定品牌偏好倾向时，有针对性地收集产品信息。此时，收集的信息对网络消费者购买决策有直接的影响。

③ 常规问题的解决模式，是指在网络消费者对将要购买的产品或品牌已有足够的经验和明确的购买倾向的情况下，收集有关产品销售、售后服务等方面的信息，以便于合理使用。此时收集的信息主要是有关产品的使用信息等，对购买决策影响不大。

(3) 比较选择

网络消费者需求的满足以其支付意愿和实际支付能力为基础。没有支付能力的购买欲望只是空中楼阁，不会产生实际的购买行为。能满足网络消费者同一需求的产品服务有很多，在比较分析的基础上，网络消费者根据自己的支付意愿和能力做出购买决策。比较选择是网络消费者购买过程的重要环节。网络消费者对各渠道汇集而来的资料进行比较、分析和研究，了解各种产品服务的特点和性能，然后才会做出购买决策。

案例 4-2

泡泡网的"产品对比栏"

泡泡网 (http://www.pcpop.com) 为用户提供的"产品对比栏"功能，如图 4.14 所示。用户在选择产品时，只要根据一些筛选条件(品牌、价格等)就可搜索出相关产品，在搜索结果中再通过比较来选择最满意的产品。用户使用"产品对比栏"功能时，只需单击"加入对比"按钮就在"产品对比栏"中添加了需要进行对比的产品，选择好对比产品后，再单击"进行对比"按钮，此时就会显示选中的几款产品的对比结果，如图 4.15 所示。

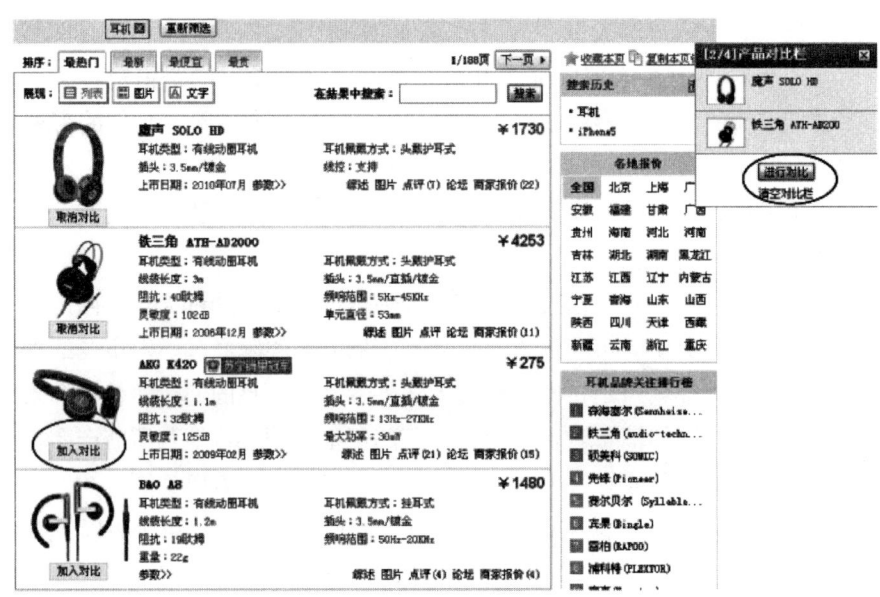

图 4.14　泡泡网的产品对比功能

产品名称	魔声 SOLO HD	铁三角 ATH-AD2000	AKG K420	B&O A8
产品图片	共17张图片	共4张图片	共30张图片	共45张图片
产品价格	¥1730	¥4253	¥275	¥1480
网上购买	最低价：¥1480（易迅） 比较19家电商	最低价：¥3999（易迅） 比较3家电商	最低价：¥267（亚马逊） 比较6家电商	最低价：¥680（淘宝网） 比较2家电商
	排除比较	排除比较	排除比较	排除比较
基本参数	魔声 SOLO HD	铁三角 ATH-AD2000	AKG K420	B&O A8
耳机佩戴方式	头戴护耳式	头戴护耳式	头戴护耳式	挂耳式
耳机类型	有线动圈耳机	有线动圈耳机	有线动圈耳机	有线动圈耳机
功能用途	iPod耳机，普通耳机	-	游戏影音耳机，iPod耳机	-
单元直径	-	53mm	-	-
频响范围	-	5Hz-45KHz	13Hz-27KHz	50Hz-20KHz
最大功率	-	1000mW	30mW	-

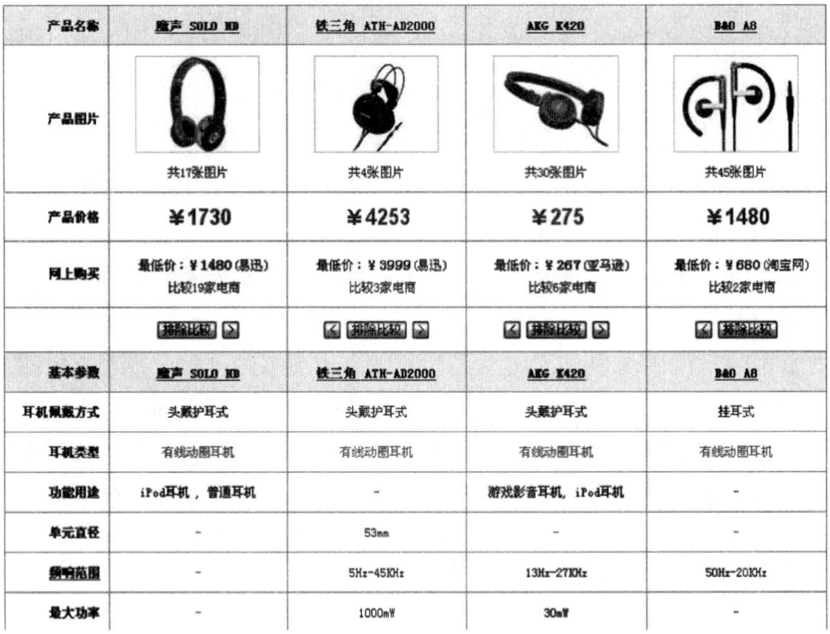

图 4.15　泡泡网的产品对比结果

一般来说，网络消费者的评价因素包括产品的功能、可靠性、性能、样式、价格和售后服务等。

网络购物在虚拟的网上进行，网络消费者不直接接触实物，对产品的比较依赖于厂商所提供的相关信息，包括文字的描述和图片等。网络营销者对产品描述不充分或过度夸张，甚至带有虚假的成分，都会误导网络消费者，甚至失去他们的信任。

(4) 购买决策

网络消费者在完成对商品的比较选择后，会做出购买决策。与传统的购买方式相比，网络消费者的购买决策有3个特点：一是网络消费者的理智动机占主导，感情动机多处于次要地位；二是网络购物受外界影响小；三是网上购物的决策时间短、速度快。

通常，影响网络消费者购买决策的因素有两种：一是他人的态度，包括其他人对产品的评价和意见；二是一些偶然因素。图4.16是淘宝网的"帮我挑"服务，是淘宝网专门为买家提供的服务之一。如果网络消费者看中淘宝网上的某件商品，而自己又不确定该商品的好坏，那么可以让买过该商品的网络消费者帮助挑选。

图4.16　淘宝网的"帮我挑"

(5) 购后评价

购买商品后，通过一段时间的使用，网络消费者会对自己的购买选择进行分析，做出评价，并重新考虑购买决策的正确性。网络消费者对所购商品和服务的评价如图4.17所示。

为了提高企业的市场竞争力，最大限度地占领市场，企业必须虚心倾听消费者反馈的意见和建议，改进营销策略和服务。互联网为网络营销者收集网络消费者的购后评价信息提供了便利，方便、快捷的电子邮件和其他网上交流工具，为企业与消费者提供了沟通途径。

4.9
外观漂亮(584)
整体感觉不错 (333)
包装不错哦(134)
性价比很高 (89)
做工不错(47)
尺码合适(6)
外观一般(10)
查看追加(38)
有内容评价(10字及以上)
默认
按时间
按信用
挺漂亮的，是我想要的，还送了小礼物
颜色分类：裸色
hnayfx
[今天]
东东很好，很喜欢！质量很好，下次还要光顾。
颜色分类：灰色
容伯礼1919
[03.04]
很好看，就是比我想象中的大点！
颜色分类：裸色
zhengzheng13
[03.03]
物流超快，昨天下的单今天就到了，很漂亮，钻很亮，用它梳发还是很生疏的，超怕用力大把它弄坏，得多练练。
颜色分类：裸色
星夜下的蛛
[03.03]
挺好的，就是颜色没挑好，选的灰色有点泛紫，还行
颜色分类：灰色
何***8（匿名）
[03.03]

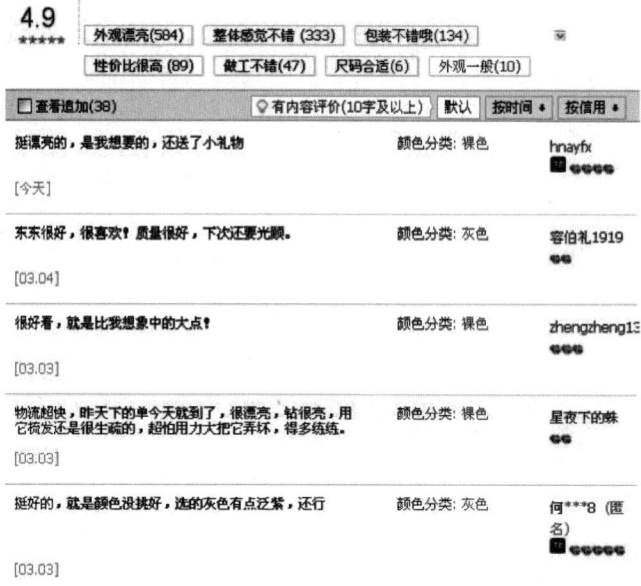

图 4.17　网络消费者对所购商品和服务的评价

本章小结

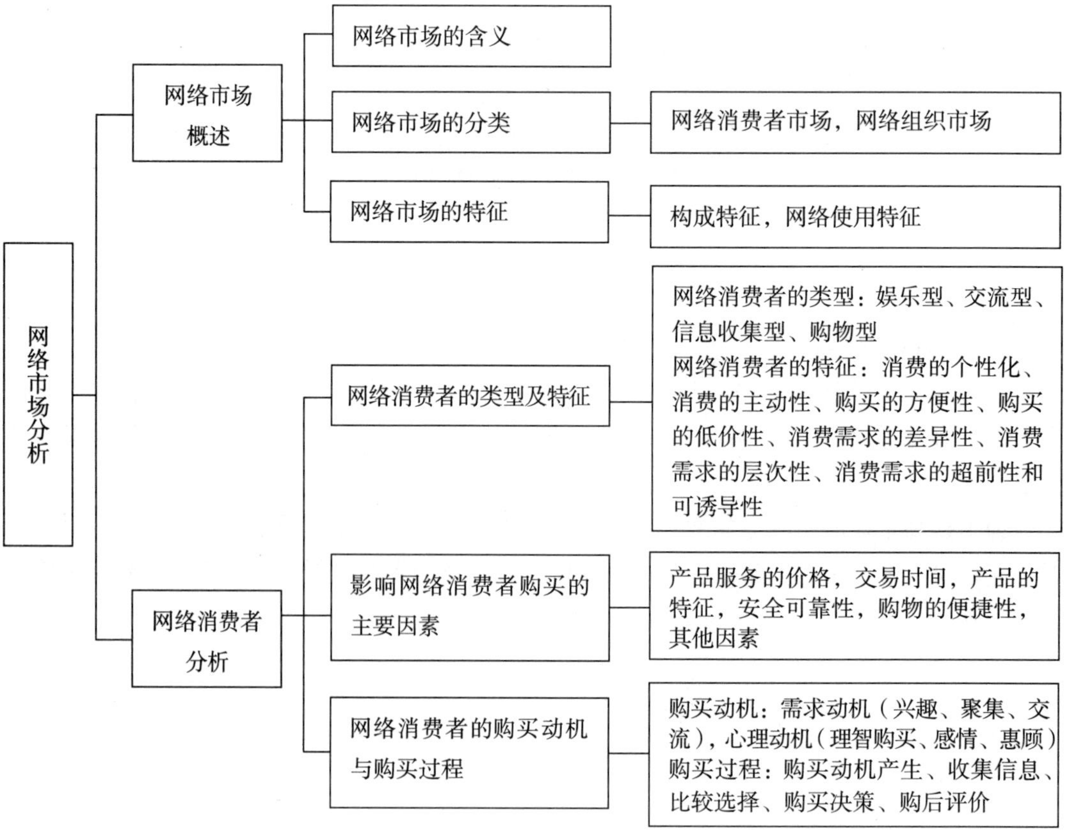

网络市场分析
网络市场概述
网络市场的含义
网络市场的分类
网络消费者市场，网络组织市场
网络市场的特征
构成特征，网络使用特征
网络消费者分析
网络消费者的类型及特征
网络消费者的类型：娱乐型、交流型、信息收集型、购物型
网络消费者的特征：消费的个性化、消费的主动性、购买的方便性、购买的低价性、消费需求的差异性、消费需求的层次性、消费需求的超前性和可诱导性
影响网络消费者购买的主要因素
产品服务的价格，交易时间，产品的特征，安全可靠性，购物的便捷性，其他因素
网络消费者的购买动机与购买过程
购买动机：需求动机（兴趣、聚集、交流），心理动机（理智购买、感情、惠顾）
购买过程：购买动机产生、收集信息、比较选择、购买决策、购后评价

思考与练习

1. 单项选择题

(1) 要开展有效的网络营销活动，必须深入了解网上用户群体的(   )。
A. 需求特征、购买行为模式和购买动机
B. 购买行为模式、购买时间和购买动机
C. 需求特征、购买行为模式和购买地点
D. 需求特征、购买行为模式和购买时间

(2) 网络购买过程的起点是(   )。
A. 诱发需求   B. 收集信息   C. 比较选择   D. 购买决策

(3) 网络消费者会利用在网上得到的信息对商品进行反复比较，以决定是否购买，这体现出网络消费者个体行为的(   )特征。
A. 主动性   B. 超前性   C. 交叉性   D. 差异性

(4) 相比网络购买而言，传统购买方式的特点是(   )。
A. 决策行为较网络购买的决策行为要快得多
B. 传统购买中感情动机的比重较大，理智动机的比重较小
C. 受外界影响小
D. 传统购买中感情动机的比重较小，理智动机的比重较大

(5) 网络消费者的购买过程为(   )。
①收集信息 ②比较选择 ③购后评价 ④诱发需求 ⑤购买决策
A. ①②③④⑤   B. ④①③②⑤   C. ④①②⑤③
D. ④①②③⑤   E. ④②①⑤③

2. 多项选择题

(1) 网络市场具有(   )特点。
A. 全天候市场   B. 虚拟性市场   C. 实体性市场
D. 互动性市场   E. 全球性市场

(2) 网络消费者的个体行为特征有(   )。
A. 消费的个性化 B. 消费的主动性   C. 购买的方便性
D. 购买的低价性 E. 消费需求的层次性

(3) 网络消费者的心理动机包括(   )。
A. 理智动机   B. 追求自由的动机   C. 感情动机
D. 惠顾动机   E. 需求动机

(4) 影响网络消费者购买的主要因素是(   )。
A. 交易时间   B. 产品的特征   C. 安全可靠性

D. 购物的便捷性　E. 产品服务的价格

(5) 在虚拟市场中，网民之间联系的目的是满足虚拟环境下的基本需求，即( )。

A. 兴趣　　　　B. 交流　　　　　C. 休闲

D. 聚集　　　　E. 成功

3．简答题

(1) 简述网络市场的类型。

(2) 举例说明网络消费者的特征。

(3) 简述网络消费者的购买过程。

(4) 举例说明网络消费者的购买动机。

(5) 根据 CNNIC 网站提供的资料，分析影响网络消费者购买的主要因素。

实　训

(1) 登录京东商城(www.jd.com)，打开"新手指南"页面，了解该页面是如何把购物流程演示给网络消费者的，并通过搜索引擎查找京东商城的相关资料，介绍给其他同学。

(2) 角色扮演，全班分为 3 组，分别扮演图书、玩具、手机 3 类商品的购买者。访问亚马逊网站(www.amazon.cn)，浏览这 3 类商品并尝试购买。然后每组选派组长，调查其他两组同学的购买动机。组长总结，并填写表 4-3，最后汇报结果。

表 4-3　购买动机记录

	图书	玩具	手机	说明
需求动机				
心理动机				
其他				
简评				

(3) 在网上购买 3 种不同类型的商品，根据购买过程填写表 4-4，并分析消费者的购买行为特征。

表 4-4　购买过程记录

	商品 A	商品 B	商品 C	说明
诱发需求				
收集信息				
比较选择				
购买决策				
购后评价				

第 5 章 网络营销战略计划

(1) 理解网络营销战略的含义与作用。
(2) 理解网络营销战略模式。
(3) 理解网络营销计划的内容。

会结合具体企业的特点选择合适的网络营销战略模式。

引 例

刘强东谈京东战略：要从"一体化"走向"一体化的开放"

【刘强东谈京东战略】

中国网科技 2017 年 10 月 20 日讯　京东集团董事局主席兼 CEO 刘强东日前在《财经》杂志撰写署名文章《第四次零售革命下的组织嬗变》谈京东的发展战略。

刘强东认为，我们处在一个变革的时代。第四次零售革命的实质是无界零售，终极目标是在"知人、知货、知场"的基础上，重构零售的成本、效率、体验。未来的零售环境会发生翻天覆地的变化，所以第四次零售革命的到来将引发京东战略的更新，京东要从"一体化"走到"一体化的开放"模式。

一直以来，京东笃信"成本、效率、体验"，将核心竞争力定位为：前端用户体验，后端成本、效率。前端谁的客户体验更好、后端谁的成本更低，谁就有持续的竞争力。团队是基础层、根基层，上面一层是系统层，就是公司最核心的 3 个系统——物流系统、IT 系统和财务系统，最上面就是用户层。京东的"倒三角"战略模型如图 5.1 所示。

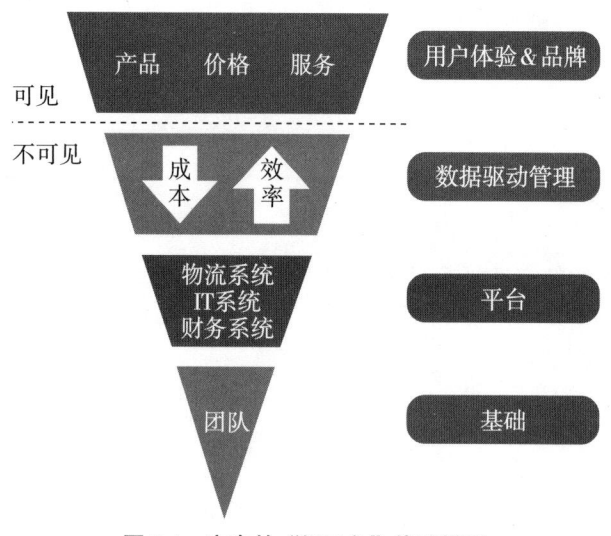

图 5.1　京东的"倒三角"战略模型

我们可以预见的是，未来电商环境会越来越成熟：社会物流的水平不断提高、零售数据的沉淀日益丰富、基于数据的服务层出不穷……零售基础设施和今天不可同日而语。这意味着借助现代化的技术手段，企业可以轻易地调动专业的商品流、数据流和资金流服务，无须自建。换句话说，未来"成本、效率、体验"不再通过一体化整合的模式从企业内部求，而是依靠平台化、网络化从企业外部求。网络协同会超过规模经济的力量，成为实现"成本、效率、体验"的重要驱动因子。

在第四次零售革命的大潮中，京东致力于成为未来零售基础设施的服务商，向社会提供"零售即服务"解决方案。一方面，今天京东所拥有的资源和能力将不仅仅服务于自身的平台，还要对外开放——首先通过"模块化"，将业务活动打包成独立的、可复用的组件，其次通过"平台化"形成稳定、可规模化的产品，最后通过"生态化"将内部使用的模块对外赋能客户；另一方面，我们会连接和调动外部的资源和能力，不仅仅追求"为我所有"，还要"为我所用"，不断突破自身能力、规模和速度的边界。

从"一体化"走到"一体化的开放"，对京东来说是一个巨大的战略转变。我们的客户不仅仅是网上的消费者、供应商和卖家，还有线上、线下的其他零售商、品牌商与合作伙伴。我们的系统不仅仅要支持京东的业务，还要服务于未来的无界零售场景，赋能于供应商和品牌商。这都需要依靠底层最核心的团队能力和组织保障。未来的战略决定了我们需要面向多场景、多客户的类型，更加标准化、灵活性地满足外部市场不断变化的需求。

（资料来源：刘强东谈京东战略：要从"一体化"走向"一体化的开放"[EB/OL].（2017-10-20）[2019-10-14]. http://money.163.com/17/1020/11/D16HC4Q5002580S6.html）

思考题：如何看待京东从"一体化"走向"一体化的开放"的发展战略？

随着互联网的普及与广泛应用，企业的决策者和管理者必须从战略的高度预见网络经济的发展和趋势，研究网络营销和传统营销的整合，把握网络营销的相关战略，并为企业制定有效的网络营销策略提供战略指导。

5.1 网络营销战略分析

市场导向的战略规划是一种管理程序，其任务是发展和保持企业的资源、目标，使其与千变万化的市场机会之间相适应。战略计划的目标就是形成和重新开拓企业的业务和产品，以期获得目标利润和增长。

5.1.1 网络营销战略的含义与作用

1. 网络营销战略的含义

(1) 市场营销战略

市场营销战略是企业在现代市场营销观念的指导下，为实现企业长远的经营目标，从全局的角度，对企业在较长时期内的市场营销发展的总体设想进行的设计和规划。

市场营销战略是企业的职能战略，受企业总体战略和经营单位战略思想的制约，不同的经营思想会有不同的市场营销战略。因此，市场营销战略必须与总体经营战略相吻合。

作为企业整体战略的重要组成部分，营销战略决策是关乎企业发展的全局性决策，决定了企业未来市场开发、推广和扩张的方向、速度和规模，同时也制约着企业的产品开发、设备更新改造等决策的进程。因此，营销战略是一项"超前"的运筹谋划，需要企业投入较多的资金，付出极大的耐心。

> **资料链接**

战略与企业战略

在我国,"战略"一词起源于兵法,指将帅的智谋。西方国家的战略概念起源于古代的战术,原指将帅本身,后来指军事指挥活动。

战略一词引入企业经济管理中只有几十年的时间。在企业经济管理范畴中,企业战略是指企业为实现长远的发展而进行的重要决策、采取的途径,以及为实现战略目标对企业主要资源进行分配的一种模式,决定企业发展的方向、经营的范围。

企业战略分为3个层次:一是企业的总体战略,涉及企业的经营发展方向、各经营单位之间的协调、整个企业的价值观念和文化环境的建立等;二是经营单位战略,企业从组织上把具有共同战略因素的若干事业部或其中某些部分组合成一个经营单位,每个战略经营单位一般都有自己独立的产品和细分市场,经营单位在企业总体战略的制约下实施具体的计划和行动,为企业整体目标服务;三是职能战略,是经营单位内主要职能部门较短期的战略,使职能部门管理人员更有效地运用研究开发、市场营销、生产、财务、人力资源等方面的经营职能,保证企业目标的实现。

(2) 网络营销战略

网络营销战略是企业以市场需求为导向,在网络营销环境分析的基础上,对企业网络营销的任务、目标,以及实现目标的方案和措施做出的总体的和长远的谋划,是指导企业网络营销活动、合理分配企业网络营销资源的纲领。

网络营销战略是企业市场营销战略的组成部分,企业在分析和确定网络营销战略之前,必须明确市场营销战略,了解本企业市场营销战略的特点与具体要求。

> **课堂讨论**

根据网络营销战略的含义,总结网络营销战略的特点。

2. 网络营销战略的作用

(1) 巩固企业现有竞争优势

网络营销对企业已有经营优势的影响主要取决于企业对电子商务的理解和接受程度、实施网络营销所采取的战略以及具体形式等。

在网络营销中,能否利用好互联网这一"中立的工具"成为企业是否能巩固已有经营优势的关键。

> **资料链接**

毅德控股携手京东重构商贸物流竞争力中心

2018年2月26日,毅德国际控股有限公司(以下简称毅德控股)和京东集团(以下简称京东)在北京签署战略合作协议。未来双方将在信息流、物流、资金流、技术等领域展开合作,重构商贸物流竞争力中心,为线下实体商户提供方便、快捷、线上线下互通的"营销—交易—仓储—配送—售后"等商贸全流程服务,实现实体商户管理流程化、数字化、效率化。此次合作实现了"双网共融",毅德控股的"实体商贸线下网"和京东的"线上零售网"实现共融突破的双产业升级。

京东是全国领先的互联网零售企业,2017年京东公布了"无界、开放、共赢"的升级战略和重点发展方向,强调了京东战略开放、赋能服务商和合作伙伴的态度。京东亦在官方表述中多次强调与合作伙伴"共赢"的长远目标,这被业界认为既是响应国家支持实体经济的战略,也是京东提升利润的创新之举。

毅德控股作为中国领先的大型商贸物流中心开发商和运营商,开发和运营的大型商贸物流中心数量、总建筑面积、土地储备量均居同行业前列,与京东是重要的线下合作伙伴。目前,毅德控股已在国内各大经济区域和核心枢纽城市建设了大规模商贸物流园,拥有大量各类业态的实体商户。

本次毅德控股与京东的强强联手,将以毅德控股自主开发的"毅管家""毅掌柜""毅起付"等商贸城商户经营工具为抓手,结合京东集团优势的"京东物流""京东金融""京东云"等基础设施服务,共同为线下商户提供方便、快捷、线上线下互通的商贸全流程服务。毅德控股将以京东物流网络与毅德实体商贸城为载体,为商贸城商户提供物流仓配送等服务。在电商板块,双方将以毅德商贸城为载体,共同推动毅德商贸城商户上京东电商云,共建京东-毅德线下商品体验店。同时,基于毅德商贸城商户线上及线下交易等数据,双方共同为毅德商贸城商户提供供应链金融、消费金融等金融服务。"京东云"将支持核心为"毅掌柜""毅起付""毅管家"等的应用技术体系,共同推动新零售业态。

(资料来源:毅德控股携手京东重构商贸物流竞争力中心 [EB/OL].(2017-05-18)[2019-10-22].
http://www.3news.cn/pindao/2018/0226/0104242226.html)

(2) 给入侵者设置障碍

企业在网上推出新的营销模式或采用新的营销手段,可能很快被竞争对手仿效,因此,企业在网络营销中必须考虑这种负面影响,并采取相应对策。

【知乎"不知道诊所"】

(3) 稳定与供应商的关系

全球经济一体化的发展趋势,使企业之间的竞争越来越多地转向供应链竞争,依托互联网,建立新型、高效、稳定的供应链体系成为信息时代企业合作的新趋势。

(4) 提高新产品开发和服务能力

以较低的成本提供以信息为基础的服务。

近年来,信息服务行业相继推出新的服务产品:做管理软件的公司向前延伸,与电子商务融合,形成自己独特的企业信息化服务模式;做电子商务服务的企业向后延伸,继续提供管理软件。

(5) 加强与客户的沟通

实施网络营销应以客户需求为导向,通过赢得和保持客户的满意度与忠诚度来获取利润。首先应把网络作为研究消费者的平台,并利用网络聚集和维系稳定的客户群体,培养忠诚客户。比如中国建设银行等各大银行的官方网站,就以提供客户满意的服务为宗旨,如图5.2所示。

图 5.2 中国建设银行官方网站

5.1.2 网络营销战略的管理过程

为了在激烈的市场竞争中生存并不断发展,企业必须重视和做好战略管理。在充分分析企业外部环境和内部条件的基础上,选择和确定能实现企业目标的有效战略,并将战略付诸实施,对战略的实施过程进行控制和评价,以实现企业的网络营销战略目标。

【苏宁未来发展战略】

1. 网络营销战略分析

网络营销战略分析是制定网络营销战略的基础,是企业战略管理的起点。当企业的决策者和管理者意识到企业面临有关生存和发展的机会或威胁时,或在新的时期应有新的目标时,企业便开始进行新一轮的战略管理。

网络营销战略分析主要是对企业开展网络营销活动的环境进行分析和研究,如图 5.3 所示。企业通过对外部网络营销环境,例如政治法律环境、经济环境、科技环境、社会文化环境等进行分析,能发现企业面临的机会和威胁;通过对内部环境,例如企业的可控资源、生产经营状况、技术水平、营销能力等进行分析,能识别企业自身的优势和劣势。应

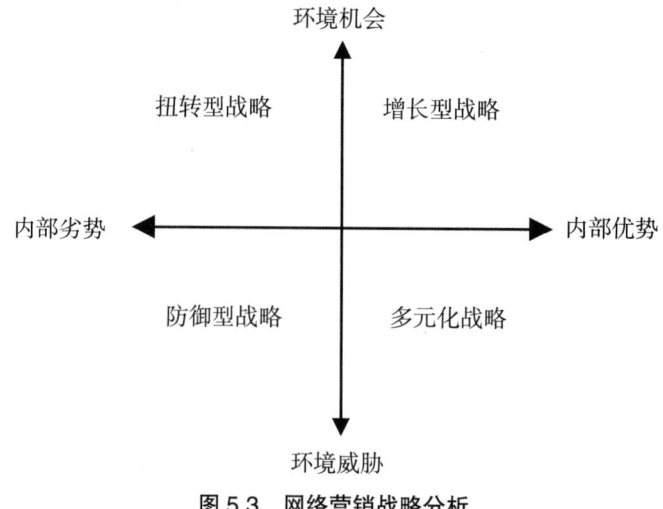

图 5.3 网络营销战略分析

该综合研究机会和威胁、优势和劣势,并分析其变化的趋势以及这些变化对企业发展的影响,为企业制定网络营销战略提供依据。

2. 明确网络营销的目标和任务

企业在网络营销战略分析的基础上,明确网络营销活动的目标和任务。网络营销目标选择可以是增加销售、加强与客户之间的联系、促进公共关系建立、塑造良好企业形象、降低销售费用等,或者是其中几项的结合。如八佰拜(www.800buy.com.cn)以缔造全球最大的中文时尚礼品网站为目标,并体现为提供最好的礼品服务、传递最美的人间真情、引领最新的时尚潮流、缔造最大的购物家园的经营理念。

企业的网络营销任务确定以后,还要将这些任务具体化为网络营销各部门、各环节的目标,最终形成一套完整的目标体系,使网络营销各环节都有明确的目标,并负起实现这些目标的责任。

确定网络营销目标时,应广泛征求多方面的意见,包括股东、员工、客户、经销商等,同时结合企业发展的历史及现状、决策者或管理者的意图、生产经营环境的发展变化、企业的核心竞争力、企业可控资源的状况等各方面因素,提高目标任务的可行性。

资料链接

网络营销战略目标

网络营销战略目标,就是确定开展网络营销后达到的预期目的,以及制定相应的步骤,组织有关部门和人员参与。一般网络营销目标包括以下4种类型。

1. 销售型网络营销目标

销售型网络营销目标是指企业为拓宽网络销售,借助网上的交互性、直接性、实时性和全球性为客户提供方便快捷的网上销售点。目前许多传统的零售店都在网上设立销售点,如北京图书大厦的网上销售站点。

2. 服务型网络营销目标

服务型网络营销目标主要为客户提供网上联机服务,客户通过网上服务人员可以远距离进行咨询和售后服务。目前,大部分信息技术公司都建立了此类站点。

3. 品牌型网络营销目标

品牌型网络营销目标主要是在网上树立自己的品牌形象,加强与客户的直接联系和沟通,建立客户的品牌忠诚度,为企业的后续发展打下基础并配合企业现行营销目标的实现。目前大部分站点属于此类型。

4. 提升型网络营销目标

提升型网络营销目标主要通过网络营销替代传统营销手段,全面降低营销费用,改进营销效率,改善营销管理,提高企业竞争力。目前的Dell、Amazon、Haier等站点均属于此类型。

另外,混合型网络营销目标可能想同时达到上面几种目标,如Amazon公司通过设立网上书店作为其主要销售业务站点,同时创立世界著名的网站名牌,并利用新型的营销方式提升企业竞争力,既是销售型网络营销目标,又是品牌型网络营销目标,同时还属于提升型网络营销目标。

(资料来源:网络营销战略目标 [EB/OL]. (2016-08-27) [2019-10-22].
http://www.xuexila.com/chuangye/yingxiao/cehua/404663.html)

3. 网络营销战略选择

企业在明确了网络营销任务后，就要结合网络营销任务、产品和服务的特点及目标市场的需求特性，选择合适的网络营销战略，确保网络营销战略目标的实现。

(1) 网络营销发展战略选择

与传统的企业营销市场发展战略相同，网络营销市场发展战略选择包括密集型战略、一体化战略和多元化战略。

① 密集型战略，指企业在现有业务范围内，充分利用产品和市场方面的优势，进一步挖掘潜力，实现企业长期发展的战略。其战略重点是对现有产品和市场的开发。当企业现有的产品和市场尚有潜力可挖时，可选择密集型战略。在该战略下可供选择的产品-市场组合有3种：一是市场渗透策略，即进一步挖掘市场潜力，提高现有产品在目标市场中的占有率；二是市场开发策略，即为现有产品开辟新市场，扩大市场覆盖率；三是产品开发，即向现有市场提供新产品或改进的产品，满足目标市场的不同需求，例如改变产品的外观、造型，赋予产品新的特色、内容，推出不同档次的产品，丰富产品项目等。例如，阿里巴巴集团旗下的淘宝网，通过不断增加新的栏目和促销活动，来吸引不同阶层的客户，满足客户的需求。

② 一体化战略，指由若干关联单位组合在一起形成经营联合体，以提高企业的市场竞争力和抗风险能力。一体化战略选择有3种：一是后向一体化，即企业收购或兼并若干原材料供应企业，拥有或控制其供应系统，实行供产一体化；二是前向一体化，即谋求对分销系统甚至用户的控制权，例如收购、兼并批发商、零售商，增强企业的销售力量和对渠道的控制能力；三是水平一体化，即争取与同类型其他企业实行各种形式的联合经营，扩大生产规模和经营实力，或取长补短，共同利用市场机会。当企业所在行业有发展前途，在供、产、销方面实行合并更有效时，可以考虑在其市场销售系统的框架中，增加新的业务，采用一体化战略。

【苏宁智慧零售战略】

③ 多元化战略，又称多角化战略，是指企业同时经营两种或两种以上基本经济用途不同的产品或服务的战略，即向本行业以外发展，扩大业务范围，跨行业经营。多元化战略选择有3种：一是同心多元化，即以原有技术、特长和经验为基础，有计划地增加新的业务，开发新的市场；二是水平多元化，即针对现有市场，采用不同技术增加新的业务，满足目标市场更多的需求；三是综合多元化，即企业以新的业务进入新的市场，新业务与企业现有的技术、市场及业务毫无关系。当本行业缺乏进一步发展的机会或其他行业更有吸引力时，企业可以采用多元化战略，以实现新的发展。比如苏宁采用的就是同心多元化战略，不断推出苏宁金融、苏宁Biu店等新业务，来开发新的市场。

(2) 网络营销竞争战略选择

与传统的企业竞争战略相同，网络营销的竞争战略选择包括4种：一是高质量竞争战略，即企业以质量为竞争手段，致力于树立高质量的企业形象，并力图在竞争中以高质量超越竞争对手；二是低成本战略，即在市场竞争中，企业通过建立完善的网络营销系统，实现企业的组织、管理和生产等方面的协调配合，不断降低成本，保持企业的低成本竞争优势；

三是创新战略,即企业通过不断创新,在信息技术、营销策略、营销方式等方面保持领先地位,降低对价格竞争的依赖性,保持企业的非价格竞争优势;四是集中优势战略,即企业集中精力向个别客户或某一消费群体提供产品或服务,在局部市场形成明显的竞争优势。

(3) 网络营销战略模式选择

常见的网络营销战略模式有以下 6 种。

① 留住老客户。现代营销学认为留住一位老客户相当于争取 5 位新客户。企业通过向老客户提供更多的增值服务,提高服务质量,以更好地满足客户需求,改善与客户的关系,提高客户忠诚度,达到增加产品销售的目的。

② 提供有用信息。企业通过网络向客户连续提供有用的产品服务信息,包括新产品信息、产品的新用途等,不断更新站点设计和内容,保持网站的新鲜感和吸引力,以新产品刺激客户的消费欲望,增加产品销售。这种模型主要适用于零售企业。

③ 直复营销。企业简化销售渠道,直接通过网络销售产品,可以降低销售成本,减少管理费用,增加企业利润。

案例 5-1

扫二维码,打开链接,回答下面问题。

思考题:结合案例内容并浏览海尔集团的网站,分析其采用的网络营销战略模式及战略重点。

④ 客户参与。企业通过不断更换网页内容,促使客户根据自己的兴趣形成有共同话题的"网络社区"并参与进去,同时为客户提供网络交流机会,提高客户忠诚度,增加重复购买,这种模型主要适应于信息服务业。图 5.4 是海尔官方网站提供的社区活动页面,在为客户提供娱乐性、让客户参与的基础上,宣传企业品牌。

图 5.4　海尔官方网站的社区活动页面

⑤ 宣传推广。企业把网站作为宣传推广的重要工具，通过网页设计来塑造良好的企业品牌形象，提高客户忠诚度。图 5.5 是海尔针对中国传统节日元宵节做的推广活动，起到了很好的宣传作用，也提高了品牌知名度。

图 5.5　海尔在元宵节的促销活动页面

⑥ 数据库营销。网络是建立强大的、精确的营销数据库的理想工具。网络的即时性和互动性特点，使企业可以对营销数据库实行动态管理，为企业决策者提供动态的、理性的决策依据。

案例 5-2

信用卡的网络推广

传统的信用卡推广是银行通过邮寄邀请函来完成的，这种推广的回应率只有 2%。如果某银行计划争取 20 万个新信用卡用户，就要向 1000 万个潜在的客户邮寄邀请函。银行信用卡推广人员通过市场分析确定利用专业网络数据库资料，决定采用线上线下相结合的推广策略。首先，利用网络数据库选出潜在客户；其次，对这部分顾客进一步分析调查，确定其中 20% 最有可能成为该银行的信用卡用户；最后，向这部分顾客直接邮寄邀请函，得到的回应率达到 12%，营销效率大大提高。

思考题：该银行信用卡推广人员还可以采取哪些推广策略？

4．网络营销战略的规划与实施

在选择网络营销战略模式后，就要组织制定战略规划并实施。

(1) 网络营销战略的规划

对许多企业来讲，网络营销是一场营销革命，是对企业传统营销观念、营销策略和营销渠道的突破，涉及企业的组织、文化和管理等各方面。为了有效实施网络营销战略，企业的网络营销战略规划应包括以下 4 个方面。

① 目标规划。在企业确定网络营销战略的同时，应选择与之相适应的营销目标、营销策略及策略组合。目标规划包括短期目标规划和中长期目标规划。

② 技术规划。网络营销的实施离不开技术和技术人员的支持，技术规划就是要根据企业网络营销战略的需要，制定相应的技术开发、技术引进和人才培养计划，满足企业网络营销发展的需要。

③ 组织规划。开展网络营销要求企业建立数据库，实行信息化管理。组织规划就是要求企业根据营销战略，对企业的组织结构和形式进行必要的调整和改革，确保网络营销战略的实现。例如建立技术支持部门、数据采集处理部门、网络营销服务部门，对传统的生产、技术、售后服务和营销部门进行有效整合。

④ 管理规划。为了满足网络营销的需要，企业必须根据组织的变化调整企业的管理，制订相应的管理规划。例如将生产、客户服务、咨询、市场调研和技术支持有效整合为一体，加强对综合型管理人才的培养和引进。

随着网络经济的发展和技术的进步，企业的网络营销规划也应根据市场的变化和实施情况进行调整，以适应发展的需要。

(2) 网络营销战略的实施

企业网络营销战略的实施要求企业将规划目标分解为网络营销各个部门和各个环节的目标，形成一套完整的目标和执行体系，并制订网络营销计划。

网络营销战略的实施是一个系统工程，首先要求网络营销计划具有可行性；其次，在计划的执行中，能及时了解计划执行的情况，判定是否充分发挥了企业的竞争优势；再次，能识别计划执行时出现的问题，找出原因并及时改进；最后，能评估企业所采用的网络信息技术的发展情况。计算机和通信技术的迅速发展，使新技术的应用影响到企业的竞争优势和网络营销的时效性，要求企业必须根据网络通信技术的发展和网络营销的需要对技术进行不断的升级改造或更新。

5.2 网络营销计划

网络营销战略为企业在未来急剧变化的环境中求得生存和发展描绘了一张蓝图，指明了企业前进的方向和目标。网络营销战略的实施还需要企业根据营销战略，制订切实可行的网络营销计划。网络营销计划是在网络营销战略的指导下，对网络营销活动的实施进行较为全面而有序的安排，明确网络营销活动的目标和责任。

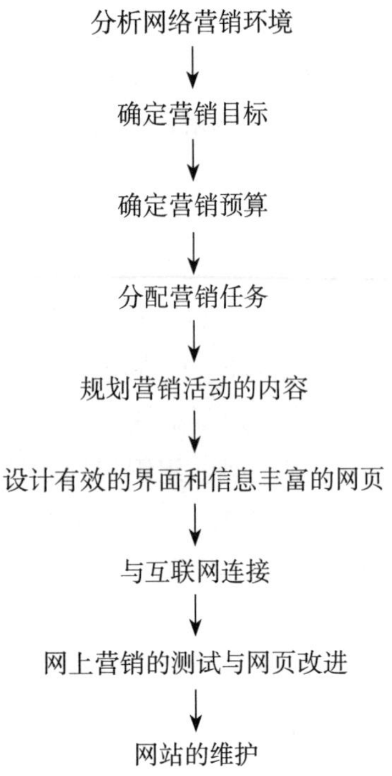

5.2.1 网络营销活动的过程

明确网络营销活动的过程是制订网络营销计划的基础和依据。网络营销活动的过程一般包括分析网络营销环境、确定营销目标、确定营销预算、分配营销任务、规划营销活动的内容、设计有效的界面和信息丰富的网页、与互联网连接、网上营销的测试与网页改进、网站的维护 9 个阶段，如图 5.6 所示。

5.2.2 网络营销计划的内容

根据网络营销活动的一般过程，制订网络营销计划。

1. 确定网络营销的目标

网络营销目标是企业实施网络营销所希望达到的结果和目的，是制订网络营销计划的核心。只有明确网络营销目标，才能制订网络营销计划，并将计划付诸实施。

不同的企业有不同的网络营销战略和企业特征，面对不同的市场环境和市场竞争结构，网络营销目标的选择也不同。影响企业确定网络营销目标的因素主要有以下 9 个方面。

分析网络营销环境
↓
确定营销目标
↓
确定营销预算
↓
分配营销任务
↓
规划营销活动的内容
↓
设计有效的界面和信息丰富的网页
↓
与互联网连接
↓
网上营销的测试与网页改进
↓
网站的维护

图 5.6 网络营销活动的过程

(1) 企业内部因素

企业内部因素包括：企业的信息化程度、劳动生产率、成本控制能力和水平；企业的管理水平和员工的整体素质；企业当前的经营业绩和变化趋势；进入网络市场的意愿和能力，企业的资金、技术和人才条件；与网络营销相配套的物流系统、网上支付系统的运行状况。

(2) 目标市场因素

目标市场因素包括：目标市场消费者是否经常上网，并浏览有关产品或服务信息；目标市场消费者对网络订购的态度和意愿，企业是否能够影响消费者的态度和意愿；消费者的个性化需求特征和要求；与消费者沟通的效果，消费者满意度；向目标市场传递产品信息，了解目标市场需求等。

(3) 市场竞争因素

市场竞争因素包括：现有的市场竞争状况和手段，企业开展网络营销是否有利于市场竞争力和经营业绩的提高，对竞争对手的影响及市场反应等。

(4) 市场调研因素

市场调研因素包括：网络营销是否有利于企业全面了解行业发展趋势，了解市场变化；网络营销是否有利于消费者更多地了解企业，吸引潜在顾客的关注；企业开展网络市场调研的可行性。

(5) 市场拓展因素

市场拓展因素包括：企业开展网络营销是否有利于扩大市场覆盖面，提高服务效率和质量，刺激顾客的购买欲望。

(6) 产品销售因素

产品销售因素包括：产品是否适合在网上销售，是向新市场销售新产品还是向新市场销售老产品；开展网络营销能否向新的国际市场销售老产品或在传统渠道销售不畅的产品；开展网络营销能否进行产品和价格测试、产品展示、辅助产品促销等。

(7) 公共关系因素

企业开展网络营销的一个重要目的是建立良好的公共关系，包括：利用企业站点与媒体建立友好的关系，及时向媒体传递企业信息；向员工、股东和分销商发布企业和产品信息；进行双向沟通，帮助消费者解决问题，消除误会或避免消费者的误解；应对危机，向社会公众和媒体传达企业应对危机事件的态度、处理意见和方法。

(8) 广告宣传因素

广告宣传因素包括：网络广告测试，检测网络广告的效果；结合其他媒体(如直邮、明信片、电视和印刷品广告)进行宣传，传达企业理念，树立企业形象。

(9) 产品费用因素

产品费用因素包括：开展网络营销是否能够降低产品销售费用；是否有利于精简机构和人员，提高效率；能否通过网络支持降低服务费用。

2．广泛征求各部门的意见

网络营销计划关系到整个企业的生产、管理和销售，广泛征求各部门的意见和建议，让全体员工充分理解网络营销计划的内容和要求，是计划实施的重要因素。

3．确定营销预算

网络营销的实施需要资金的支持，要根据网络营销目标编制营销预算，合理安排资金，提高资金的使用效率。营销预算包括预算指标、预算项目和费用控制指标等内容。

4．网络营销测试与网页改进

企业实施网络营销应先设计相应的网页，包括页面格式和内容。随着网络营销的开展和消费者需求的变化，企业需要及时更新网站内容，更好地展示商品的特点、性能、规格、技术指标信息，传递产品、服务信息和质量承诺，促进产品销售。同时，改进网页内容和形式，也有利于建立企业与消费者之间的信任关系，树立良好的企业形象，实现无障碍信息交流和感情沟通。

5．网站的维护

网站维护是网络营销顺利实施的关键。作为网络营销计划的一部分，网站维护包括企业网上形象的维护和更新，访问者的信息处理和反馈，常见疑问内容更新和信息查询，网上服务论坛和电子邮件自动转发等。

6. 网站管理员的职责

网站管理员(Web Master，WM)的工作权限类似于杂志编辑。根据要实现的目标和网页内容，网站管理员的职责范围可大可小，既可以是一个企业新经营思想的缔造者，也可以是一个注重细节的技术人员。

一般来说，网站管理员应具备的基本素质包括：同时处理多项任务／品牌／创新的能力；财务预算管理和规划的能力；对HTML有深刻的理解和运用能力，并能与企业的整个管理信息系统相协调；较强的设计能力和沟通能力；良好的人际关系和语言表达能力。

7. 网络资源管理部门的设置

网络资源管理部门主要负责企业内电子商务信息的交流与协调。设置企业统一的网络资源管理部门有利于制订整个企业的电子商务计划，协调各部门之间的矛盾和冲突；提高企业网络资源管理效率和电子商务信息处理能力；统一企业电子商务信息。

8. 网络服务商的选择

企业选择网络服务商，首先要听取当前其他客户的意见，进行初步筛选；其次根据初步筛选的结果亲自了解网络服务商的经营管理情况、品牌知名度，获取公司服务质量和工作能力的第一手材料；最后对被选网络服务商进行评估，做出选择决策。

评估和比较网络服务商应考虑的因素包括网络服务商提供的服务、站点特性、费用、设备及性能、公司的业务背景等。

阅读资料

选择网络服务商的标准

企业在上网前必须选择一家互联网服务供应商。互联网服务供应商一方面为企业提供互联网的接入服务，是企业进入互联网世界的驿站和桥梁；另一方面也为企业提供各种互联网信息服务，也就是ISP。

目前，随着互联网的不断升温，有大量ISP诞生，国内互联网服务供应商已超过百家，这些ISP对我国互联网的发展和普及起到了重要的作用。我国的ISP分为两类：第一类是官方性质的ISP服务，如中国公用计算机互联网(CHINANET)和中国教育和科研计算机网(CERNET)，只对学校科研机构及其下属单位提供服务)；第二类则是新兴商业机构，它们能为用户提供全方位的服务，对较大区域的联网可以提供专线、拨号上网及用户培训等服务，如东方网景、上海热线、万网、吉通等。这类ISP拥有自己的特色信息源，建设投资大，覆盖面广，是未来互联网建设的主要力量。

ISP 的选择对于企业创建网络营销环境，开展电子商务尤为重要。比如，如果 ISP 提供的接入速率很慢，客户在访问企业网站的时候，下载时间会很长，这将使他们没有耐心等待网页全部打开。又如，如果 ISP 的服务可靠性差，往往会使客户根本访问不到企业的网站页面，也会影响到客户对企业的信心和企业开展网络营销的效果。因此，当企业打算连接互联网时，务必要选择一家令人满意的互联网服务供应商。在选择互联网供应商时，需要考虑下列问题。

1. 必须能提供完善且系统的售前、售后服务及培训

一个好的 ISP 公司，应当为用户提供高质量的服务和全面的培训。在上网过程中碰到各种问题是否有技术支持热线电话，是否提供全面最新的网络知识培训等都是衡量一个 ISP 优劣的标准。

2. 能够提供稳定安全的电信服务功能

无论通过何种方式接入互联网，互联网服务提供商都可以帮助企业网站借助电信资源获取稳定的高速接入。

3. 能够提供高效率的域名服务

企业选择的互联网服务提供商必须是具备权威资质的域名代理机构，能够在网上 24 小时为企业注册网上商标——域名，并形成多年的延续性服务，确保企业品牌、形象的长期传播，提高企业的竞争力。

4. 能够为企业创建量身定制的网上公司

根据企业需求，互联网服务提供商能够为企业提供虚拟主机服务，提供性能价格比合理的网站空间、网站电子信箱、域名自动指向等一站式购买、一体化服务。

5. 具有强大的技术支持能力

接入互联网的企业都希望通过网络来发布和获取信息，开展企业网络营销，因此企业选择的互联网服务提供商的技术支持能力也是一个十分重要的问题。互联网服务提供商提供信息的能力和实力是必须考虑的问题。企业应深入了解互联网服务提供商的设备情况，包括硬件、软件、线路的稳定性和可靠性等，从而保证信息传输的速度，以及可靠性和安全性。

6. 为企业提供有效而超值的网上宣传服务

包括互联网服务提供商自身的门户级网站主页信息发布、数百家搜索引擎链接宣传，以及提供在百万级企业广告互换平台上进行宣传的解决方案，并且性价比高、服务到位，具备真正的实用传播价值，从而解决企业网站每天只有几十位访客的尴尬局面。

9. 其他问题

除上述内容外，网络营销计划还应包括其他内容，例如网络营销与传统营销和企业传统形象的一致性、网络营销信息支持资料、网络营销的互动性实施、消费者网上购物选择分析、网络营销服务、管理人员的构成及职责、网络营销计划与企业整个营销计划的关系等。

本章小结

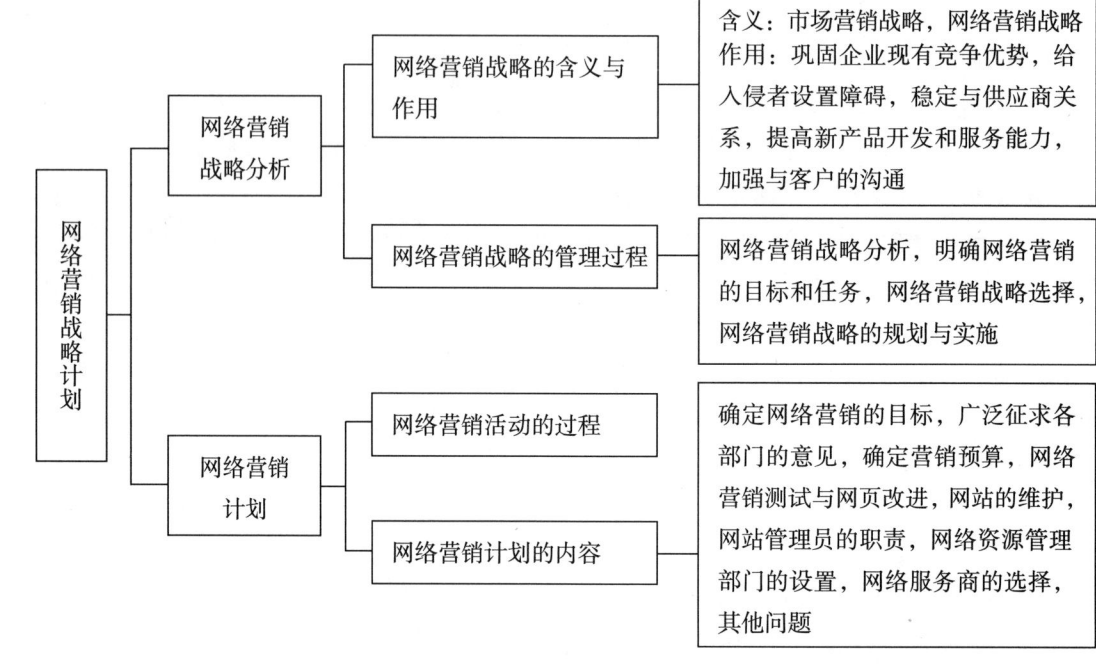

思考与练习

1. 单项选择题

(1) 网络营销战略属于企业的( )。
A. 职能战略　　B. 经营单位战略　　C. 企业的总体战略　　D. 管理战略

(2) 网络营销战略管理过程是( )。
① 明确网络营销目标和任务　　②网络营销战略分析
③ 网络营销战略规划　　④网络营销战略选择　　⑤网络营销战略实施
A. ①②③④⑤　　B. ①②④③⑤　　C. ②①③④⑤　　D. ②①④③⑤

(3) ( )的战略模式是企业通过向老顾客提供更多的增值服务,提高服务质量,以改善与顾客的关系,提高顾客忠诚度,来达到增加产品销售的目的。
A. 提供有用信息　B. 直复营销　　C. 留住老顾客　　D. 顾客参与

(4) ( )是指企业在现有业务范围内,充分利用在产品和市场方面的优势,挖掘潜力,实现企业的长期发展的战略。其战略重点是对现有产品和市场的开发。
A. 密集型战略　　　　　　　　B. 一体化战略
C. 多元化战略　　　　　　　　D. 网络营销战略

(5) 企业将不同产品推向新市场的发展战略属于( )。
A. 市场渗透　　B. 市场开发　　　　C. 产品开发　　　　D. 多元化

2. **多项选择题**

(1) 下列说法正确的是( )。
A. 网络营销战略受企业总体战略和经营单位战略的制约
B. 网络营销战略属于职能战略
C. 不同的经营思想会有不同的网络营销战略
D. 网络营销战略先于企业总体战略制定
E. 网络营销战略必须与企业总体战略和经营单位战略相吻合

(2) 下列说法正确的是( )。
A. 网络营销战略分析是对企业开展网络营销活动的环境分析和研究
B. 网络营销战略分析的目的是发现企业面临的机会和威胁
C. 网络营销战略分析的目的是识别企业自身的优势和劣势
D. 综合研究机会和威胁、优势和劣势，及其产生和变化趋势
E. 网络营销战略分析为企业制定网络营销战略提供了依据

(3) 确定网络营销目标时，应( )。
A. 广泛征求多方面意见
B. 不需考虑企业的发展历史
C. 关注经营环境的发展变化
D. 结合企业核心竞争力
E. 不需考虑决策者的偏好

(4) 密集型战略可供选择的产品-市场组合有( )。
A. 市场开发　　B. 产品开发　　　　C. 前向一体化
D. 市场渗透　　E. 后向一体化

(5) 一体化战略选择有( )。
A. 市场开发　　B. 水平一体化　　　C. 前向一体化
D. 市场渗透　　E. 后向一体化

3. **简答题**

(1) 什么是网络营销战略？
(2) 简述网络营销战略管理的过程。
(3) 可供选择的网络营销发展战略有哪些？
(4) 举例说明几种网络营销战略模式。
(5) 网络营销战略规划包括哪些内容？
(6) 需要从哪几个方面编制网络营销计划？

案例与实训

(1) 登录易购商城(www.eguo.com),了解易购网上商城商品交易程序、商品搜索、配送及售后服务、合作招商、特殊功能等栏目的具体内容,分析该网站网络营销战略规划,并撰写分析报告。

(2) 登录肯德基(www.kfc.com.cn)、可口可乐(www.coca-cola.com.cn)、亨氏(www.heinz.com.cn)、海尔(www.haier.com)、立顿(www.lipton.com.cn)、百事可乐(www.pepsico.com.cn)等公司的网站,浏览网站并在网上查找公司的相关信息,分析这几家公司的网络营销战略模式。

(3) 案例分析

苏宁易购的O2O战略

苏宁易购集团(后文简称苏宁易购)是中国领先的O2O智慧零售商,2018年苏宁易购再次跻身《财富》杂志2018年全球财富500强榜单。

成立于1990年的苏宁,面对互联网、物联网、大数据时代,持续推进智慧零售和线上线下融合战略、全品类经营、全渠道运营、全球化拓展,开放物流云、数据云和金融云,通过门店端、PC端、移动端和家庭端的四端协同,实现无处不在的一站式服务体验。

1. O2O战略布局

2013年2月,苏宁明确提出"电商+店商+零售服务商"的云商新模式;6月,全国所有苏宁门店与苏宁易购实现同品同价;9月,在弘毅年会上,张近东首次对外阐述苏宁"一体两翼互联网路线图",明确指出中国零售业的未来发展方向是互联网零售,重点是O2O和开放平台;11月,张近东接受美国斯坦福大学的邀请去讲O2O;第四季度,苏宁还在北京、上海、广州、深圳等一线城市推出第一批1.0版本互联网门店。苏宁全品类、全渠道、全客群的经营布局进一步完善,围绕互联网零售的"一体两翼"新格局,O2O模式战略布局全面成形。

2. O2O战略落地

在供应链方面,苏宁深层次变革供应链的合作模式,改变过去以谈判博弈为主导的模式,并向以用户需求为驱动的商品合作模式转型,制定了"巩固大家电,凸显3C,培育母婴"的品类聚焦策略。

在物流方面,全面提升物流体验,推出半日达、急速达、一日三送等特色产品。2015年,苏宁"物流云"将实现全面社会化开放。

在用户体验和产品创新方面,推出手机免费贴膜、预测营销、苏宁V购等特色化产品。

3. 初见成效

2015年3月30日晚间,苏宁发布年报,2015年实现营业收入为1355.48亿元,同比增加24.44%;实现归属于上市公司股东的净利润为8.73亿元,同比增加0.64%。其中,苏宁线上平台交易额达502.75亿元(含税),同比增长94.93%。经过6年互联网零售转型摸索,苏宁线上业务终于迎来爆发式成长。

4. 稳步增长

2017年,苏宁易购实现全渠道销售规模达2432亿元,同比增长近30%,归属于上市公司股东的净利润 42.10 亿元，同比增长 497.66%。这也是其自 2009 年开启互联网转型以来业绩最好的一年，也意味苏宁易购已经进入净利率稳步提升的增长期。

苏宁物流专业从事仓储、配送等供应链全流程服务，致力于打造中国商业领域最具效率的消费品仓储服务和智慧物流服务平台。目前已经拥有高标准的自建仓库群，截至 2018 年 9 月，苏宁物流及天天快递拥有仓储及相关配套总面积 799 万平方米，拥有快递网点 25894 个，配送网络覆盖全国 352 个地级城市、2910 个区县。面向家电 3C、快消品、家居家装等 2000 多家社会伙伴全面开放物流云资源，以技术和服务驱动，提供供应链解决方案，专注从效率、体验、管控、创新四大维度提升客户体验。

展望未来，苏宁将继续深化推进"科技苏宁、智慧服务"战略，本着"百年苏宁，全球共享"的愿景和"输出能力，链接资源，构筑平台，合作共赢"的经营理念，与各领域合作伙伴携手合作，共同开拓全球市场，打造科技化、国际化、多元化的新苏宁。

（资料来源：苏宁易购的 O2O 战略 [EB/OL]．（2018-12-27）[2019-10-22]．http://www.suning.cn/cms/aboutCompany/1795.htm https://baike.baidu.com/ite）

思考题：苏宁易购的 O2O 战略对苏宁易购的未来发展将产生什么样的影响？

第 6 章 网络营销组合策略

知识目标

(1) 掌握网络营销整体产品的概念。
(2) 理解网络品牌的概念和营销策略。
(3) 掌握网络营销定价目标和定价策略的选择。
(4) 掌握网络促销的特点和方法。

技能目标

(1) 会针对具体产品规划整体产品各层次所包含的内容。
(2) 会结合产品及服务特点选择适当的网络定价方法和定价策略。
(3) 会结合产品及服务特点选择合适的网络渠道和促销策略。

引 例

京东商城的网络营销策略分析

京东于2004年正式涉足电商领域。经过13年的发展,京东在商业领域一次又一次突破创新,取得了跨越式发展。京东集团业务涉及电商、金融和物流三大板块。

【京东企业简介】

京东主营的电商业务京东商城已成长为中国最大的自营式电商企业,保持了远快于行业平均增速的增长,依据目前的发展速度,预计2021年前京东商城将成为中国最大的B2C电商平台。京东商城致力于打造一站式综合购物平台,服务中国亿万家庭,3C、家电、消费品、服饰、家居家装、生鲜和新通路全品类领航发力,满足消费者的多元化需求。

在传统优势品类上,京东也是中国最大的手机、数码、计算机零售商,超过其他任何一家平台线上线下的销售总和。京东也是中国线上线下最大的家电零售商,占据国内家电网购市场份额的62%。近三年来,京东服饰销售额年均增长率超过100%,增速是行业平均增速的2倍以上。京东家居家装是中国品质家居生活首选平台,合作商家突破50000家,计划2020年成为国内线上线下最大的家居家装零售渠道。2016年,京东商城积极布局生鲜业务,致力于成为让中国消费者放心的品质生鲜首选电商平台,目前已在300余个城市实现自营生鲜产品次日达。新通路重释渠道价值,为全国中小门店提供正品行货,为品牌商打造透明、可控、高效的新通路,到2021年将打造百万家线下智慧门店——京东便利店。

由于京东的营销模式决定了其在广告投放方面的特性,以网络营销配合户外广告扩大知名度、提升企业品牌形象、增加网站流量达到吸引消费者购买的目的。

京东集团于2017年4月25日正式成立京东物流子集团,以更好地向全社会输出京东物流的专业能力,帮助产业链上下游的合作伙伴降低供应链成本、提升流通效率,共同打造极致的客户体验。京东物流将为合作伙伴提供包括仓储、运输、配送、客服、售后的正逆向一体化供应链解决方案服务、物流云和物流科技服务、商家数据服务、跨境物流服务、快递与快运服务等全方位的产品和服务,致力于与商家和社会化物流企业协同发展,以科技创新打造智慧供应链的价值网络,并最终成为中国商业最重要的基础设施之一。目前,京东是全球唯一拥有中小件、大件、冷链、新通路、跨境和众包(达达)六大物流网络的企业,凭借这6张大网在全球范围内的覆盖,以及大数据、云计算、智能设备的引入应用,京东物流将打造一个从产品销量分析预测,到入库/出库,再到运输配送各个环节无所不包、综合效率最优、算法最科学的智慧供应链服务系统。

京东的促销对于企业的发展至关重要,京东做了很多促销专场和抢购,以及送代金券活动,对于商城的销量提升确实起到了巨大作用。在节假日期间,配合节日做出相应的主题促销,如国庆节专场促销、春节专场促销等,使客户形成习惯性消费,达到促销与稳定客户忠诚度的目的。

(资料来源:京东商城的网络营销策略分析 [EB/OL]. (2017-09-06) [2019-06-13].
https://wenku.baidu.com/view/46989837876fb84ae45c3b3567ec102de3bddf5c.html)

网络营销活动要求企业将可控因素——产品、价格、渠道、促销有机组合起来，形成一套完整的营销方案，并建立与之相适应的营销策略，以满足顾客需求，实现企业的营销目标。

6.1 网络营销产品策略

产品是市场营销活动的轴心，也是市场营销组合中的首要因素。企业的营销活动是以产品为基础展开的。网络营销作为现代市场营销体系的有机组成部分，离开产品也就无从谈起。

6.1.1 网络营销产品概述

1. 网络营销产品的概念

市场营销研究的产品是一个整体的概念，由核心产品、期望产品、形式产品、延伸产品、潜在产品5个层次构成，是传统市场营销的产品概念在互联网环境下的延伸。网络营销的整体产品层次，如图6.1所示。

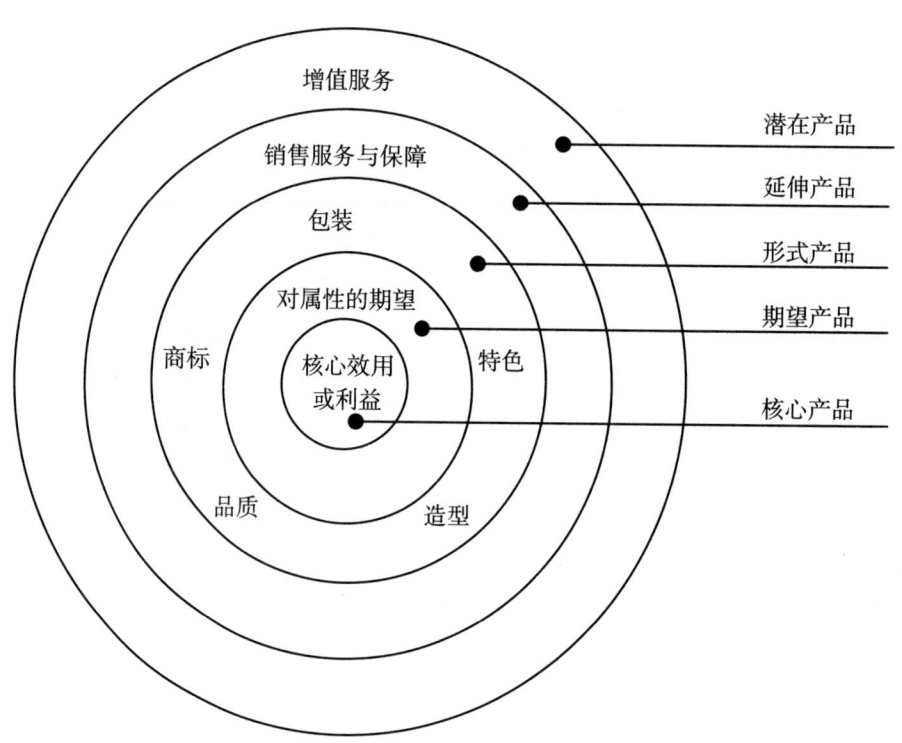

图 6.1 网络营销的整体产品层次

(1) 核心产品

核心产品是指整体产品提供给顾客的实际利益和效用，是满足顾客需求的基本所在。

顾客购买产品的目的是满足其未被满足的需求，通过产品或服务的消费获得实际利益和效用。显然，顾客购买的并不是产品本身，而是产品所带来的利益和效用，产品只是传递核心利益的载体。例如顾客购买照相机的目的不是对照相机本身的拥有，而是通过照相机来记录美好的时光。

(2) 期望产品

期望产品是指在网络目标市场上，顾客希望得到的、除核心利益之外的、能满足自己个性化需求的利益总称。顾客在购买产品之前，对所购产品的质量、款式、功能等已经有所预期，从而形成顾客的期望产品。不同顾客对同种产品所期望的核心效用或利益一般是相同的，对产品所期望的其他效用则表现出很大的差异性。在网络营销中，营销主体应借助网络信息系统，根据顾客对产品的不同需求，设计出满足顾客个性化需求的产品或服务，从而满足甚至超越顾客对产品的期望。

(3) 形式产品

形式产品是指产品在市场上出现时所呈现的实体外形，包括产品的造型、包装、品质、特色、品牌商标等。形式产品是核心产品的表现形式，核心产品需借助形式产品展现给顾客。随着社会经济的发展，顾客对形式产品的需求也在不断变化。包装精美、造型时尚的产品越来越受到顾客的欢迎。

(4) 延伸产品

延伸产品是指提供给顾客的、与产品消费有关的一系列附加利益，包括产品的储运、安装、维修服务等。延伸产品虽然不会增加产品的核心利益，却有助于产品核心利益的实现，促进产品的销售。延伸产品是网络营销产品的重要组成部分，为顾客提供满意的售后服务和保证是提高营销效果的重要手段。

(5) 潜在产品

潜在产品是指由企业提供的、延伸产品之外的、能满足顾客潜在需求的产品层次，主要指产品的超值利益。与延伸产品不同，潜在产品的存在与否并不影响产品的核心利益和效用的实现。目前，许多产品的潜在利益和需求还没有被顾客认识和发现，需要企业的积极引导和支持。

随着我国社会经济的发展和消费水平的不断提高，顾客对产品的需求逐渐由核心产品转向整体产品，这就要求企业必须为顾客提供整体产品解决方案，不断完善整体产品。

课堂讨论

海尔电视的核心利益是什么？

课堂讨论

图 6.2 中哪些内容属于海尔电视的形式产品和延伸产品内容？

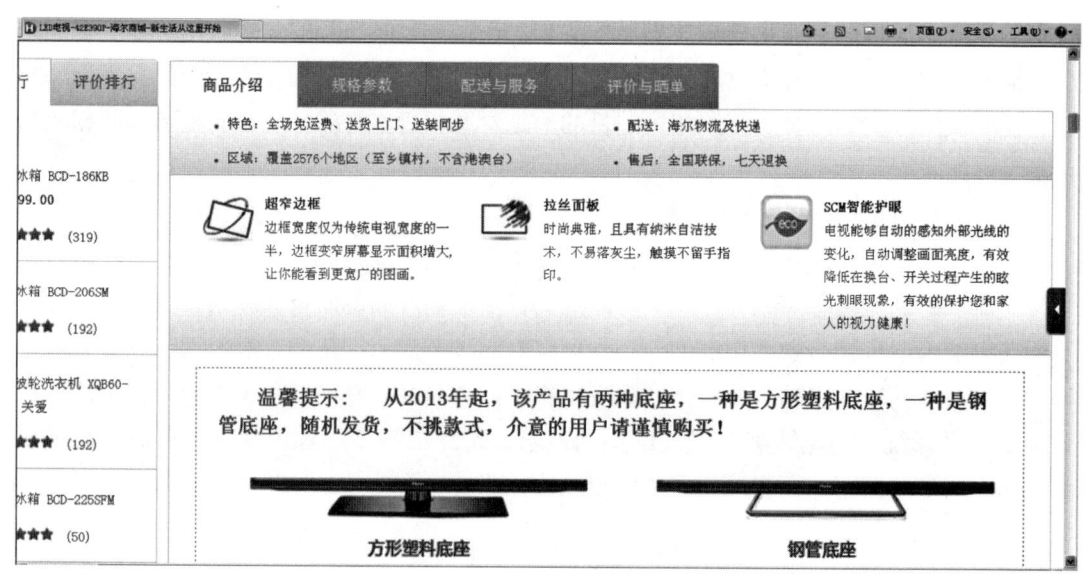

图 6.2 海尔电视产品介绍页面

【商品分类的原则】

课堂讨论

从整体产品概念分析网上视听产品(如电影)各个产品层次所包含的内容。

2. 网络营销产品的分类

在网络营销中,按照产品所呈现的形态不同,网络营销产品可以分为两大类,即实体产品和虚体产品,见表 6-1。

表 6-1 网络营销产品的分类

产品形态	产品种类	产品品种
实体产品	普通产品	一般为有形产品,例如计算机、服装、家电等
虚体产品	数字化产品	系统软件、应用软件、电子游戏、视听产品、电子书籍、新闻信息
	服务	普通服务,例如远程医疗、法律救助、航空订票、入场券预定、餐饮和旅游服务预约、网络交友等
		信息咨询服务,例如市场调研、投资咨询、法律咨询、医药咨询、金融咨询、资料库检索等
		网络营销服务,例如网站建设、维护和推广服务,网上搜索引擎、电子邮件和网上商店平台

实体产品是指以一定的实物形态呈现出来,并有具体物理形状的物质产品。虚体产品的功效和核心利益通过满足顾客的心理需求得到体现。网络营销的虚体产品可以分为两大类,即数字化产品和服务。

> **资料链接**

2013—2015 年网络购物商品品类分布

CNNIC 发布的《2015 年中国网络购物市场研究报告》显示，2013—2015 年，单个用户网购商品品类越来越多，从服装鞋帽、日用百货到珠宝配饰，各品类购买用户比例显著提升(图 6.3)。单个用户网购品类从低价的日用百货、书籍音像制品向价格较高的计算机/通信数码产品及配件、家用电器扩散，从服装鞋帽向食品/保健品渗透。与此同时，网购品类不断丰富和细化，逐渐向全覆盖消费需求方向发展。

(资料来源：编者根据相关网络资料整理。)

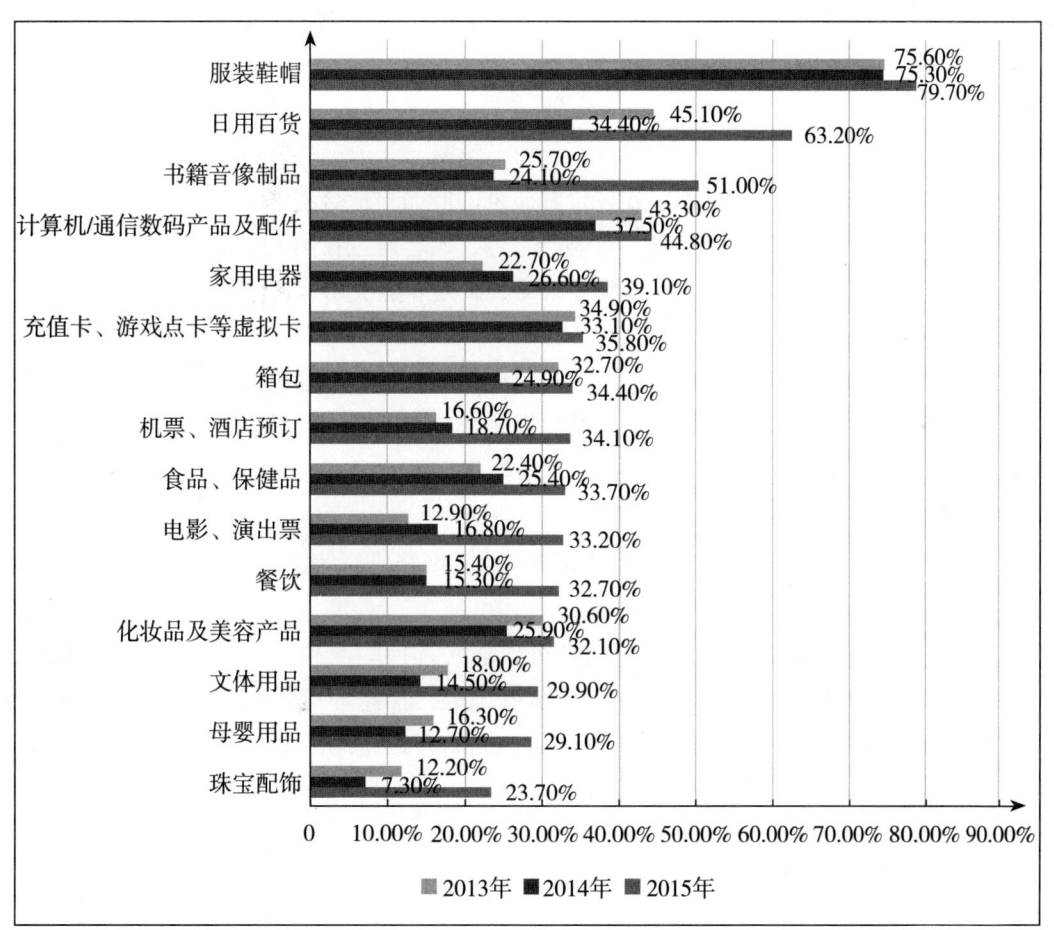

图 6.3　2013—2015 年网络购物商品品类分布

3. 影响网络营销产品选择的因素

由于网络的虚拟性，顾客在网上无法直接接触和感受产品，限制了产品的网上营销。影响网络营销产品选择的因素主要包括以下 6 个方面。

(1) 产品形式

通过互联网可以销售各种形式的产品,但最适合网络营销的产品大多属于易于数字化、信息化的产品,例如音像制品和计算机软件等。这类产品可以直接通过网络进行传输,采用试用等方式吸引顾客,让其在试用后决定是否购买。

(2) 产品式样

产品式样是影响顾客选择的重要因素。适合网络营销的产品式样应根据顾客的需求特点进行个性化设计,满足顾客的个性化需求。例如,信息是许多网络服务公司的核心产品,这些公司将客户指定的、具有不同属性和特色的信息设计到他们提供的产品中,客户可以决定需要哪些信息以及如何收到这些信息。

(3) 产品品牌

网络营销产品的品牌不仅包括生产商的产品品牌,还包括网络经营商的品牌。网上购物活动中的实体产品销售不能支持购物体验,网络顾客只能通过品牌购物来降低购买风险。

(4) 产品质量

一般在购买前顾客就可以确定或评价其质量的产品更适合在网上销售。这类产品的标准化程度很高,例如书籍、计算机、数码产品等,顾客通过在网上收集信息就能确定和评价产品的质量,但衣服、首饰则需要反复试穿、试用才能决定购买。

(5) 目标市场

企业根据目标顾客特点和自身情况选择目标市场。尽管互联网可以覆盖全球,但企业应谨慎利用网络营销全球性的特点,不要忽视企业自身营销的区域范围,当有远距离顾客订货时,应避免出现无法配送或配送时物流费用过高的情况。

(6) 产品定价

网上顾客一般都期望网上产品价格低廉。通过网络进行销售的成本若低于其他渠道,企业应采用低价策略,以吸引和稳定顾客。

一般来讲,企业在进行网络营销时,可以首先选择的产品有:易于数字化、信息化的产品;个性化的产品;名牌产品;顾客从网上取得信息即可做出购买决策的产品;网络群体目标市场容量较大、便于配送的产品;网络营销费用远低于其他销售渠道费用的产品。

{ 资料链接 }

网络用户购买商品时考虑的主要因素

随着菜鸟物流的社会化运营,以及其与京东物流快递服务水平的不断提升,较高的快递服务品质已经成为网络购物中的标准配置。网站用户体验的提升和促销活动已经成为常态化的基本保障。网络口碑、价格、网站/商家信誉成为网络用户购买决策时最为关注的因素(图6.4)。

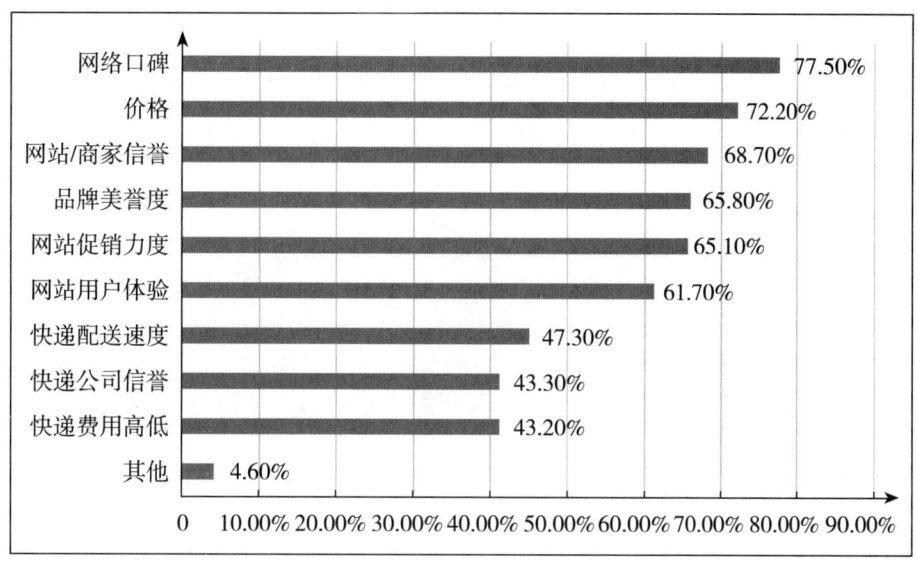

图 6.4　2015 年网络购物用户购买商品时的主要考虑因素

(资料来源：2015 年中国网络购物市场研究报告 [EB/OL]. (2016-06-22)[2019-06-20] . http://www.cnnic.net.cn)

6.1.2　网络域名品牌策略

绝大多数企业都为自己的产品和服务赋予了品牌。品牌是一种名称、属性、标记、符号或设计，或是这些因素的组合运用，其目的是借以辨认企业的产品或服务，并使其与竞争对手的产品和服务区别开来。

品牌是整体产品的重要组成部分。在网络营销中，品牌及品牌价值在企业营销中的地位和作用非常重要，并已成为企业竞争的重要手段。网络品牌是消费者选择产品和服务的重要依据。

1．网络品牌的概念

网络品牌主要是指企业注册的商标在互联网上的一一对应注册，是企业的无形资产。

与传统品牌一样，网络品牌在市场竞争中也具有识别、宣传、质量承诺、维护权益和充当竞争工具的作用。受网站访问者数量和群体特征的影响，网络品牌具有较强的局限性。在某一群体中具有较高知名度的网络品牌，可能在其他群体中的知名度较差，甚至不为人所知。

【百草味的品牌故事】

传统品牌与网络品牌之间存在一定的联系，但相关性较低。企业开展网络营销必须抛开对原有品牌优势的依赖，根据网络营销的特点和目标市场的选择，重新规划、设计和塑造网络营销优势品牌。

2. 企业域名品牌

域名是网络品牌的重要组成部分。域名作为企业标志的"虚拟商标"的作用日趋明显。有效发掘域名的商业价值,在网络虚拟市场环境下进行品牌的管理与建设,是提高企业市场竞争力的重要手段。

(1) 域名的概念

域名是互联网上识别和定位计算机的层次结构式的字符标识,与该计算机的互联网IP地址相对应。域名为互联网的使用者提供了一种易于记忆的方法。例如,网易的域名是 www.163.com,其中"www"表明此域名对应万维网服务,"163"是域名的识别部分,".com"是顶级域名。按国家或行政区分类的顶级域名(部分),见表6-2;按机构类别分类的顶级域名(部分),见表6-3。

表6-2 按国家或行政区分类的顶级域名(部分)

域名	国家或行政区	域名	国家或行政区	域名	国家或行政区
.cn	中国	.ca	加拿大	.uk	英国
.au	澳大利亚	.hk	中国香港	.sg	新加坡
.tw	中国台湾	.jp	日本	.mo	中国澳门
.ru	俄罗斯	.de	德国	.fr	法国

表6-3 按机构类别分类的顶级域名(部分)

域名	类别	域名	类别	域名	类别
.com	商业组织	.edu	教育机构	.gov	政府机构
.mil	军事组织	.net	网络相关机构	.coop	合作组织
.int	国际组织	.org	非营利性组织	.info	信息相关机构

域名是网络品牌的重要组成部分,不仅具有商标的一般功能,还为访问者提供了在网上进行信息交换和交易的虚拟地址。

域名与商标属性方面的不同导致域名与商标不完全一致,具体表现在以下4个方面。

① 域名具有唯一性,即绝对专有性。这一属性使网上不可能有两个完全相同的域名出现;而商标则不同,它完全可以因为产品类型的不同而被不同的主体所拥有。

② 域名具有全球性,而商标只有地域性。全球性使得本来合理共存的同一商标所有人在域名领域不能共存,导致某些商标权人不能将自己拥有的商标注册为域名。

③ 域名注册的民间性、注册程序的简单化和注册的"先申请、先注册"原则,导致大量知名商标以域名形式被抢注。

④ 域名命名方式的规范性和技术的局限性,使域名暂时还不可能和商标拥有相同的构成形式。

(2) 域名的商业价值

随着互联网的发展,域名的商业价值越来越受到企业的重视。域名的商业价值首先取决于它所传递的信息以及带来商机的能力，其次取决于域名的广告价值。

在网络营销还未成为企业产品和服务主要营销方式的情况下，很多企业没有认识到域名的商业价值，但随着网络营销活动的开展，越来越多的企业开始关注域名，一些企业不惜花重金从域名抢注者手中购回被抢注的域名。

资料链接

域名的价值

目前，互联网上最著名的域名交易商 Great Domains 采用 3 个 C 来评估域名的价值，这 3 个 C 分别为 Characters(域名长度)、Commerce(商业价值)和 .com(所在的顶级域名)。每个 C 都是一个很重要的因素，3 个 C 综合起来决定了域名的价值。

3. 域名品牌策略

(1) 企业域名品牌的命名策略

一个优秀的域名品牌有赖于域名识别部分的精心设计。对只专注网络营销的企业来讲，域名品牌设计显得尤为重要。

域名要有一定的内涵和寓意。域名要能够反映企业所提供产品或服务的特性，例如"去哪儿"网的"qunar.com""智联招聘"网的 zhaopin.com 等，让人一看便知其经营活动和范围。同时，域名还要能够反映企业的经营理念，寓意深远。

资料链接

八佰拜的域名品牌命名策略

八佰拜(www.800buy.com.cn)时尚礼品网成立于 1999 年 9 月，于 2000 年年初开始运营。

八佰拜源于 800Buy 的音译，其内涵是：800 即 8 个百分百，包括产品质量百分百、客户服务百分百、工作效率百分百、引领时尚百分百、技术保障百分百、信守承诺百分百、创新进取百分百，以人为本百分百；Buy=Belief+Unity+Youth= 自信 + 团结 + 活力，即因为引领时尚，所以无比自信；因为共同理想，所以团结协作；因为创新进取，所以充满活力。800Buy 的定位策略是为客户提供最好的礼品服务。

(资料来源：编者根据相关网络资料整理。)

域名应该简明易记、便于输入。一个好的域名应当简短而顺口，便于记忆，最好让人看一眼就能记住，而且读起来发音清晰，不会导致拼写错误，例如 qq.com、163.com、taobao.com、amazon.com 等。再如，四通集团的域名是 stone-group.com，在向别人推荐自己的网址时总是要解释在"stone"和"group"之间有一个连字符，这就显得有点麻烦。域名是否简明易记、便于输入，是判断域名好坏的重要的因素。

域名要与企业名称、商标或产品名称相关。从塑造企业线上线下统一形象和网站推广的角度来讲，域名与企业名称、商标或产品名称相关，既有利于顾客在线上线下不同的营销环境中准确识别企业及其产品与服务，也有利于网络营销与传统营销的整合，使线下宣传与网络推广相互促进。

目前，大多数企业在注册域名时，都考虑与企业名称、商标的相关性，通常采用以下4种方式。

① 以企业名称的汉语拼音作为域名，例如，新飞电器的域名是 xinfei.com。

② 以企业的英文名称作为域名，例如，中国移动的域名是 chinamobile.com。

③ 以企业名称的缩写作为域名，一种是汉语拼音的缩写，另一种是英文缩写，例如，泸州老窖集团的域名是 lzlj.com。

④ 用中英文结合或数字与字符结合的形式注册域名，例如，中国人校友录的域名是 chinaren.com，前程无忧网的域名是数字加英文的 51job.com。一般来讲，域名命名应有特色，并与网站的服务内容相一致，从而对网站推广起到极大的促进作用。

资料链接

选择注册域名的具体要求

在选择国际域名时，26个英文字母、10个阿拉伯数字以及中横杠"—"可以用作域名，但域名不能以中横杠"—"开头或结尾；字母的大小写没有区别；一个域名最长可以包含67个字符(包括后缀)，但每个层次最长不能超过26个字母。

国际域名注册不需要任何条件，任何单位或个人均可申请；国内域名曾经要求只有单位才能注册，但由于不再需要提交任何书面证明材料(政府机构域名除外)，实际上也相当于为个人注册域名提供了便利条件。

对于国内域名注册，除了字符和字符数量符合基本要求之外，对于含有下列内容的，不予注册。

(1) 反对宪法所确定的基本原则的。

(2) 危害国家安全，泄露国家秘密，颠覆国家政权，破坏国家统一的。

(3) 损害国家荣誉和利益的。

(4) 煽动民族仇恨、民族歧视，破坏民族团结的。

(5) 破坏国家宗教政策，宣扬邪教和封建迷信的。

(6) 散布谣言，扰乱社会秩序，破坏社会稳定的。

(7) 散布淫秽、色情、赌博、暴力、凶杀、恐怖或者教唆犯罪的。

(8) 侮辱或者诽谤他人，侵害他人合法权益的。

(9) 含有法律、行政法规禁止的其他内容的。

同时，未经国家有关管理部门正式批准，不得使用含有"china""chinese""cn"和"national"等字样的域名；不得使用公众知晓的其他国家或地区的名称、外国地名、国际组织名称等；未经地方政府批准不得使用县级以上(含县级)行政区划名称的全称或者缩写；不得使用对国家、社会或者公共利益有损害的名称。

(2) 企业域名品牌的保护策略

① 域名要及时注册。根据现行法律法规，域名与企业名称、产品名称及商标名称并不一定必须一致。一个域名只能由一家企业注册，该企业也并不一定要拥有与该域名相同或相似的企业、商标或产品名称。实际上，顾客常常根据自己知晓的企业及其产品或商标

名称搜索其网站,如果企业及其产品或商标的名称被他人抢先注册,企业的合法权益就可能受到侵犯,企业积累的无形资产会就因此而流失。域名注册遵循"先申请,先拥有"的原则,企业设计好域名后,应立即申请注册,以防止被别人抢注。

案例6-1

平安众+更名为平安众筹,曾花千万购域名

平安集团旗下唯一的众筹平台"平安众+"已经悄然更名为"平安众筹"。

平安众筹工作人员告诉蓝鲸互联网金融,平安众+在2016年9月将名字变更为平安众筹。更名为平安众筹是为了公司的进一步发展,原来的名字输入和识别有些难度,原名称不便于用户了解平台是开展众筹业务的。

根据官网介绍,平安众筹是深圳前海普惠众筹交易股份有限公司开发及运作的众筹平台。平安众筹是平安集团发展互联网金融的又一举措,专注于提供优质的众筹平台服务,致力于搭建投资者与融资者之间高效的合作通道。平台包括"非公开股权融资产品""债权众筹产品""特色金融众筹产品"和"非金融众筹产品"等各类项目。

值得一提的是,平安集团为域名肯下血本,平安众筹的域名zhong.com价格高达八位数。此前还先后收购了千万元级别的"陆金所"域名lu.com、百万级的"财富宝"域名caifubao.com。

平安众筹上线之初,官网域名是z.lufax.com,但平安集团马上表示:"该域名仅用于平安众筹的预热传播,待正式上线后会有独立的网络域名。"2015年8月,平安集团通过易名中国中介,悄然拿下并启用了"众"单拼域名zhong.com,成交价格高达8位数。

(资料来源:平安众+更名为平安众筹,曾花千万购域名[EB/OL]. (2016-10-10)[2019-07-02]. http://www.100ec.cn/detail--6362516.html)

思考题:平安为何要花高价买域名?

② 申请注册网站名称。网站名称是企业为自己的网站所起的名字,例如,搜狐网等。网站名称一般作为网站徽标的一部分,放置在网页最显著的位置。网站名称应及时到当地工商管理部门注册登记,以免自己的合法权益受到侵害。例如,网站名称都为"中国商品网"的却是域名为www.cscst.com和www.goods-china.com的两个不同的网站。

③ 多域名策略。域名后缀为".com"或者".net"的域名分属不同所有人所有时,很容易造成混淆。多域名可以避免竞争者因为域名拼写错误等原因而获得利益。例如搜狗搜索引擎网站(www.sogou.com)和搜狗网(www.sougou.com)的域名就容易混淆。

案例6-2

变体域名

企业没有域名,就像房子没有门牌号码一样,在互联网中没有人可以找到你,也就难以建立起良好的企业形象。注册自己的域名,可以保护企业的无形资产,树立良好的企业形象。

域名注册遵循"先申请,先拥有"的原则,但有很多企业没有重视域名的商业价值。很多公司注册

域名后就以为万事大吉、高枕无忧了,因此出现了域名保护不利的案例。2005 年 Google 来中国发展时购买了很多域名,麦当劳不惜花费 800 万美元赎回被别人抢注的域名,太阳微电子公司和苹果公司利用法律手段极力保护自己的商标权和域名权,这些都说明域名的重要商业价值。尽管 Amazon(亚马逊)公司已注册了多达 35 种与 amazon.com 相关的变体域名,但与 amazon 有关的另外一些变体仍被其他公司注册。如 amazon.net 就被一家书商注册;amazon.com.cn 被深圳的一家家具公司注册;Amazon 公司的希腊域名 amazon.com.gr 被希腊一家书商注册;变体域名 amazom.com 被一家在线销售图书、鲜花和其他物品的公司注册,因为 amazom 与 amazon 只差一个字母,且两字母在键盘上相邻,稍不留意,就极易出现错误,从而张冠李戴,这充分说明了变体域名注册的艰巨性。

在当前网络逐步全面普及的网络经济时代,网络营销已经成为企业整体营销不可或缺的一部分,域名的商业价值越来越高。企业应从战略角度考虑,成立专门组织,专人负责,尽量注册公司的每一个变体域名。即使现在用不上,公司也可以在为将来可能的项目或产品保留可用域名的同时,防止竞争对手利用变体域名做出不利于公司的事情。

(资料来源:编者根据相关网络资料整理。)

思考题:企业注册数量众多的域名,是正常的多域名策略呢,还是无奈之举?

课堂讨论

一家名为"ABC"的中国公司,应如何实施多域名策略?

(3) 域名品牌管理策略

域名品牌管理主要是针对域名所对应的站点的管理。顾客访问网站的目的是获取网站的相关信息和服务,站点的页面内容才是域名品牌的真正内涵。企业为吸引顾客,就必须加强站点管理,不断丰富和更新页面信息和内容。具体管理策略有以下 5 种。

① 一致性策略。域名作为企业网络品牌资源的重要组成部分,应与企业的传统品牌和形象保持一致,页面内容应与企业经营和服务相一致,在为顾客提供相关信息和知识的同时,强化企业的品牌定位和企业形象。

② 网站内容丰富性策略。企业开展网络营销的目的是通过向顾客传播企业文化和形象定位,促进顾客对企业的了解和认识,推广企业的产品和服务。企业的信息、产品和服务是网站的核心内容,但不应是全部内容。为吸引顾客、延长顾客的浏览时间,企业应当丰富网站内容,让顾客能够通过企业网站了解其他相关信息和行业知识,提高访问频率。

③ 时效性策略。随着社会经济的快速发展,顾客越来越关心环境、健康和发展等社会热点问题,关心企业在新产品开发或服务方面的动向。这就要求企业必须及时更新网站内容,确保信息的新颖性和时效性,吸引顾客经常访问企业的网站。

④ 知识性和趣味性策略。网络的互动性使顾客有条件参与企业产品开发和各类游戏活动,学习一些相关知识,了解有关的法律法规等。网页内容的知识性与趣味性的有机结合,无疑对顾客具有很强的吸引力,能延长顾客的浏览时间,提高访问频率。

⑤ 国际化策略。互联网的迅速发展消除了各个国家和地区之间的时空距离，而社会经济的国际化趋势促进了产品和服务的国际化标准的形成和推广。国际化浪潮已经席卷全球，并在社会经济的各个方面产生巨大影响。网站国际化策略就是要适应国际化趋势，满足不同国家和地区的顾客需求。

> **课堂讨论**
>
> 为自己的个人网站拟定一个域名(便于记忆和传播)，并加以说明。

6.2　网络营销服务策略

在网络营销环境下，企业之间的竞争已从实物产品延伸至服务，传统产品策略已转化为实物产品策略、服务策略和信息策略三位一体的网络营销产品策略。互联网与其他媒体的不同之处在于网络的互动性，最能发挥这种特性的是服务。而通过实施交互式的网络营销服务策略，提供满意的顾客服务正是许多企业网络营销成功的关键所在。

6.2.1　网络营销服务的含义、内容和特点

1．网络营销服务的含义

网络营销服务是指通过使用各种网络工具与顾客建立一对一的关系，并为其提供个性化的服务。服务是指除了所提供或销售的产品之外的、所有能促进企业与顾客关系的交流与互动。

只有更好地满足顾客需求，才能在激烈的市场竞争中立于不败之地。网络营销服务借助互联网，可以加强企业与顾客在各方面的沟通，并随时收集、整理、分析顾客反馈的信息，以更好地满足顾客的个性化需求，提高顾客的满意度和忠诚度。

2．网络营销服务的内容

在传统营销中，企业向顾客提供的服务主要集中在产品销售过程中的服务和售后服务，例如，营销人员现场为顾客介绍产品特点、使用方法，为顾客包装产品、免费送货、上门安装、上门维修等。在网络营销中，由于顾客的选购活动是在网络虚拟环境中进行的，顾客无法通过手摸、耳听等来感受商品，因此，企业必须向顾客提供更为周到细致的服务，包括售前、售中、售后服务及顾客要求的其他个性化服务。

(1) 售前服务

售前服务是在产品销售前，企业利用互联网为顾客提供的信息服务。售前信息服务的方式有两种：一种方式是企业利用自己的网站宣传和介绍产品信息，这要求企业的网

【亚马逊的客户体验】

站具有一定的知名度；另一种方式是利用网上专业商城或网上虚拟市场向顾客提供产品信息。在网上虚拟市场中，企业可以免费发布产品信息，提供产品样品，介绍产品订购的信息。

售前服务提供的信息要充分、可靠，让顾客充分了解产品，并依据这些信息做出购买决策。同时，在条件允许的情况下，网上售前服务还应包括接受顾客自行设计的产品，让顾客直接参与营销过程，提高顾客的满意度。

(2) 售中服务

售中服务主要是指买卖关系已确定，在产品送达指定地点的过程中的服务，包括查询、支付银行款项、了解订单执行情况和产品运输状况等。让顾客充分了解销售的执行情况是售中服务的重要内容。

在网络交易市场中，市场的虚拟性使部分顾客会对销售的执行情况缺乏安全感。为此，企业必须在提供网上订货服务的同时，提供订单执行情况的在线查询，方便顾客随时随地了解销售的最新执行情况，提高顾客对企业的信任感。同时，企业也可以利用网络平台，为非网上订货的顾客提供订单执行情况的在线查询，在节约企业销售成本的同时，提高服务质量。

(3) 售后服务

售后服务是企业利用互联网直接沟通的优势，满足顾客对产品的使用帮助、技术支持及产品维护等方面的需求。网上售后服务主要有两类，即网上产品支持和技术服务、增值服务。

① 网上产品支持和技术服务。在产品构造和生产日益复杂和精确的今天，提供产品支持和技术服务变得越来越重要。借助网络平台，企业可以使顾客得到最直接、最快捷、最方便的服务，减少了传统服务方式中的大量中间环节，提高了服务效率。网上服务是 24 小时不间断的，顾客可以随时随地上网寻求帮助。同时，网上服务的自助化和开放性，降低了企业在服务方面的开支。例如，美国的波音公司通过网站公布其零件供应商的联系方式，并发布有关技术资料，方便各地的飞机维修人员及时索取最新资料和寻求技术帮助。

② 增值服务。增值服务是企业为满足顾客的附加需求而提供的服务。例如，软件供应商为其顾客提供软件网上免费升级或免费补丁服务。定期给顾客发送邮件，主动询问产品使用情况，发送最新产品信息，与顾客保持密切联系，有利于减少顾客对网上服务的陌生感和不信任感。

(4) 网上个性化服务

个性化服务建立在客户资料数据库化的基础上。网上个性化服务要求企业必须把每位顾客视为独立的个体，随时整理、更新顾客自愿提供的个人信息、订单记录、历史交易等资料，同时，要使顾客感到被尊重，有安全感。

企业通过对顾客资料的收集、统计、分析和追踪，可以发现顾客的个性化需求特征，通过了解顾客偏好和专业化的经营管理，使顾客获得高度的个性化服务。企业在开展个性化服务时，要特别注意保护顾客的隐私。

3. 网络营销服务的特点

(1) 便捷性

网络营销服务突破了时空限制，顾客可以随时随地上网寻求支持和帮助。同时，互联网技术和计算机技术相结合，提高了网上服务的自助化程度，顾客通过辅助系统可以自行寻求服务。

(2) 灵活性

网络营销服务综合了许多技术人员的知识、经验和以前顾客出现问题的解决办法，顾客可以根据自己的需要从网上灵活寻求相应的帮助，了解其他人的解决办法。

(3) 自助性

网络营销服务从某种意义上说是自助式服务，顾客自己搜寻有关信息，自己解决问题，企业只需提供相应的服务工具，或安排少量的技术人员进行在线解答，指导顾客。

(4) 经济性

网络营销服务的自助化和开放性，使得企业可以减少技术支持人员的数量和大量重复的服务活动，大大减少了不必要的管理费用和服务费用。

案例 6-3

饿了么十大热点投诉问题

饿了么是2008年创立的本地生活平台，主营在线外卖、新零售、即时配送和餐饮供应链等业务。饿了么致力于用创新科技打造全球领先的本地生活平台，推动了中国餐饮行业的数字化进程。截至2017年6月，饿了么在线外卖平台覆盖全国2000个城市，加盟餐厅130万家，用户数量达2.6亿。在实际运营过程中，饿了么常常会接到用户的投诉，投诉内容主要有以下几个方面。

问题一：配送延迟。

饿了么外卖配送延迟，配送员推诿责任。

陈先生于2016年5月17日在饿了么APP下了一份订单，由于APP有派送员的定位导航系统，显示派送员接受订单后，却跑到距离他3千米的地方给别人派送。

问题二：订单取消。

饿了么无故取消订单。

肖女士于2016年7月9日中午12点30分在饿了么APP下了一份订单，一分钟后系统无故自动取消了该订单，她打电话给商家和网站客服咨询，答复都是让她稍后再试一下。

问题三：退款迟缓。

饿了么商家同意退款申请，却迟迟没有到账。

饿了么给黄女士发消息承诺3～10个工作日退款到账，期间她3次联系客服查询，一直敷衍处理，并说是15个工作日内到账。

问题四：服务质量差。

客户下订单经过长时间等待后，又被告知不能配送。

李先生下午 5 点多订餐，半小时后被告知不能配送，后商家主动电话联系他说可以配送，等待将近 1 小时后又被告知不能配送。

问题五：售后无人。

食品配送不全，客户投诉后无任何反馈。

洪先生于 2016 年 5 月 31 日早上 11 点 17 分，在饿了么 APP 上订餐，配送后发现食物品种不全，打电话给投诉后无。

问题六：无法退单。

订餐迟迟未送达且无法退单，饿了么商家电话无法接通。

李女士订餐后两小时未送餐，商家电话也打不通，在饿了么 APP 上退订单，却只有商家电话，没有退订单的选项。

问题七：强制商家上蜂鸟。

平台商家投诉称被强制性要求上蜂鸟。

朱先生称饿了么本地的市场部经理说我们商家必须开通蜂鸟专送服务，否则就要将其在饿了么平台的店铺下线。

问题八：食品安全问题。

用户投诉外卖中发现疑似铁钉的东西，饿了么称返 10 元红包。

付先生在饿了么 APP 上订了 6 份外卖，其中一份里发现疑似铁钉的东西，和商家联系后，商家称可以返 10 元红包。

问题九：外卖不送，款不退。

饿了么外卖未送达，也不退款，客服电话无人接听。

张女士早上 9：30 在饿了么 APP 上订了一份外卖，结果等到下午 1：00 外卖都没有送达。

问题十：支付系统瘫痪。

多名客户投诉饿了么 APP 支付系统瘫痪，钱被扣却显示未支付。

李女士于 2015 年 11 月 26 日中午在饿了么 APP 上订了外卖，结果钱被扣除了，订单却是未支付状态。

(资料来源：饿了么十大热点投诉问题 [EB/OL]. (2019-04-05)[2019-06-03]. http：//www.100ec.cn/zt/elem)

思考题：饿了么如何改进客户服务？

6.2.2　网络营销服务形式

良好的网络营销服务能够提高顾客的满意度。目前，网络营销服务的主要形式有常见问题解答、电子邮件和在线表单、网络社区、顾客自我设计区、即时通信服务、跟踪服务系统等。

1．常见问题解答

常见问题解答(Frequently Asked Questions，FAQ)旨在引发那些随意浏览者的兴趣，帮助有目的的顾客迅速找到他们所需要的信息，获得常见问题的现成答案。通过 FAQ，一方面可使消费者就遇到的问题直接在网上得到解答，无须专门写信或发电子邮件咨询；另一方面可以帮助企业节省大量的人力和物力。

网站的 FAQ 内容一般分为两部分：一是在网站正式发布前已准备好的内容，通常是顾客常遇到的问题的解答，这要求企业站在顾客的角度，对顾客在不同的场合中可能遇到的问题给出解答；二是在网站运营过程中顾客不断提出的问题。网站发布前 FAQ 设计得越完善，运营过程中遇到的问题就越少。优秀的网站都非常重视前期 FAQ 的设计。

FAQ 设计的主要工作有两个方面，即列出常见的问题和做好 FAQ 页面的设计。

(1) 列出常见的问题

列出常见的问题对客户服务部门的人员来说是比较容易的。客户服务部门只需把客户服务人员集中起来，集思广益，常见问题列表很快就能产生。

为提高服务效率，FAQ 通常设置两套方案：一是面向新顾客和潜在顾客的，主要提供关于公司及产品的基本信息，旨在使顾客对公司及其产品有初步的了解和认识；二是面向老顾客的，主要提供一些更深层次的、详细的技术细节、技术改进等方面的信息。

(2) FAQ 页面的设计

优秀的 FAQ 页面设计不仅能为顾客提供方便的服务，节省顾客的搜索时间，同时还能为公司节省大量的咨询电话费用。网站设计必须使顾客能在网站首页上很容易地找到 FAQ 页面，页面上的内容应清晰易读、易于浏览，企业为此应做好以下三个方面的工作。

① 确认 FAQ 的效用。为方便顾客查找答案，提高服务质量，FAQ 的内容不能太短，应包括所有可能遇到的问题，问题应依据顾客提问频率的高低排列，以节省顾客的搜索时间。FAQ 的设计，应保证有一定的信息量、广度和深度，问题的回答也应尽可能地提供足够的信息，以做到至少对 80% 的顾客有实际性的帮助。同时，应避免因为企业客户服务人员自认为某些常见的问题不重要而未列出或不回答，影响 FAQ 的效用。

② FAQ 要易于导航。顾客在寻找问题的解决答案时一般都比较急，如果经过多次查找还没有找到答案就会失去耐心，对企业的服务产生不满。为了方便顾客使用，首先，FAQ 按提问频率或常见性列出问题，并提供搜索功能，客户只要输入关键词就可以直接找到有关问题的答案；其次，在问题较多时，可以采用按主题将问题分类的分层目录式结构来组织 FAQ，目录层次不能太多，最好不超过 4 层；最后，对一些复杂问题，可以在问题之间加上链接，便于在了解一个问题的同时，方便找到其他相关问题的答案。

③ 信息披露要适度。FAQ 为顾客提供了与企业有关的重要信息，但企业不必把所有关于产品、服务以及企业的情况都公布出去，特别是对顾客没有太多用途的信息，反而可能给竞争对手窥探企业机密提供机会。所以，信息披露要适度，这个"度"应以对顾客产生价值又不让对手了解企业的内情为准。

2. 电子邮件和在线表单

电子邮件和在线表单都是在线联系工具。利用电子邮件和在线表单，顾客可将咨询的信息发送给企业相关人员。两者的使用方式不同，其效果也存在一定差异。

(1) 电子邮件

电子邮件具有在线顾客服务功能，作为一种主要的在线交流工具，不仅表现在一对一的顾客咨询，更多情况下是作为维持顾客长期关系来使用的。随着顾客对服务的要求越来越高，回复顾客电子邮件咨询的时间已经成为衡量企业服务水平的标准之一。对顾客发给企业的电子邮件，企业应该尽快回复，及时帮助顾客解决问题，从而提高服务质量和顾客满意度。

企业利用电子邮件为顾客提供服务有很强的主动性，主要表现在3个方面：首先，企业主动向顾客提供企业的最新信息，包括企业新闻、产品促销信息、产品升级信息等，加强顾客对企业的了解；其次，当企业获得顾客的需求信息时，可以主动将其整合到企业的设计、生产、销售等系统中，以更好地满足顾客需求；最后，企业在设计产品时，可以通过电子邮件直接向顾客询问设计要求，以便设计生产出适销对路的产品。

(2) 在线表单

在线表单的作用与电子邮件类似，但使用方式存在区异。顾客通过浏览器界面上的表单填写咨询内容，提交到网站，再由相关的客户服务人员处理。在线表单会事先设定一些格式化的内容，例如顾客姓名、单位、地址、问题类别等。通过在线表单提交的顾客信息，比一般的电子邮件更容易处理，许多网站采用这种方式了解顾客需求。

但是，在线表单的格式化限制了顾客的个性化要求，使一些顾客信息无法正常表达；当表单提交成功之后，信息提交到什么地方、多长时间能得到回复，顾客也无从知晓；无副本保留，也不便于日后查询。这些因素在一定程度上影响了在线表单的使用。为提高在线表单的使用价值和服务质量，在应用在线表单时，企业应真正站在顾客的角度来设计表单内容，要注意对一些细节问题的处理，增进客户关系。比如，在联系信息的表单页面同时给出其他联系方式，如电子邮件地址、电话号码；对顾客做出服务承诺，给出回复顾客问题的时间；提醒顾客对有关咨询的问题自行用截屏或其他方式保留副本。

3. 网络社区

网络社区与现实的社区类似，是随着网络的发展和人们社会行为的扩展而出现的人类社会活动的新型空间。网络社区在商业活动中不但是一种前所未有的顾客服务工具，也是一种有效的公共关系手段。网络社区的主要形式有在线论坛和新闻组两种。

(1) 在线论坛

通过在线论坛，顾客可以发表自己的观点和意见，网站服务人员和其他顾客可以通过论坛对问题进行回答。可以利用在线论坛开展网络营销服务，作为对FAQ的一种有效补充，将论坛上常见的问题及解答补充到FAQ中，以更好地满足顾客对营销服务的要求，或者通过邮件列表(Mailing List)向所有注册用户发送，让更多的顾客了解有关信息。

(2) 新闻组

在建立新闻组时，最好预先设计好议题，顾客在反馈意见和评论时可按不同的议题归类，同时要保证每个议题有足够大的空间让顾客发表意见。对于企业的新闻组，必须安排专门的人员负责管理，对问题进行分类处理。

4．顾客自我设计区

网络良好的开放性和互动性，使顾客与企业之间直接对话成为现实。借助互联网沟通平台，企业把顾客当作伙伴，利用网络经常与顾客沟通，让顾客参与产品的设计和改进，为顾客提供符合其要求的、个性化的产品和服务。

5．即时通信服务

以聊天工具(如 QQ、微信等)为代表的即时通信(Instant Messaging，IM)服务已经成为继电子邮件和 FAQ 之后常用的网络营销服务工具。与电子邮件和 FAQ 相比，聊天工具的使用受到一定的制约。首先，对服务人员要求高，占用人工较多；其次，主要为个人之间的沟通，而且只有顾客与在线服务人员同时使用相同的聊天软件时，才能进行交流。

随着网络技术的发展，即时通信工具的互连互通已经取得了一定的进展，例如，Google Talker 用户可以与雅虎通用户直接交流，但所有的即时信息都实现互通还有待时日。

6．跟踪服务系统

当顾客所下的订单被确认后，应有一套允许顾客查询订单处理过程的软件系统，使顾客可以跟踪并监督订单的执行情况；对于某些仓促做出决定的顾客，应当允许他们在一段时间内修改订单；当产品发运之后，要经常与顾客保持联系，直到顾客收到产品并已开始使用。

此外，电子书和博客也常被用作网络服务工具。企业可以将有关产品和服务信息、使用说明、常见问题、产品购买常识等内容制作成一本电子书，供用户下载或查询。同样，博客作为顾客发表意见和建议的重要形式，在一定程度上也具有在线服务的作用。

尽管网络营销服务的形式多种多样，即时性很强，但并不能满足所有顾客的需求。显然，企业不应忽视传统服务(如电话和普通邮件等)对增进与客户之间关系的重要作用。正如网络营销和传统营销密不可分一样，选择为顾客服务的手段最重要的不是区分线上还是线下，而是服务效率和顾客满意度，最好是根据顾客需求的特点，采取线上线下服务手段相结合的方式。

案例 6-4

京东商城的客户服务

京东商城自 2004 年年初正式涉足电子商务领域以来，一直保持较快的发展速度。京东商城始终坚持以纯电子商务模式运营，缩减中间环节，在第一时间为客户提供优质的产品及满意的服务。

在京东商城网站首页的右上角设置有"客户服务"菜单导航条，点击进去，可以看到京东商城为客户(顾客)和商户(商家)提供不同的服务，为客户提供了"帮助中心""售后服务""在线客服""意见建议""电话客服""客服邮箱""金融咨询""全球售客服"等栏目，如图6.5所示。"帮助中心"页面设置清晰，提供"常用自助服务"导航，把顾客最常遇到的问题进行分类，每一类常见问题下都列出了具体问题及解答。如果顾客在"帮助中心"中没有找到所要解决问题的答案，还可以联系"在线客服"，让客服人员在线即时为顾客解决问题，或者利用"客服邮箱"以电子邮件的形式解决问题。在消费的整个过程，如果顾客有什么不满意的地方，还可以进入"投诉中心"来申诉遇到的问题。

2010年，京东商城在全国实现"售后100分"服务承诺，随后又推出"全国上门取件""先行赔付"7×24小时客服电话等专业服务。2011年年初，京东商城推出"GIS包裹实时跟踪系统"。

图6.5 京东商城"帮助中心"页面

(资料来源：京东商城网站。)

思考题：请访问京东商城网站，查看京东商城还提供哪些特色服务？

6.3 网络营销定价策略

定价策略是营销策略的重要组成部分，为产品或服务确定一个合理的价格是每个营销主体的重要工作。在市场经济中，产品或服务的价格是由市场供求关系来决定的，供求关系的变化导致价格的变化。同时，价格是一个重要的经济杠杆，价格的变化反过来会影响市场供求。

6.3.1 网络营销定价的特点

网络营销定价是指企业为网上销售的产品或服务制定一个合理的价格。在工业经济时代，产品或服务供求双方沟通的障碍导致信息不对称，企业从自身的需要来制定价格，顾客只能是价格的接受者，而网络经济的发展在很大程度上解决了产品开发和销售中存在的信息不对称问题，使企业能够利用互联网充分了解目标市场的需求信息和支付能力，提高了产品定价的有效性和企业的市场竞争力。

网络营销定价具有以下3个特点。

1．全球性

在网络经济时代，网络营销企业面对的不再是传统的、受地域限制的顾客，而是无国界的全球市场，任何国家和地区的顾客都可以直接通过网络订购企业的产品或服务。而各地区顾客生活的社会经济环境和对整体产品需求的差异，使企业产品定价变得更加困难，定价时考虑的因素也更多。

市场全球化并不等于定价全球化。面对差异性极大的全球性网络营销市场，企业必须采用全球化和本地化相结合的策略，根据各市场的差异进行差异化营销和定价。

2．顾客主导定价

顾客主导定价就是在决定产品价格时，顾客处于主导地位。企业借助网络能够充分了解目标市场的需求和支付能力，并据此提供相应的产品，确定顾客愿意接受的价格。具体方法有：提供同类产品或相关产品的不同厂商的价格目录，使顾客了解行情及市场总体水平，为其做出理性判断提供必要的信息；开发自动调价系统，能够根据季节、市场供求、促销状况等调整价格；开发智能议价系统，给顾客创造在网上直接协商价格的环境，以满足其心理需要；设立价格讨论区，对企业新上市的产品，可以通过该讨论区了解顾客普遍接受的价格，为制定和调整价格策略提供参考。

顾客主导定价并不意味着低价或无利润销售，它只是消除了企业攫取超额垄断利润和进行价格欺诈的主观意愿。相反，在顾客主导定价的驱使下，企业通过不断创新，不仅能够满足顾客需求，也能够取得相应的利润。

不是所有的产品都适合顾客主导定价，顾客主导定价的产品一般应满足4个条件：一是产品属于个性化需求产品，企业必须为客户定制；二是企业充分了解目标市场需求信息和支付能力；三是产品成本低于顾客愿意支付的成本，企业能够取得一定利润；四是企业具有较强的创新能力，能满足顾客不断变化的需求。

3．低价位定价

低价位定价是网络营销定价的显著特点之一。网络经济的发展是通过提供免费信息实现的。目前，很多企业的网络营销活动仍处在发展的初期阶段，免费或低价仍是网络营销定价的主流，企业需要通过免费提供信息、服务或低价产品来吸引客户浏览，直接或间接地取得经济利益。从成本费用的角度来看，借助于快速高效的网络信息系统，无论是网络信息服务还是网上产品销售，都具有低价位定价的条件；从网络营销发展的角度来看，低价位定价也是企业促进产品网上销售、扩大市场规模的重要手段。

6.3.2 网络营销的定价目标

定价目标是指企业希望通过产品定价所要达到的目的或结果。定价目标是企业营销战略在产品定价方面的具体化，是产品定价方法的选择和最终定价的依据。不同企业有不同的定价目标，同一企业在不同的发展阶段，定价目标也不同。同时，企业定价目标往往不是单一的，而是多元化的。网络营销的定价目标主要有以下6种。

1. 生存目标

生存是发展的基础，没有生存就谈不上发展。生存目标是指企业以生存作为产品或服务定价的首选目标，暂时不考虑企业盈利和发展。在产品定价时，企业首先考虑在弥补产品成本费用的基础上选择低价策略，以维持企业生存。

2. 利润最大化目标

利润最大化目标是指企业根据当前市场需求和供给状况，结合企业的产品优势和市场竞争优势，选择以利润最大化作为定价目标。

并不是每个企业都能够以利润最大化作为产品定价目标，只有那些知名度较高、顾客愿意为获得产品而支付较高价格的产品企业或垄断性企业才有可能选择利润最大化目标。

3. 市场占有率最大化目标

占领市场是企业的重要目标。市场占有率最大化目标是指企业以扩大市场占有率为目标，产品定价以能否增加市场份额为考虑因素。

产品销量一般与价格成反比，价格越低，销售量就可能越大，市场占有率就越高。因此，以市场占有率最大化为目标的企业一般采用低价策略，以期在最短的时间内占领市场。许多具有一定竞争优势的企业在市场成长期往往选择这种定价目标。

4. 销售额增长率最大化目标

销售额增长率最大化目标是指企业在产品定价时，以产品定价能否增加销售额为考虑因素。销售额的增长有赖于销量的增加和价格的提高，而产品的销量往往与价格成反比，降低价格能否导致销售额的增加取决于产品需求的价格弹性。因此，以销售额增长率最大化为定价目标必须考虑产品需求的价格弹性，并根据产品需求的价格弹性来决定是采用高价策略还是低价策略。

5. 产品质量最优目标

产品质量最优目标是指企业的产品定价以产品质量为基础，它有利于提高产品质量。产品质量与价格一般成正比。

产品质量不仅包括性能质量，还包括服务质量。网络营销服务的低成本特点，使企业有条件为顾客提供高质量的服务，提高顾客满意度。同时，产品的性能质量是由顾客界定的，它以顾客的需求和支付成本为基础。因此，严格意义上的最优质量是不存在的。

6. 应对和防止竞争目标

在激烈的市场竞争中，大多数企业对竞争者的价格十分敏感，在分析企业的产品竞争能力和市场竞争地位后，常常以应对和防止竞争作为定价目标。

当企业具有较强的实力，在行业中居于价格领导地位时，往往采取稳定价格目标，即定价时以保持价格相对稳定，避免正面价格竞争为目标。当企业具有一定竞争实力，居于市场竞争挑战者位置时，往往采取挑战定价目标，挑战竞争对手，以获取更大的市场份额。而市场竞争力较弱的中小企业，往往采取追随定价目标，在制定价格时主要跟随市场领导者的价格，一般情况下是略低于市场领导者的价格，市场领导者的价格不变，实行此目标的企业也维持原价。

案例 6-5

"AOL 高速"服务提价

2006 年 3 月 9 日，AOL 时代华纳公司的包月拨号连接服务——"AOL 高速"服务的价格由 23.9 美元提高至 25.9 美元。如果使用"AOL 高速"服务，用户每月需要支付 25.9 美元；如果使用新的宽带连接服务，用户每月需要支付 29.9 美元。"AOL 高速"服务的价格比 AOL 新的宽带连接服务的价格只低 4 美元，但宽带连接将使用户有更好的网络体验，尤其是在访问多媒体内容方面。

思考题：AOL 时代华纳公司如此定价的目的是什么？

6.3.3 主要定价策略

网络营销定价策略是指网络营销企业在产品定价时所采用的基本策略，是企业营销策略的重要组成部分。网络营销的定价策略主要有以下 9 种。

1. 免费价格策略

在网络营销中，免费价格策略是一种非常有效的定价策略。

【免费商业模式】

免费价格策略有 4 种形式：一是产品和服务完全免费，即产品或服务从购买开始到使用和售后服务的所有环节都是免费的；二是产品和服务限制免费，即规定产品或服务免费使用的期限或次数，超过一定期限或者使用次数后，若想继续使用就要付费购买，例如金山公司的金山杀毒软件，顾客只要通过注册就可以免费使用 37 天，37 天后则需要付费购买才能继续使用；三是产品和服务部分免费，例如一些销售视听产品的公司，把一部电影的最精彩部分让顾客免费观看，以引发顾客观看全部影片内容的欲望，此时，顾客若想获取影片的全部内容就必须付款购买；四是产品和服务捆绑式免费，即购买某产品或者服务时赠送其他产品和服务。

课堂讨论

如图 6.6 所示,在瑞丽试用中心,提交个人真实信息并填写试用申请,即有机会免费获得谜尚水清颜蜗牛修护霜(超值套装)一份。请讨论:商家通过在瑞丽试用中心进行免费试用产品活动,能获得什么收益?

图 6.6 瑞丽中心免费试用产品信息页面

产品或服务实行免费策略受到一定条件的制约,并不是所有的产品或服务都适合用免费策略。一般来说,采用免费策略的大多是一些易于数字化的虚体产品,如软件、信息、电子图书等。虚体产品可以直接通过互联网进行传输,实现零成本的配送,并且对这些虚体产品,企业只需要投入研制费用,开发成功后,通过简单复制就可以实现无限制的生产,生产成本几乎为零。此外,免费产品必须能够吸引客户,有利于企业占领市场,为未来市场发展打下坚实基础,帮助企业通过其他渠道间接地获取收益。

案例 6-6

奇虎 360 如何通过免费杀毒打败传统杀毒厂商

奇虎 360(下文简称 360) 于 2005 年创立并进入了互联网安全行业,当时正好赶上中国互联网的大爆发,网民数量增长很快,各种软件、商业模式发展也较快,当然网上的小偷也突然暴增。

2005 年中国的网民数量是 1 亿,互联网普及率才 8%,到 2013 年,中国网民数量超过了 6 亿。所以,在奇虎 360 做互联网安全之前,杀毒还是按照传统的付费商业模式,没有免费的杀毒软件服务,也没有人认为杀毒软件应该是免费的。但是,我当时有一个直觉,随着互联网的发展,互联网的安全会变成每一位网民都要面临的问题。那个时候,不仅流氓软件泛滥,而且出现了各种木马,QQ 号、游戏装备经常会被盗，大家到网上下载软件都会下载一堆广告插件。我相信，法律是解决不了这些问题的，就像法律解决不了流氓软件泛滥的问题。杀毒只是互联网安全的一小部分。而且，我认为，包括杀毒在内，互联网安全一定会成为一种基础服务，如果安全变成每一位网民都需要的基础服务，它就一定是免费的。

360对免费的认识很朴素，只要是每一位网民都需要的，就应该是免费的。所以，我们在用免费结束了流氓软件泛滥，把木马黑客赶到地下后，就想到这样一个问题：杀毒软件是每一位网民都需要的，那么杀毒软件也应该免费。我们中国人不喜欢买软件，连微软的视窗操作系统都不爱买，更别说杀毒软件了。那个时候，每年花两百块钱买正版杀毒软件的人非常少，2008年网民数量大约为2亿，买正版杀毒软件和装盗版杀毒软件的网民总计不到1000万人，绝大多数人的计算机都在裸奔。我们要做360免费杀毒，就彻底免费，就终身免费。事实证明，人们需求太强烈了，3个月的时间，360免费杀毒的用户数量就超过了1亿。我们连自己都没有意识到，我们无意中做对了一件事，这就是用免费的商业模式颠覆了瑞星、金山付费的商业模式。

但是，360做免费杀毒，也付出了很大的代价。首先公司内部的反对意见。在做免费杀毒之前，360在网上给其他品牌的杀毒软件做代理销售，每年也有将近两亿元的收入。360一旦做免费杀毒，就意味着与所有的杀毒公司成了敌人，每年两亿元的收入也就泡汤了。当时，公司的投资人很生气，在董事会上激烈地反对免费杀毒，认为这是自绝后路。有的投资人对我说："老周，你能不能先把公司搞上市再推免费杀毒？公司上市了，我们这些投资人安全地把资金撤出来了，你爱怎么折腾就怎么折腾。"

那一年有一部电影《建国大业》特别火，我就带投资人去看这部电影。影片中，我军撤出延安的时候，很多人都不理解，说革命根据地不能说丢就丢啊。毛泽东跟大家说了16个字："地在人失，人地皆失；地失人在，人地皆得。"按照互联网的思维来说，地就是业务，是收入，人就是用户。用户是互联网所有业务收入的基础。你可以暂时放弃收入，只要用户还在，就可以把收入再挣回来。但如果为了收入和业务，你损害了用户的价值，用户跑掉了，你有再多的收入都会崩溃。

除了内部的反对意见，外部也有很大的压力。360宣布推出免费杀毒后，网上出现了大量的攻击文章。有的说免费没好货，360免费杀毒不专业，杀不了病毒，是花架子；有的说360推免费杀毒，背后有不可告人的目的。360肯定是暗地里窃取用户的资料来卖，否则没有收入，怎么还能养活那么多人？甚至有一家杀毒公司设立专题，在它的杀毒软件上写着"360安全卫士有后门，偷窃用户隐私信息"的大字报。后来，360把这家公司告上了法庭。

但我相信，当时他们是真的认为360在窃取用户资料，因为他们对免费是真的不理解，天底下哪有这样的傻瓜，上亿元的收入不要，说免费就免费了？所以，这些杀毒软件公司雇大量"水军"在网上骂我周鸿祎，他们一致相信免费杀毒这事干不成。

今天，国内所有杀毒厂商都把360当成了学习榜样，360怎么做他们就怎么做。但是，他们忘了两点。一是要把免费的模式做成，你必须得忍痛放弃收入。他们舍不得，我们舍得，结果我们做成了。360成了中国第一大互联网安全品牌，拥有了好几亿用户。二是即使放弃收入免费了，也未必能成功地找到新的商业模式。

这也给所有要转型互联网的人上了一课，这就是：面对互联网的免费大潮，你如果主动拥抱变化，虽然不一定成功，但起码你尝试过了；如果你不接受变化，墨守成规，那结果只有一个——被别人打败。

(资料来源：360周鸿祎：互联网成功十大案例 [EB/OL]. (2016-01-12)[2019-06-05].
http://blog.csdn.net/mn63410879/article/details/50504314)

思考题：360为何会成功？

2. 低价定价策略

低价定价策略是企业常采用的一种薄利多销的定价策略。网上商品天生就有低价的优势，试想如果商品卖得比超市价格还高，谁还会来买？低价，可以让企业的产品很容易被消费者接受，优先在市场取得领先地位。低价定价策略主要包括直接低价定价策略、折扣定价策略和促销定价策略3种方法。直接低价定价策略是在定价时采用成本加一定利润，甚至是零利润的方式；折扣定价策略是在原价基础上进行折扣来定价的，这种定价可以让顾客直接了解产品的降价幅度以促使其顾客购买；促销定价策略除了折扣方式外，还包括有奖销售和附带赠品销售等方式。

实施低价定价策略时要注意3个问题：一是企业不宜选择销售那些顾客对价格敏感而企业又难以降价的产品；二是对不同的消费对象(消费者、零售商、批发商)提供不同的价格信息发布渠道；三是网上发布价格时要注意比较同类站点发布的价格。

课堂讨论

为什么网上销售价格一般低于线下销售价格？

3. 特殊品价格策略

特殊品价格策略是指企业在提供满足一部分顾客特殊需求的产品时所采用的定价策略。特殊品包括创意独特的新产品、纪念品及有特殊收藏价值的产品等。特殊产品具有其他产品无法替代的核心利益和效用，市场竞争者较少，一般采用高价销售。

4. 差别定价策略

差别定价策略包括：按顾客身份差别定价，例如凡客诚品网站(www.vancl.com)把注册登录的用户按照消费总金额分为一般会员、VIP会员和SVIP会员，购物时给予不同会员不同的价格优惠；按产品的形式差别定价，例如出版社给简装版和精装版的书籍制定不同的价格；按产品的销售时间差别定价，例如不同的时间预订机票价格不同。

5. 产品组合定价策略

绝大多数企业向消费者提供的产品并不是单一的产品，而是很多种产品。产品组合是指经营的全部商品的大结构或大类别，每一类商品就是一个品类群。例如销售女装的企业可能有裙子、衬衫、外套和袜子等几个品类群，而这些产品的成本差异和顾客对这些产品的不同评价，以及竞争者的产品价格等一系列因素。产品组合定价策略，可分为以下3个方面。

(1) 产品线定价

产品线是指由不同等级的同种产品构成的产品组合。对产品线定价时，可根据产品大类中各个相互关联的产品之间的成本差异、顾客对这些产品不同外观的评价以及竞争者的产品价格，来决定各个相关产品之间的"价格阶梯"。"价格阶梯"的差额大小直接影响着产品线中各个相关产品的销量。如果产品大类中两个相关产品之间的价格差额小，消费者就会购买更先进的产品。

(2) 互补产品定价

互补产品又称连带产品。对这类产品定价时，要有意识地降低互补产品中购买次数少、消费者对降价比较敏感的产品价格；另外，又要有意识地提高互补产品中消耗量最大、需要重复购买、消费者对其价格变化反应不太敏感的产品价格。

(3) 系列产品定价

一些企业为促进产品销售，把一些关联产品组合起来销售。例如将上衣和裤子搭配销售，组合起来销售的产品价格低于各独立产品价格之和，其目的是使顾客在获得所需要的产品的同时，能得到额外的利益和满足，对企业来讲也增加了产品销售，节省了流通费用，这样流通速度和资金周转会大大加快。

课堂讨论

分析图6.7中当当网采用了哪些定价策略？

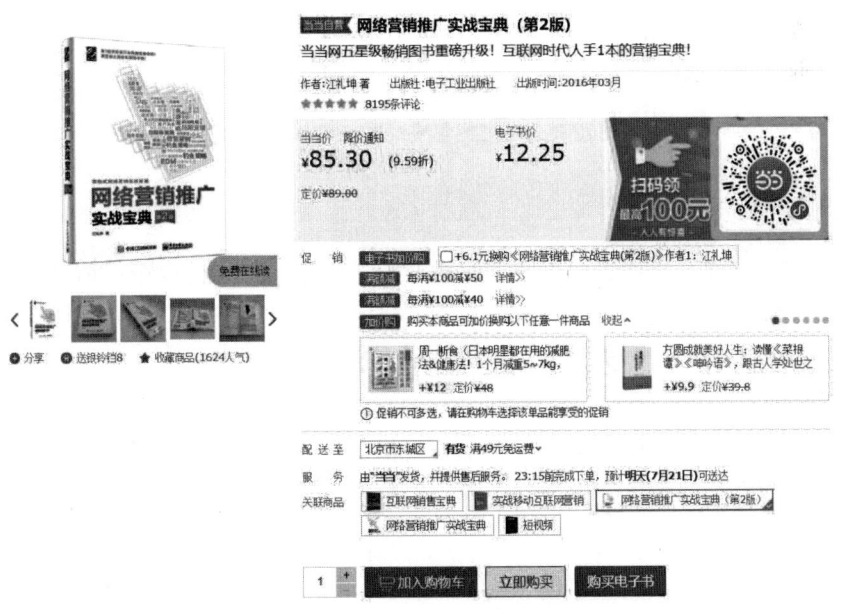

图6.7　当当网的商品定价页面

6. 同价定价策略

同价定价策略是指企业把销售的所有产品按照价格分区进行销售。例如设立10元专区、50元专区、赠品专区等。生活中常见的一元店，采用的就是这种同价定价策略。因此，企业把一些价格类似的产品定为同样的价格进行销售，这对一些货真价实、需求弹性不大的必需品销售非常有利。

7. 定制生产定价策略

定制生产定价策略是指企业在具备定制生产条件的基础上，利用网络技术和辅助设计软件，帮助顾客选择配置或者自行设计能满足自己需求的个性化产品，同时承担自己愿意支付的成本。比如戴尔电脑就是采用这种做法，产品价格说明中会出现"再加300元便可扩充到80G硬盘"等内容。在戴尔公司的网站，顾客可以根据自己的要求配置计算机，例如可以选择不同价位的部件，选择不同的邮费，最终形成价格。这种定价策略比较适合那些组装品，如汽车、计算机类。由于顾客定制产品的过程是在企业的服务程序的引导下完成的，并不需要专门的营销服务人员陪同，所以，营销成本也比较低。

8. 使用定价策略

使用定价策略是指顾客通过互联网进行必要的注册后，无须完全购买就可以直接使用企业的产品(或服务)，企业按照顾客使用产品的数量或接受服务的次数进行计费。采用使用定价策略的产品要适合互联网传输和远程调用，例如软件、音乐、电影等产品。

课堂讨论

请举例说明哪些产品适合采用定制生产定价策略，哪些产品适合采用使用定价策略？

9. 拍卖竞价策略

网上拍卖是目前发展比较快的网络营销业务。网上拍卖竞价策略包括以下3种。

(1) 竞价拍卖

竞价拍卖是由卖方引导买方进行竞价的购买过程，消费者通过互联网轮流公开竞价。

(2) 竞价拍买

竞价拍买是竞价拍卖的反向过程，消费者提出一个价格范围，求购某一商品，由商家出价。出价可以是公开的也可以是隐蔽的，消费者将与出价最低的商家交易。

(3) 集体议价

集体议价是一种由消费者群体(具有某一需求的群体)集体议价，以较多的数量换取较低价格的交易方式。

> **资料链接**

拍卖方式

拍卖方式有英格兰式拍卖、荷兰式拍卖、英格兰式与荷兰式相结合的拍卖方式。

英格兰式拍卖也称"增价拍卖"或"低估价拍卖",是指在拍卖的过程中,拍卖人宣布拍卖标的的起叫价及最低增幅,竞买人以起叫价为起点,由低至高竞相应价,最后以最高竞价者在3次报价无人应价后,响槌成交。成交价不低于保留价(在委托书上标明的最低出售价格)。

荷兰式拍卖也称"降价拍卖"或"高估价拍卖",是指在拍卖的过程中,拍卖人宣布拍卖标的的起叫价及降幅,第一位应价人报价后响槌成交。成交价不低于保留价。

英格兰式与荷兰式相结合的拍卖方式,是指在拍卖的过程中,拍卖人宣布起拍价及最低增幅后,由竞买人竞相应价,拍卖人依次升高叫价,以最高应价者竞得;若无人应价则转为拍卖人依次降低叫价及降幅,并依次叫价,以第一位应价者竞得。成交价不低于保留价。

案例 6-7

吉林网友 33 万秒杀宝马车

2012年6月26日,在浙江省高院的指导下,宁波市北仑区法院和鄞州区法院以卖家身份在淘宝网首次亮相,分别拍卖一辆黑色宝马7系轿车和一辆三菱欧蓝德轿车,起拍价格分别为19.99万元和5万元,评估价则分别为25.08万元和5.865万元。公示期结束正式开拍时间是7月9日上午10点。

根据淘宝网透露的资料,此次司法拍卖于7月9日上午10点开始,整个竞价过程规定是36小时。当天10点刚过10秒,代号"R8618"的竞买人第一个报价20.9万元。不到一个小时,宝马7系轿车被出价46次,一路攀升到32.39万元。

之后的20多个小时内都没有竞买人再加价,直到7月10日上午10点11分,来自吉林的代号"L1007"的竞买人加价1000元。这个价格一直坚挺到最后一小时,此后又引来5次密集出价。最终吉林买家在拍卖结束前10秒钟出价成功,成交价锁定33.09万元。

相比宝马7系轿车,三菱欧蓝德轿车的竞拍没那么激烈,整个竞拍过程共有15次出价。最激烈的竞争同样出现在最后10秒,来自浙江的代号"C0520"的竞买人首次亮相开始出价,3秒钟后又有竞买人跟进,随后代号"C0520"的竞买人继续加价,系统显示,他的出价时间是21点59分59秒,最终以6.7万元得到三菱欧蓝德轿车。

淘宝网提供的后台数据显示,先后共有45人报名参与竞拍。其中宝马车7系轿车开拍前有35人报名,开拍后还有1人缴纳保证金参与竞价,而三菱欧蓝德轿车,在开拍前有7人报名,开拍后还有2人加入竞价。

据淘宝网工作人员透露,从可以调取的报名者资料来看,这45位竞买人来自全国各地,有山东枣庄的,也有福建厦门的。根据淘宝网提供的后台数据,自6月26日两件拍品正式上线公告,到7月10日22时拍卖结束,网络上围观的人数已超过了30万人。

(资料来源:吉林网友33万秒杀宝马车 [EB/OL]. (2012-07-13)[2019-06-08].
http://news.ifeng.com/gundong/detail_2012_07/13/16005664_0.shtml)

思考题：什么是司法拍卖？第一次网拍的成功让我们看到网上拍卖的优势有哪些？

网络营销的定价策略有很多，企业在定价时必须充分考虑影响产品定价的各种因素(包括企业内部因素和外部环境因素)，根据企业的营销目标和定价目标，选择合适的定价策略。在网络竞争日益激烈的环境下，企业为求得生存和发展，还必须根据影响价格变化的各种因素的变化，对价格进行适时调整，以适应市场竞争的需要。

6.4 网络营销渠道策略

网络营销渠道是企业借助互联网将产品从生产者转移到顾客手中的过程。网络营销要求企业一方面了解顾客需求，向顾客介绍产品信息，提供样品或进行产品展示；另一方面为顾客提供网上订购便利，实现货款结算和产品实体的转移。因此，网络营销渠道不仅包括网络信息传播系统和信息沟通系统，还包括网上订货系统、货款结算系统和物流系统。

6.4.1 网络营销渠道的特点

与传统营销渠道相比，网络营销渠道有以下 4 个特点。

1. 直接性

在传统营销渠道中，企业的产品销售大多借助中间商来完成。中间商在企业产品信息传递、购销、储运、货款支付等方面具有不可替代的作用，是企业完成产品销售的重要合作伙伴，而在网络营销中，商品所有权流程、信息流程都可以由企业自己借助互联网来完成，资金流程可借助银行的网上结算系统或邮政系统来完成，商品实体流程可以利用第三方物流体系或建立自己的物流体系来完成。也就是说，企业只要建立网站或租用虚拟社区，就能实现产品的直接销售。

2. 便捷性

网络营销的基础是互联网。顾客可以借助互联网直接获得产品信息，通过网上谈判达成交易协议；借助银行的网上支付系统或企业网站，完成货款支付；利用企业或公共物流配送体系完成商品实体的转移；企业可以通过网站上的 FAQ，解决顾客在产品使用中存在的问题。因此，与传统营销渠道相比，网络营销渠道更加便捷，顾客足不出户就能实现商品采购。

3. 高效性

在传统营销活动中，由于存在多个中间环节，高效的产品销售往往以高额的营销费用和高效的合作伙伴为基础。传统营销尽管没有中间环节的影响，但营销费用较高，市场拓展困难，营销的高效性也难以实现。网络营销借助互联网的高效信息沟通系统，直接向目标市场传递产品信息，利用公共资源实现产品实体的转移和货款结算，有效降低了营销成本，提高了营销效率。

4. 专业化

网络营销渠道的中间商是传统营销渠道中间商的发展，不仅具有传统中间商的一般功能，而且融入了网络信息技术。在网络营销渠道中，中间商的交易效率和专业化程度较高，规模效益的发挥也不再受经营场地的限制。

案例 6-8

新鲜蔬菜网上卖

菜篮网是郑州本地的专业生鲜电子商务平台，专注于百姓餐桌的绿色与健康，旨在建立一条从"田间地头"直达"百姓餐桌"的"生鲜管道"，实现田园美味产地直达，确保蔬菜更新鲜、更安全。菜篮网通过电子商务平台，让优质农产品在网站上充分展示，消费者可以在网站直接选购下单，让信息技术和现代农业相结合，真正实现从农贸市场向网络购菜时代的转变。同时，菜篮网具备大规模的农产品供应基地，在网络平台销售绿色无公害农产品的同时，还整合其他优质生产商、供应商、采购商，真正实现"从产地到餐桌"的超短销售链条。因此，菜篮网具有成本优势，解决了以往农产品生产供应销售渠道复杂、信息不畅、流通成本过高的问题。

（资料来源：编者根据相关网络资料整理。）

思考题：菜篮网网络直销成功的原因是什么？

6.4.2 网络营销渠道的类型

1. 网络直销

网络直销是指网络营销企业直接通过互联网与顾客达成交易协议，没有传统意义上的中间商参与。在网络直销中，网络营销服务中介机构发挥着重要作用，例如提供货物运输配送服务的专业配送公司、提供货款网上结算服务的网上银行、提供产品信息发布和网站建设的 ISP 和电子商务服务商等。

网络直销一般有两种形式：一是生产企业利用自己的网站或网页推介并销售产品，由企业网络管理员专门处理有关产品的销售事务；二是企业委托信息服务商在其网站上发布产品信息，企业利用有关信息与顾客联系，直接销售产品。虽然在第二种直销形式中有信息服务商参加，但主要销售活动仍然是在企业与顾客之间完成的，因此也属于网络直销。

案例 6-9

Dell 公司的网络直销

Dell 公司开创了网络直销的先河,其网站(www.dell.com)具有在线直接销售功能,允许顾客自己设计和组装计算机。顾客通过单击"自行配置"按钮就可进入系统配置器,在这里,顾客可以在线定制或升级组件、添加电子产品、附件和软件,添加服务和延长保修期等,每个项目都明确标示了相对差价。顾客可先确定自己能够接受的价格标准,再参照这个标准自行选择合适的配置,每当顾客更改了配置或选择项目后,系统将自动更新产品的总价格,并方便随时查询。在顾客确认配置无误后可将订单存入购物车,公司接到顾客提交的订单后,便将计算机部件组装成整机。

真正按顾客需求定制生产,并在极短的时间内完成,速度和精度是考验 Dell 的两大难题。在 Dell 的直销网站上,顾客可以查询已订购的产品从发出订单到送达手中的全过程。

(资料来源:编者根据相关网络资料整理。)

思考题:Dell 公司网络直销成功的原因是什么?

借助互联网,网络直销实现了企业与顾客的直接沟通,提高了沟通效率,使企业能够更好地满足目标市场的需求。网络直销减少了营销人员的数量,降低了企业的营销成本和费用,使产品能以较低的价格销售。营销人员利用网络工具,例如电子邮件、网络社区等,可以随时了解并满足顾客需要,有针对性地开展促销活动,提高了产品的市场占有率。企业通过网络可以及时了解顾客对产品的意见和建议,并针对这些意见和建议提供技术支持和服务,迅速解决顾客在使用中遇到的问题,提高服务质量。同时,通过交互式沟通,企业可以与顾客建立良好的互信关系,满足顾客的心理需求。与分销模式相比,网络直销使企业能够有效运用价格的差异性和一致性,控制产品价格,规范市场运作,避免中间商对产品价格的影响。

网络直销产品的信息沟通、所有权转移、货款支付和实体流转等是相分离的,任何一个环节的失误都将直接影响产品的销售。与发达国家相比,我国的市场经济还不成熟,市场化运作机制还不完善,社会信用体系还没有完全建立,特别是与网络直销密切相关的电子支付系统和物流系统还有待进一步发展。国外的一些企业,例如 Dell 公司网络直销的成功,在很大程度上得益于完善和发达的市场体系。

课堂讨论

简单地把线下产品搬到线上销售,如果两者的价格体系保持一致,那么线上的产品相对于线上其他同类产品就缺乏价格竞争力,对消费者缺乏吸引力;如果线上、线下的产品价格体系不一致(线上比线下便宜),毫无疑问又将影响线下的销售,或者引发网络的渠道窜货。怎么解决这一难题呢?

2. 网络间接销售

网络间接销售渠道是指网络营销者借助网络营销中间商的专业网上销售平台发布产品

信息，与顾客达成交易协议。网络营销中间商是融入互联网技术后的中间商，具有较强的专业性，能够根据顾客需求为销售商提供多种销售服务，并收取相应费用。目前，高技术、专业化、单一中间环节的电子中间商大大提高了网上交易的效率，并对传统中间商产生了冲击。

在网络营销中，电子中间商发挥着连接产品销售者和顾客的桥梁作用。一方面，帮助顾客选购产品并提供相应的服务，满足顾客需求；另一方面，帮助销售者及时掌握产品销售情况，完成商品交易，降低交易成本。传统中间商与电子中间商相比，两者主要有以下5个方面的区别。

(1) 存在前提不同

传统中间商的存在前提是生产商为降低产品销售成本，实现产品在更大范围内的销售或进行普遍分销；而电子中间商是中间商职能和功效在新的领域的发展和延伸。

(2) 交易主体不同

传统中间商通过产品购销与生产商和顾客进行产品交易，是连接产品生产与消费的中间环节，兼有物流、信息沟通、所有权转移和支付等功能；而电子中间商作为一个独立的主体，不直接与生产商和顾客进行商品交易，只为交易双方提供交易信息、交易媒体和交易场所等服务，其功能是促进商品交易的实现。

(3) 交易内容不同

传统中间商直接参与商品交易活动，并提供产品实体、产品供求信息和交易资金等；而电子中间商作为网络营销的一种交易媒体，主要提供信息交换场所和虚拟交易平台，不参与具体的商品实体、资金交换等交易活动，商品交易由买卖双方直接达成。

(4) 交易方式不同

传统中间商通过产品购销参与商品交易活动，通过购销差价获得收益；而电子中间商主要是进行信息交换，提供虚拟交易平台，不参与商品实体交易，通过提供信息和服务取得收益。

(5) 交易效率不同

通过传统中间商实现商品交换至少需要两次交易活动：一次是中间商与生产商的交易活动，中间商获得商品所有权；另一次是中间商与顾客的交易活动，中间商销售商品，取得收入，中间商的信誉、实力和交易效率直接影响产品的销售。而电子中间商是以独立主体存在的，不参与商品交易，只利用自己的信息平台为交易双方提供交易信息和服务，促进商品交易，提高交易效率。

课堂讨论

传统营销渠道的中间商会消失吗？

3．双道法销售

在网络营销活动中，无论是网络直接销售还是网络间接销售，都存在一定的局限性。

企业为扩大产品覆盖面，促进产品销售，通常采用双道法。所谓双道法，是指企业同时采用网络直销渠道和网络间接销售渠道，以最大限度地实现产品的销售。

网络直销的销售业绩受网站知名度和访问量的限制。一些知名度较低、访问量小的企业，要想在短期内通过网络直销扩大产品销售几乎是不可能的。借助知名度较高的电子中间商的网站，通过开辟网上零售店等间接销售渠道，可以扩大产品销售，提高产品知名度。从长期发展来看，企业有必要建立自己的网站进行网络直销，建立双通道营销渠道是企业的最佳选择。

案例 6-10

李宁公司的网络营销渠道建设

李宁公司的产品以运动服装、鞋帽为主，这恰恰是非常适合在网上销售的。李宁公司在选择网络营销渠道时，首先是网上商城的模式，接着是网络直销的模式。

2008 年年初，李宁公司在涉水电子商务之前做的一项调研结果显示，淘宝网上销售李宁牌产品的网店已达 700 余家，2007 年李宁产品在淘宝网的销售流水已达 5000 万元。在此环境下，李宁公司开始于 2008 年 4 月在淘宝网开设了自己的直营店铺，接着通过直营和授权的形式开设了多家网络店铺。李宁官方直营店铺有李宁官方商城、李宁淘宝官方网店、李宁淘宝官方折扣店、李宁官方拍拍店。李宁官方授权店有李宁淘宝五洲商城、李宁淘宝古星专卖店、李宁淘宝古星折扣店、李宁易趣古星专卖店、逛街网李宁专卖店、新浪网李宁专卖店等。

在网络经济环境下，随着网络直销在服装行业的兴起，网络消费者对服装的个性化需求快速提升，李宁公司又于 2008 年 6 月推出了官方商城(www.store.lining.com)。

李宁公司是一家以传统渠道为主的企业，有自己的品牌，在进行网络营销渠道建设的时候，网络上已经有一些自发形成的网上商城渠道，李宁公司采取的策略主要是整合现有的渠道资源，通过授权的形式收编现有的网络渠道资源，同时也在各大电子商务平台上开设自己的网络直营店铺，可以说，这是李宁公司对网络营销渠道的试水。紧接着，李宁公司以自建平台的形式开通了自己的官方商城。在渠道协调上，李宁公司主要采取的策略是区分出线上线下产品销售的种类以及统一产品的价格。

(资料来源：编者根据相关网络资料整理。)

思考题：李宁公司采取的营销渠道策略是什么？如何协调网络营销渠道和传统渠道之间的关系？

4. 全渠道

全渠道零售是企业为了满足顾客任何时候、任何地点、任何方式购买的需求，采取实体渠道、电子商务渠道和移动电子商务渠道整合的方式销售商品或服务，提供给顾客无差别的购买体验。

全渠道具有三大特征，即全程、全面、全线。

全程，一名顾客从接触一个品牌到购买产品的过程中，全程会有 5 个关键环节，即搜寻、比较、下单、体验、分享，企业必须在这些关键节点保持与顾客的全程、零距离接触。

全面，企业可以跟踪和积累顾客购物全过程的数据，在这个过程中与顾客及时互动，掌握顾客在购买过程中的决策变化，给顾客个性化的建议，提升其购物体验。

全线，渠道的发展经历单一渠道时代(即单渠道)、分散渠道时代(即多渠道)的发展阶段，到达渠道全线覆盖阶段。这个全渠道覆盖就包括了实体渠道、电子商务渠道、移动商务渠道的线上线下的融合。

全渠道是消费领域的革命，具体的表现是全渠道顾客的崛起，他们的生活主张和购物方式不同于以往，他们的消费主张是"我的消费我做主"，具体的表现是他们在任何时候(如早上、下午或晚间)，任何地点(如在地铁站、在商业街、在家中、在办公室)，采用任何方式(如计算机、电视、手机、平板电脑)，都可以购买到他们想要的商品或服务。

全渠道正在掀起企业和商家的革命，理念上从以前的"终端为王"转变为"顾客为王"，企业的定位、渠道建立、终端建设、服务流程、商品规划、物流配送、生产采购、组织结构全部以顾客的需求和习惯为核心。以渠道建设为例，企业必须由以往的实体渠道向全渠道转型，建立电子商务渠道和移动电子商务渠道，储备适应于全渠道系统的人才。

全渠道给商家拓展了除实体商圈之外的线上虚拟商圈，让企业或商家的商品、服务可以跨地域延伸，甚至开拓国际市场，也可以不受时间的限制 24 小时进行交易。实体渠道、电子商务渠道、移动电子商务渠道的整合不仅给企业打开了全新的销路，同时能将企业的资源进行深度的优化，让原有的渠道资源不必再投入成本就能承担新的功能，例如将实体店增加配送点的功能；通过线上线下会员管理体系的一体化，让会员只使用一个 ID 就可以在所有的渠道内通行，享受积分累计抵现等优惠。

案例 6-11

A 企业销售渠道占比

A 企业是国产化妆品行业的一颗新星。

A 企业采用"线上移动商铺＋线下实体专柜"的全新 O2O 模式。目前已全面覆盖线上线下所有销售渠道，线上渠道包括京东商城(7 家)、淘宝 C 店(超过 2000 家)、微营销近十万家经销商，覆盖高端客户群上千万人。线下 300 家实体专柜覆盖全国一、二线城市。A 企业的销售渠道占比情况是微营销占 55%、京东商城占 10%、淘宝 C 店占 15%、实体专柜占 20%。

【A 企业微商系统模式】

(资料来源：编者根据相关网络资料整理。)

思考题：A 企业采取的渠道策略是什么？

6.5 网络营销促销策略

促销的本质是信息沟通,企业为了有效地与顾客沟通,提高促销活动中的信息传播效果,需了解信息沟通的过程。

6.5.1 网络营销促销的概念及特点

1. 网络营销促销的概念

网络营销促销简称网络促销,是指企业利用现代化的网络技术向虚拟市场传递有关产品和服务的信息,以激发需求、引起顾客的购买欲望和购买行为的各种活动。

网络促销策略是网络营销策略的重要组成部分,是产品策略、服务策略、价格策略和渠道策略的重要补充。

2. 网络促销的特点

网络促销与传统促销的目的都是通过产品展示和介绍,引起顾客的兴趣和注意力,激发顾客的购买欲望,促进产品销售,但两种促销模式所借助的信息传播方式和顾客参与程度不同,存在较大的区别,见表6-4。

表 6-4 传统促销与网络促销的比较

	传统促销	网络促销
时空观念	受时间和空间的限制	突破了时空限制
信息沟通方式	单向传播信息	双向互动实时沟通
促销目的	增加产品的销售	注重沟通,实现产品的销售
消费群体和消费行为	目标群体较多	消费群体为网民,追求个性化

与传统营销的促销相比,网络促销具有以下4个特点。

① 网络促销是通过互联网来传递产品和服务信息的,包括新产品上市、产品性能、功效、价格调整等。网络促销以现代信息技术为基础,并随着网络信息技术的进步而不断改进。

② 网络促销是在虚拟市场上进行的。网络促销以互联网为传播媒介,突破了时空限制,信息传播面广、速度快、效率高。

③ 网络促销是在高度透明的市场中进行的。互联网虚拟市场的产生,为所有的企业提供了一个公平竞争的平台。顾客有条件收集相关产品信息并加以比较,选择满意的商品,任何虚假和欺诈都会被顾客识破。

④ 网络促销注重沟通。媒体信息处理技术为网络促销提供了双向的、快捷的、互动式的信息传播和沟通平台,使买卖双方有条件充分表达各自的意愿,有效地促进了商品交易协议的达成。

6.5.2 网络促销的实施程序

根据国内外网络促销的实践经验,网络促销的实施程序分为以下7个阶段。

① 确定网络促销对象。网络促销对象选择的依据是目标市场选择,主要对象包括产品的使用者、产品购买的决策者、产品购买的影响者。

② 确定促销目标。网络促销的最终目标是实现产品销售。

③ 设计网络促销内容。为刺激目标市场的需求和购买欲望,设计内容新颖、具有吸引力的促销内容是促销成功的关键。

④ 确定网络促销组合方式。网络促销组合是各种促销形式的有机结合。不同企业和产品,有不同的网络促销对象,确定有效的网络促销组合方案是提高促销效果的重要手段。

⑤ 制定网络促销预算方案。任何促销方式都需要企业支付一定的费用,付出一定的代价。制定网络促销预算方案,是控制促销费用、提高资金使用效率的重要手段,必须首先解决3个问题,即确定网络促销的目标,明确促销对象,建立促销组合。

⑥ 评价网络促销效果。评价网络促销效果是检查促销绩效、评价促销组合有效性的重要手段,是改进促销方案的依据。

⑦ 改进网络促销方案。为提高促销绩效,企业应根据市场的变化不断改进促销方案,建立更加有效的促销组合。

6.5.3 网络促销的形式

网络促销的主要形式有网络营销站点推广、网络广告、网络销售促进和网络公共关系。

1. 网络营销站点推广

网络营销站点推广是指企业通过对营销站点的宣传推广来吸引顾客访问,树立企业的网络品牌,促进产品销售。站点推广是一项系统性的工作,需要企业制订推广计划,并遵守效益成本原则、稳妥原则和综合安排实施原则。

目前,网络营销站点推广主要采取搜索引擎注册、建立链接、发送电子邮件、发布新闻、提供免费服务、发布网络广告等方式。根据网站的特性,采取不同的方法能提高站点的访问率。

2. 网络广告

网络广告是指广告主以付费的方式运用网络媒体传播企业或产品信息,宣传企业形象。作为广告,网络广告也具有广告的5个要素,即广告主、广告费用、广告媒体、广告受众和广告信息。网络广告的类型很多,根据形式的不同可以分为旗帜广告、电子邮件广告、文字链接广告等。

3．网络销售促进

网络销售促进是一种短期的宣传行为。网络销售促进与传统促销方式比较类似，是指企业利用有效的销售促进工具来刺激顾客增加产品的购买和使用。网络销售促进主要有以下 13 种形式。

(1) 打折

打折是指在网络促销活动中，企业为显示网络销售的低价优势以激励网上购物，或为调动本网站购物的积极性、烘托网站的购物气氛以促进整体销售而采取的，对所销售全部或部分产品同时标出原价、折扣率或折扣后价格的促销策略。

优点：快、狠、准，短期内刺激消费，拉动销售，增加购买量。

缺点：利润下降；价格一旦下降很难恢复到之前水平，影响接下来的营销活动；品牌忠诚度下降；恶性价格竞争。

注意：最好一开始就把商品的价格设置为 3 个档位，即原价、活动价、大促价。其中原价为日销价，活动价用于参加 A/B/C/D 级一般活动坑位和周期性促销(如元旦、教师节等)，大促价用于开展 S 级促销活动(如"双十一""双十二")。

(2) 秒杀

与打折相比，秒杀的优惠力度更大，通常是单价 10 元以内的秒杀或者是一折、半价等秒杀。

优点：吸引新顾客，增加关注、收藏量，一定程度上可以增加销售额。

缺点：引来的新顾客大多数忠诚度不高；价格灵敏度为 100%，黏性很低。

注意：对活动成本一定要做好测算，要考虑秒杀活动可以带来多少访问量(Unique Visitor, UV)？是否值得做秒杀？为了秒杀活动更好地进行，最好是做预热，提前发布消息，在一些导购网站进行推广展示，引导顾客关注、收藏、加购物车。这种促销方式适用于日访问量较大、转化率较高的产品。

(3) 满减

电商的满减活动可以分为满减优惠券和商城系统自动满减。

优点：刺激消费，尤其是领券式满减，可以吸引顾客多次访问。

缺点：利润下降；若说明和操作不到位(如是否可以叠加使用，是否限制领取张数等)，出现活动失误再加上后期处理不当，很可能会引起客户的不满。

注意：测算整体活动的利润空间。满减具体金额的设置需参考活动期间平均客单价，最好控制在再搭一个单品即可享受到第一档满减为佳。例如平均客单价为 150 元，平均热销单品价格为 30 元，可设置第一档满减为满 180 元减 10 元。

(4) 满送

满送活动是顾客在活动时间内消费满一定金额送实物商品、商城优惠券等。

优点：根据实际赠品价值，可以在不同程度上刺激消费，拉高消费的客单价；创造产品的差异化，增强吸引力。

缺点：利润下降；若赠品太差，会给品牌和销售带来负面影响。

注意：需要计算整个活动的利润空间，并检查是否与满减策略重合；赠品的选择上不要选择次品、劣质品，要注意季节性，如冬季不能赠送只在夏季才能用的商品。若考虑促进二次购买，可以送包邮卡、大额优惠券等刺激再次消费的礼品券。

(5) 满返

满返是指顾客在活动期间消费满一定金额送现金、优惠券等。

优点：对品牌形象影响较小，不会引发竞品之间的价格竞争，可以刺激消费。

缺点：利润下降；刺激力度有限。

注意：测算整体活动的利润空间，重点检查是否与满减、满送策略重合；"返"实现的难易程度，若人工操作会增加客服工作量和错误率，应考虑是否值得做。

(6) 买送/捆绑

买送/捆绑是一种变相的打折，主要形式为买 A 送 A(送同款)和买 A 送 B(送其他款)。

优点：变相打折；在刺激消费的情况下不会有直接降价带来的一系列问题。

缺点：利润下降，若捆绑产品太差反而会影响售品的评价。

注意：测算商品的利润空间更适合哪种类型的买送(买 A 送 A 还是买 A 送 B)，买 A 送 A 的实质其实就是打 5 折，买 A 送 B 的折扣根据赠品的价值而定。若包邮，切勿忘记加上运费成本。

(7) 搭配销售

搭配销售，分为 X 件商品组合销售和再加 X 元换购 X 商品。

优点：套餐式销售，对顾客而言降低了单品叠加的金额形成购买；引流产品与爆款产品组合将流量形成转化；关联销售提高转化率，为其他商品导流。

缺点：利润下降；若搭配产品没选好，效果反而不佳。

注意：若商品 A 是引流款，建议搭售转化率较高的爆款商品 B，将流量转化为订单；加 X 元换购的商品尽量选择客单价较低的互补商品，例如购买牛排套餐后，换购产品可以选择刀叉、意大利面、汤料等互补产品。

(8) 包邮

包邮对于顾客来说是种心理安慰。邮费本身就是自己购买商品以外的费用，支付邮费只会增加自己这次购物的开支，而不会对商品本身的品质有任何影响，所以如果能不支付，必然会节省一小部分费用。对于很多顾客来说会把包不包邮当成最后下不下单的决定因素，这就是顾客心理。

优点：包邮策略配合商城内部的关联销售，降低商品跳失率，拉高客单价。

缺点：若因邮费价格而选择太差的快递公司，造成快递时效性差与派送范围不足，会引起过多的中评和差评，得不偿失。

注意：包邮标准的限制价格最好不要超过客单价的 150%。例如 70% 的客单价在 70 元左右，那包邮的标准最好是在 88～98 元，而且店铺内也要有相应的 18 元以上或 28 元以上的商品与之配合。

(9) 好评晒单返

"返"的内容包括但不限于实物商品、优惠券、现金。顾客一般会有两种心理：一是顾客购买到满意的商品，他们不一定会来给好评，但是买到质量差的产品，有非常大的概率会招来差评；二是买东西→看"店铺好评率"→看"宝贝评价"(尤其是买家秀)→提交订单。

优点：提高信誉度、店铺评分；提高新客购买转化率；培养顾客的购物习惯；加快资金周转速度(买家确认收货，钱就可以转入商家账户)。

缺点：利润下降；若客服对此活动不了解反而会招来差评；过犹不及，质量差的商品用这种形式反而更容易招来差评。

注意：测算整个活动的利润空间，客服应熟悉促销活动的规则并具备处理突发状况的能力。

(10) 试用

试用是将商品(一般都是新产品或者试用装)赠送给潜在目标顾客，并诱导其购买。试用分为付邮试用(申请用户需支付邮费)和免邮试用。

优点：提高产品入市速度；有针对性地选择目标消费群体；形成传播效应，提高品牌知名度、亲和力；增强互动。

缺点：成本相对较高，对同质性强或者个性色彩较弱的产品效果较差。

注意：快消品、化妆品及高消耗性产品可以采取这种策略，其他行业的产品慎用。如果是付邮试用，试用品的价值应高于邮费。

(11) 抽奖

抽奖的奖品可为实物商品或虚拟商品，由商家设置抽奖条件和奖品等级。

优点：覆盖大范围的目标消费群体，促进消费；吸引新顾客尝试购买，老顾客再次购买。

缺点：刺激效果有限，见多不怪；对品牌提升作用不大；动作工作量较大(前期找产品，核算成本，中期统计参与人数并调整策略，后期公布中奖名单)。

注意：奖品的设置分为噱头奖品、一般奖品和参与奖。其中噱头奖品是吸引人眼球的产品(如苹果手机)，一般奖品金额与个数视活动效果与预算而定。参与奖一般都是为了拉动二次消费而设置的(如优惠券、抵用券)。对抽奖结果的真实性要有一定的保证，以电子邮件、公告等形式向参加者通告活动进度和结果。例如情人节2月10日—2月15日期间，凡是下单的顾客都可以获得一次抽奖机会，中奖名单将于活动结束3个工作日内公布。

(12) 会员积分

会员积分制度包括会员专属折扣、积分换购等。企业在网站上预先制定积分制度，根据网站会员在网上的购物次数、购物金额或参加活动的次数来增加积分，激发其参与活动的兴趣。

优点：刺激多次消费，增强品牌忠诚度，能够与顾客建立长期的关系，提高产品的竞争力；运作成本低。

缺点：对新顾客的吸引力比较差；回报较慢，需要经常进行维护；周期较长，效果较难评估。

注意：应考虑整个价格体系的问题，设定会员折扣是否能够与日常折扣叠加使用、积分如何换购等。

(13) 团购

团购即团体购物，指认识或不认识的消费者联合起来，加大与商家的谈判能力，以求得最优价格的一种购物方式。根据薄利多销的原理，商家可以给出低于零售价格的团购折扣和单独购买得不到的优质服务。

优点：强力增粉。

缺点：利润下降。

注意：如果是基于微信的团购(更带有社交属性)，团购商品的选择要格外注重顾客体验和复购率，在低价的同时保证商品的质量。

案例 6-12

联合营销

联合营销是近几年出现的一种新型广告营销方式。联合营销两个或多个品牌可以优势互补，拓宽市场的边界，增强联合品牌的竞争力。

1. 微信与星巴克

2017年的情人节，微信与星巴克联合推出了"用星说"。网友打开微信，在第三方服务界面，可以看到星巴克界面。网友可以在线购买星巴克咖啡红包，赠送给朋友。这个联合营销活动可没有表面看上去那么简单。为什么呢？因为这里最重要的角色不是星巴克、微信，而是用户。这次活动并不是商家推出优惠活动鼓励用户去赠送，而是微信用户自己驱动传播的。用户本身就是产品的运营者，他们自己购买、转发、使用、分享，增强了用户与用户之间的互动。无形之中，用户和品牌之间也实现了良性的链接。

2. 林氏木业与十大 TOP 品牌

林氏木业联合十大 TOP 品牌，推出"水星十年，正青春"营销活动。十大 TOP 品牌包括水星家纺电商、韩后、楼兰蜜语官方微博、ELLASSAY 歌力思、周大生在线、科沃斯旗舰店、春纪旗舰店官方微博、百丽丝家纺、CAMEL 骆驼。活动形式为用户 @ 这些品牌，说出10年期望并转发，即有机会获得林氏木业提供的峰峰易睡枕10个！联合营销能够最大限度地节约企业的运营成本。

3. 小米与初音未来

小米与初音未来的动漫人物联合营销可能是国内最具有深度的一次合作。这次营销，首发地不是小米商城，而是动漫聚集地 B 站。在首发时，还采用了应援的互动营销方式。小米选择初音未来作为营销伙伴，确实是定位明确，瞄准了二次元及其辐射到的年轻人群体。初音未来也借小米的营销力，让更多的中国二次元的年轻人了解它。

(资料来源：编者根据相关网络资料整理。)

思考题：在选择商家开展联合促销活动时，需要注意哪些问题？

4. 网络公共关系

公共关系是指企业通过与利益相关者，包括供应商、顾客、雇员、股东、社会团体、政府等，建立良好的合作关系，为企业的经营和发展营造良好的社会环境。网络公共关系是指企业以互联网作为媒体和沟通渠道，与企业利害关系人建立良好的公共关系。

(1) 网络公共关系活动的形式

网络公共关系活动的形式主要有以下 5 种。

① 站点宣传。一些网站并没有直接做产品广告与促销，而是通过一种细致的关心和精心的服务，赢得网络公众的认可与接受。例如，宝洁公司的佳洁士产品网站，并不售卖产品，而只提供保护牙齿的相关知识。

② 网络新闻的发布。公关人员利用网络，以较低的费用，快速将新闻传播出去。企业可以利用自己的站点、新闻组或邮件列表等方式发布新闻。

③ 站点栏目的赞助。企业的赞助对象一般有会议、公共信息、政府或非营利性活动等。企业通过对这些活动的栏目提供赞助，可使访问者通过赞助页面直接链接到企业所指定的页面，提高企业的知名度。

④ 网络论坛的参与或主持。网络服务商的网络论坛经常举办一些专题讨论会，吸引公众的参加。参加与企业有关的专题论坛并积极发表意见，或帮助参与者解决问题，可以提升企业的形象和知名度。

⑤ 安排事件。企业可以通过安排一些特殊的事件来吸引公众对企业及其产品的注意，这些事件包括新闻发布会、讨论会、展览会、竞赛、周年庆祝活动等。

案例 6-13

汰渍人气微电影《小幸感》唤醒千万人幸福体会

汰渍洁净于 2012 年 11 月推出的主题微电影《小幸感》，上映短短 1 个多月就创造了 4000 多万人次的收视。影片中所诠释的善于享受生活中点滴幸福的"小幸感"生活方式，更是引起了超过 30 万人次的网络热议。

"小幸感"生活方式，是指从日常微小的感触中获得幸福感。"随着生活压力的增加，大家的生活幸福感正在不断下降"，宝洁公司织物与家居护理品类市场总经理汪轶表示："汰渍洁净熏香产品系列倡导消费者通过洗涤这个意想不到的生活细节，感受到全身心回归自然的舒缓愉悦，同时体会到'小幸感'生活方式，以及'芬享让幸福触手可及'的生活态度。"为了更好地诠释"小幸感"生活方式，汰渍洁净熏香产品系列邀请了陈妍希、张孝全一同拍摄这部主题微电影，通过唯美动人的剧情，引起受众对"小幸感"生活态度的共鸣。

《小幸感》的热映引发了广大消费者的讨论，汰渍也借此在各网络平台进一步传播"小幸感"的生活方式。品牌官方微博 @Tide 小幸感作为传播主体，一方面向消费者深度诠释"小幸感"生活方式，另一方面则鼓励消费者主动分享他们的"小幸感"体会。同时，逐步推出一系列交互 APP 应用程序，让消费者切身感受"小幸感"的生活，进一步引起大家对"芬享让幸福触手可及"生活态度的共鸣。

(资料来源：汰渍人气微电影《小幸感》唤醒千万人幸福体会 [EB/OL]. (2012-10-19)[2019-06-27].
http://www.pg.com.cn/News/Detail.aspx?Id=2271)

思考题：宝洁公司开展网络公共关系的方式是什么？需要注意哪些问题？

(2) 网络公共关系的目标

网络公共关系的目标包括与网上新闻媒体建立良好的合作关系、宣传和推广产品等。

① 与网上新闻媒体建立良好的合作关系。网络新闻媒体有两类：一类是传统媒体利用互联网发布媒体信息，主要是将在传统媒体上播放的节目进行数字化，转换成能在网上下载和浏览的格式，供网络用户浏览；另一类是新兴的网络媒体，不以传统媒体为依托。借助互联网的信息交互特点，企业应加强与网络新闻媒体的有效沟通，建立良好的媒体关系，为企业发展营造良好的媒体环境。

② 宣传和推广产品。借助互动式沟通渠道，企业通过在网站建立类似社区性质的新闻组、BBS 和社区论坛等，让顾客参与产品的设计和开发，与顾客一起讨论热点问题，达到传播企业理念、树立企业形象、促进产品销售的目的。

③ 建立良好的沟通渠道。网络营销站点的一个重要功能就是为企业与企业相关者建立沟通渠道。通过网站的交互功能，企业可以直接与目标顾客进行沟通，了解顾客对产品的评价和没有被满足的需求，提高顾客的忠诚度。

案例 6-14

两会期间遇危机，马云亲自为淘宝网正言

2017 年两会期间，全国人大代表、广东唯美陶瓷有限公司(马可波罗瓷砖)董事长黄建平公开表示，他此次打算提交的议案资料总结下来就一句话："互联网虚拟经济破坏实体经济，网店假冒伪劣产品居多"。

不仅如此，黄建平还点名淘宝网，称"目前淘宝网上搜索关键词'马可波罗瓷砖''马可波罗卫浴'，搜索结果居然足足有五百多家，但是其中经过集团授权的经销商只有两家。"

面对这样的"危机"，阿里巴巴集团的公关反应神速，在"双微"上同步发布了《对人大代表马可·波罗瓷砖董事长黄建平三点议题的商榷》的回应。更厉害的是，马云亲自在微博上进行了第二波回应。要知道，马云发微博的频率相当低，2016 年仅发了 14 条微博，这次的回应，是他 2017 年以来第二次发布微博。原文内容如下。

致两会代表委员们：

像治理酒驾那样治理假货。这几年我认为最经典的司法进步就是酒驾治理。假如没有"酒驾一律拘留、醉驾一律入刑"的严刑峻法，今天中国要多出多少马路杀手！再看假货，绝大部分制假售假者几乎不承担法律责任，违法成本极低而获利极丰，很难想象假货如何才能打干净！我建议参考酒驾醉驾治理，设想假如销售一件假货拘留 7 天，制造一件假货入刑，那么我想今天中国的知识产权保护现状、食品药品安全现状，以及我们国家未来的创新能力一定会发生翻天覆地的变化。最近关于打假的讨论越来越热烈，包括一些人大代表的建议议案，这样的讨论很健康，每一条意见都有其价值。就像 5 年前，如果没有一场关于酒驾的大讨论，就不会形成全社会的共识，就不会有后来的司法成果和社会进步。

对涉假行为的法律规定，很多国家奉行严刑重典，如美国，初犯10年以上的监禁，重犯20年以上，公司会罚到破产，连使用假货的人也会面临拘留，如此才有了今天美国的创新环境。

我国法律规定，制假售假案值5万元以下没有刑事责任；5万元以上的顶多判7年。这是20年前的法律和10多年前的司法解释，严重脱离实际，结果是今天99%的制假售假行为不了了之，200万元的案值罚款20万元，老鼠过街，人人喊打，却无人真打。

公检法部门去年投入了巨大的力量打假，但是因为现有法律法规的滞后和不切实际，眼睁睁地看着众多案犯不能绳之以法。以阿里巴巴集团为例，去年大数据排查4495件线索，截至目前，公安机关得以依据现行法律规定进行刑事打击的只有469件，只占十分之一；我们研究了33例已经判决的案件，80%还判了缓刑；我们也研究了去年工商行政处罚的200例制假贩假案件，平均罚款额不到10万元。这样的局面只会鼓励更多人前赴后继地参与制假售假！

"醉驾入刑"到今天已5年多，酒驾醉驾引起的事故大幅减少，大家开始形成拒绝酒驾醉驾的自觉性。可见，"醉驾入刑"推动了多大的司法进步和社会进步！制假售假，本质上是一种"偷窃"行为。对于小偷，自古以来是非曲直分明，但是对于窃取知识产权，今天中国仍然缺乏社会共识。

假如改变入刑标准，治理假货的结果肯定会大不一样：社会共识已形成，司法机关有法可依，政府部门杜绝权力寻租；更重要的是这代表了我们国家对知识产权的保护，对创新的决心和行动，代表了社会的重大进步！因为假货对中国的伤害，远远不是我们看到的假货本身，而是对创新的伤害、对勤奋诚信之人的伤害，对国家未来的伤害……

假货之祸，横行中国数十年，特别是在中国农村市场更是触目惊心。今日，阿里巴巴集团每天都如同奋战在"上甘岭"前，尽管艰难，但我们已经从网上打到了网下，并且一定会斗争到最后一刻。但打假很难孤军奋战，凭任何一家公司之力无法根除假货顽疾。目前法律体系的滞后无法对制假行为构成威慑，也为权力寻租留出了巨大空间，而治理假货，需要全社会的合力，需要各方的协同，更需要法治的完善作为基石，法治打假、行政打假、平台打假、消费者打假，谁都不应该置身事外。

今天，现实世界里的假货源源不断地从黑工厂中产出，像雾霾一样从四面八方袭来，充斥在大街小巷。互联网首当其冲，网络平台当然应该识别、报警、拦截，但是如果不关掉黑工厂，治理污染源，雾霾永远不会消失，这道理明白而简单。阿里巴巴集团绝不会置身事外，但法律的基石永远是根，制造工厂永远是源，从根开始，从源着手，才是我们国家从制造大国走向创新大国，从"嘴治"到"法治"的大道。

法律的修改、完善和进步是一件非常严肃的事情，也是一个漫长曲折的过程。我们会一直坚持打假，也会一直坚持呼吁、呐喊，为我们自己和孩子们亲手打造一个"天下无假"的时代。

（资料来源：2017上半年危机公关盘点：5个成功案例＋5个失败案例 [EB/OL].(2017-06-22) [2019-06-25] .http://www.opp2.com/46056.html）

思考题：互联网时代危机公关的特点是什么？

本章小结

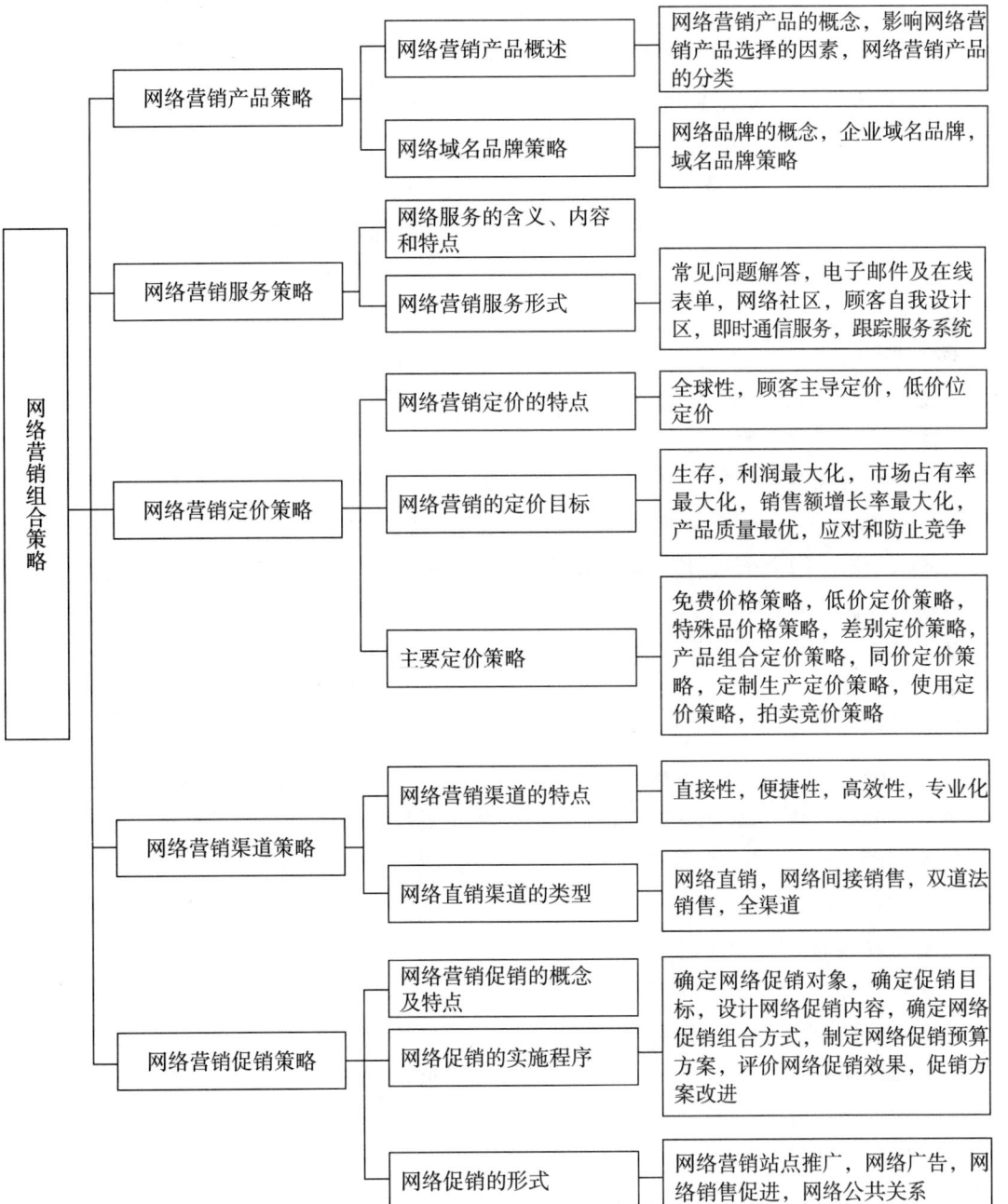

思考与练习

1. 单项选择题

(1) 下面关于域名的表述错误的是( )。
A. 域名是企业在网络上的地址体现　　B. 域名相当于网上的一种企业商标
C. 原则上域名的选择可随意　　　　　D. 网络上可能存在两个相同的域名

(2) 百度域名为 www.baidu.com，但域名 www.baidu.net 却是上海百度密封材料有限公司的域名。这反映了百度在实施( )策略方面意识不强。
A. 域名保护　　B. 统一域名　　C. 独立域名　　D. 单一域名

(3) 企业给客户提供满意的售后服务，送货和质量保证是属于产品整体概念的( )。
A. 核心利益层次　　　　　　　B. 形式产品层次
C. 期望产品层次　　　　　　　D. 延伸产品层次

(4) 定价策略的实质是企业根据( )进行定价的方式。
A. 顾客使用某一些产品的时间和数量
B. 顾客自己提出的接受产品的最高价格
C. 企业在保证最低收益情况下的成本加成
D. 顾客按照自己的意愿配置出产品后所愿意承受的价格

(5) 某网站采用会员制度，将会员分成不同等级，会员购买产品时根据等级支付不同的价格，这种定价策略是( )。
A. 心理定价　　B. 使用定价　　C. 差别定价　　D. 折扣定价

2. 多项选择题

(1) 在网络营销的免费价格策略中，一般说来，免费产品具有的特性是( )。
A. 不易数字化　　B. 易于数字化　　C. 无形化
D. 零制造成本　　E. 间接收益

(2) 网络直销的特点是( )。
A. 提高沟通效率　B. 利于价格控制　C. 良好的服务
D. 信誉好　　　　E. 产品质量好

(3) 网络营销定价的目标有( )。
A. 维持生存　　　　　　　　　B. 追求利润最大化
C. 追求市场份额　　　　　　　D. 应付和防止竞争
E. 产品质量最优目标

(4) 产品整体概念的层次包括( )。
A. 核心利益层次　　　　　　　B. 形式产品层次
C. 期望产品层次　　　　　　　D. 延伸产品层次
E. 潜在产品层次

(5) 以下( )是企业开展网络公共关系活动经常采用的几种形式。
A. 网络新闻的发布　　　　　　B. 站点栏目的赞助
C. 网络论坛的参与或主持　　　D. 举办周年庆祝活动
E. 举办展览会

3. 简答题

(1) 整体产品的概念是什么？
(2) 简述网络营销产品的特点和分类。
(3) 简述网络产品品牌的概念和策略的内涵。
(4) 简述网络营销服务的主要形式。
(5) 简述网络营销定价目标的选择。
(6) 简述网络直销的概念、优势与不足。
(7) 简述电子中间商的类型。
(8) 举例说明网络促销的主要形式。

案例与实训

(1) 登录当当(www.dangdang.com)、易贝(www.ebay.cn)、淘宝(www.taobao.com)等网站，分析各网站在售商品的构成差异和在商品销售页面设计、商品分类、报价方式等方面的相同点、不同点、优点与缺点。

(2) 登录卓越亚马逊网站(www.amazon.cn)，了解其所采用的定价策略；搜索某一品牌与规格的产品，了解其价格后，登录其他购物网站，例如京东(www.jd.com)，搜索同一品牌与规格型号的产品，看能否找到同一产品，比较各网上商城定价的高低。

(3) 案例分析

海尔的网络营销策略

海尔的网络营销最突出的就是海尔网上商城，面对竞争日趋激烈的网络市场，海尔网上商城除了拥有巨大的品牌优势和良好的信誉外，还通过一系列手段来吸引顾客，占领市场。

另外，海尔网上商城拥有丰富多样的商品种类，并且采取了非常人性化的全程导购，按照特色商品、特色用户、功能特性和价格区间分别进行了细致的归类，让顾客可以轻松地根据需求找到自己满意的商品。海尔侧重于顾客的个性化需求，真正做到让顾客设计产品，并在服务上让顾客感到贴心、放心和满意。

在传统购物中，服务态度的好坏对顾客有很大的影响，网上商城的购物模式虽然与传统模式有比较大的区别，但同样要十分注重服务。对此，海尔网上商城郑重承诺：商城内所有商品享受7天包退、15天包换、全国联保的优质售后服务。这一举措大大提升了顾客对海尔网上商城的信赖。

在网络消费中，支付方式也非常重要，只有高效、可靠的支付方式才能使顾客放心购物。海尔网上商城除了通过网银转账的支付方式外，还依托海尔营销模式自身庞大的销售网络，推出了部分城市货到付款的支付方式,这样的支付方式无疑更加让人放心。

在吸引顾客上下足精力之后,就该考虑如何才能留住顾客了,优惠不失为一个好的方法,海尔网上商城推出了一系列优惠活动,海尔手机、电视、冰箱都有不同的特惠产品参与活动。这样一来,海尔网上商城便牢牢抓住了顾客的心。

海尔通过网上商城这个电子商务交易平台,每月接到6000多个销售订单,定制产品品种达7000多个,采购的原材料品种达15万种。海尔的网络营销的优势体现在海尔的品牌知名度和顾客对海尔的忠诚度,此外,海尔的网络营销体系中的网上商城也具有销售和支付的优势,海尔遍布全球的销售网络、配送网络、服务网络及与银行之间的支付网络,解决了网络营销中的诸多难题。

海尔的网络营销开辟了新的营销渠道,扩大了海尔的市场,降低了海尔的成本,通过对资源的整合,降低了成本,提高了经济效益,保证了顺畅的资金流转。

但是,海尔的网络营销也存在弊端,例如海尔的客服缺少即时通信服务,经常不能及时解答顾客疑问。

(资料来源:编者根据相关网络资料整理。)

思考题:海尔采取了哪些网络营销策略?海尔的网络营销有哪些优势和劣势?今后应如何改进?

第7章 网络营销站点推广策略

知识目标

(1) 掌握搜索引擎营销的方式。
(2) 掌握电子邮件营销的基本形式和过程。
(3) 掌握交换链接的方法。

技能目标

(1) 会使用搜索引擎推广站点。
(2) 会使用常见的邮件群发软件,会结合具体情况使用邮件列表开展营销活动。
(3) 会使用微博发布推广信息。
(4) 会分析交换链接的对象并进行交换链接。

> **引例**

【京东站内推广】

京东商城的推广渠道

一家商城如果没有推广策略,想要把营销做好是一件比较难的事情,京东商城的运营也是如此。如果你要在京东商城开设店铺的话,就需要了解京东的推广渠道。

1. 京东商城站内推广渠道

站内推广用于POP商家自助将单品等广告投放在京东主站分类页及搜索结果页的广告系统,用于满足POP商家对提高商品展示量和增加商品点击量的需求,提升商家转化率,实现精准投放。

京东商城站内推广的优势:支持多种投放模式和投放类型,可以自由设置要投放的商品、投放模式等。广告位置多样,还可以实时查看效果。

(1) 京东快车。

京东快车是一款面向POP商家开放的网络营销系统,为商家提供一站式网络营销解决方案。京东快车——网络营销系统投放渠道包括站内推广、联盟推广、邮件推广,通过多渠道组合投放达到立体式、全方位的推广效果。京东快车——网络营销系统基于京东大数据平台,为商家精准定向用户群体,实现广告精准投放,提升商家转化率。

(2) 京东直投。

京东直投是京准通平台与腾讯广点通平台合作的依托腾讯系海量流量、提供实时竞价类广告服务的营销产品。京东直投在广告实时竞价的基础上进行展示曝光,按点击量收费。它拥有领先的消费人群行为分析技术,帮助商家对购物人群进行精准细致定向,广告信息直达目标用户群。

(3) 京挑客。

消费者通过点击推广商品的京挑客广告后购买商品,对应订单完成后,按照商家自己设置的佣金比例支付服务费。商家在京挑客后台看到的订单是已经完成的订单,会对订单收取相应的费用。

(4) 京选展位。

京选展位是品牌聚效汇聚京东最优质的营销推广位,海量品牌曝光,让消费者迅速注意到商家。无论是品牌造势还是活动推广,都能游刃有余。

在京东商城站内推广时,商家可以在后台登入京准通,根据需求选择推广方式。

2. 京东商城的站外推广渠道

京东商城的站外推广是在一些搜索引擎上做的推广,具体就是单独到其他网站进行的推广,还有线下的实体广告位的推广。

京东商城的站外推广站主要集中在百度和谷歌等搜索引擎,从线上到线下全方位无死角覆盖。从资讯新闻网站、开机杀毒软件、资讯类APP到地铁、公交、电梯、火车站、机场等,都有京东的广告覆盖。

(资料来源:编者根据相关网络资料整理。)

网站推广的目的在于让尽可能多的潜在用户了解并访问网站,从而利用网站实现向用户传递营销信息的目的,用户通过网站获得有关产品和企业的信息,为最终形成购买提供支持。网站推广是网络营销的基本职能之一，是网络营销工作的基础。尤其对于中小型企业网站，用户了解企业的渠道比较少，网站推广的效果在很大程度上决定了网络营销的最终效果，因此网站在网络营销中的重要性尤为显著。

7.1 搜索引擎营销

搜索引擎是最重要的网络信息获取渠道和最有效的网站推广工具之一。

7.1.1 搜索引擎

1. 搜索引擎的基本知识

搜索引擎是指根据一定的策略，运用特定的计算机程序收集互联网上的信息，在对信息进行组织和处理后，为用户提供检索服务的系统。搜索引擎的实质是使用特有的程序把互联网上的所有信息进行归类，帮助用户在浩瀚的信息海洋中搜寻到自己所需要的信息。

第44次《中国互联网络发展状况统计报告》显示，截至2019年6月，我国搜索引擎用户数量达到6.95亿，使用率为81.3%，是互联网第二大基础应用，仅次于即时通信应用。

搜索引擎按工作方式主要可分为3类，即全文搜索引擎、目录索引类搜索引擎和元搜索引擎。

(1) 全文搜索引擎

全文搜索引擎是指从互联网上提取各个网站的信息(以网页文字为主)而建立的数据库中，检索与用户查询条件相匹配的相关记录，然后按一定的排列顺序将结果返回给用户。全文搜索引擎是真正意义上的搜索引擎。

全文搜索引擎按搜索结果可细分为两种：一种是拥有自己的检索程序(俗称为"蜘蛛"程序)，并建立有网页数据库，例如 Baidu、Google 等；另一种是租用其他搜索引擎数据库，并按照自定的格式排列搜索结果，例如 Lycos 等。

(2) 目录索引类搜索引擎

目录索引类搜索引擎就是按照目录分类的网站链接列表。用户可以不用关键字进行查询，仅靠分类目录就可找到需要的信息。

目录索引的搜索功能是建立在目录分类基础上的，不属于严格意义上的搜索引擎，具有代表性的如雅虎网、新浪网等。

目前，全文搜索引擎与目录索引类搜索引擎有相互融合渗透的趋势，两者的比较见表7-1。原来一些纯粹的全文搜索引擎，现在也提供目录搜索，如 Google 就借用 Open Directory 目录提供分类查询。而像 Yahoo 这些老牌目录索引则通过与 Google 等搜索引擎合作扩大搜索范围，在默认搜索模式下，一些目录类搜索引擎首先返回的是自己目录中匹配的网站，如搜狐网、新浪网等，而另外一些则默认网页搜索，如雅虎网等。

表 7-1 全文搜索引擎与目录索引类搜索引擎的比较

		全文搜索引擎	目录索引类搜索引擎
收录	过程	搜索引擎蜘蛛自动爬行收录符合要求的网页，且在一定周期内回访爬行过的网页	手工提交，后台编辑人员审核判断，一般只判断一次
	数量	尽可能多地收录网站下的网页数量	只收录主页
	标准	网站本身没有违反规则，均可收录	收录标准较高
查询方式		关键词查找	支持目录查找和关键词查找

(3) 元搜索引擎

元搜索引擎是指在接受用户查询请求时，同时在其他多个引擎上进行搜索，并将结果返回给用户，例如 InfoSpace、Dogpile、Vivisimo 等。在搜索结果排列方面，有的直接按来源排列搜索结果，例如 Dogpile；有的则按自定的规则将结果重新排列组合，例如 Vivisimo。

除以上 3 种搜索引擎外，还有集合式搜索引擎、门户搜索引擎和免费链接列表。

集合式搜索引擎类似元搜索引擎，区别在于其并非同时调用多个搜索引擎进行搜索，而是由用户从所提供的若干搜索引擎中选择一个。

门户搜索引擎可以提供搜索服务，但自身没有分类目录，也没有网页数据库，其搜索结果完全来自其他搜索引擎，例如 AOL Search。

免费链接列表(Free For All Links，FFA)类似于目录索引，提供简单的滚动链接条目，少部分有简单的分类目录，不过规模要比目录索引小很多。

2．搜索引擎的工作原理

(1) 爬行和抓取网页

每个独立的搜索引擎都有自己的网页抓取程序爬虫，这个程序通常称为"蜘蛛"(Spider)。搜索引擎派出一个"蜘蛛"，从已知的数据库出发，就像正常用户的浏览器一样访问这些网页并抓取文件。"蜘蛛"顺着网页中的超链接，从这个网站爬到另一个网站，连续访问并抓取更多的网页，这个过程就叫爬行，被抓取的网页被称为网页快照。这些新的网址会被存入数据库等待搜索。所以跟踪网页链接是搜索引擎蜘蛛发现新网址的最基本的方法，所以反向链接成为搜索引擎优化(Search Engine Optimization，SEO)的最基本因素之一。搜索引擎抓取的页面文件与用户浏览器得到的完全一样，抓取的文件被存入数据库。

(2) 处理网页

搜索引擎抓到网页后，还要做大量的预处理工作，才能提供检索服务。其中，最重要的就是提取关键词，建立索引库和索引。"蜘蛛"抓取的页面文件被分解、分析，并以巨大表格的形式存入数据库，这个过程就是索引(Index)。在索引数据库中，网页文字内容中关键词出现的位置、字体、颜色、加粗、斜体等相关信息都有相应记录。其他处理工作还包括删除重复网页、分词(中文)、判断网页类型、分析超链接、计算网页的重要度和丰富度等。

(3) 提供检索服务

用户在搜索引擎界面输入关键词，单击"搜索"按钮后，搜索引擎程序即对关键词进行处理，如中文特有的分词处理，去除停止词，判断是否需要启动整合搜索，是否有拼写错误或错别字等情况。关键词的处理必须十分快速。

对关键词处理后，搜索引擎程序便开始工作，搜索引擎从索引数据库中找到所有匹配该关键词的网页，并且根据排名算法计算出哪些网页应该排在前面，然后按照一定格式返回到"搜索"页面。为了便于用户判断，除了网页标题和 URL 外，还会提供一段来自网页的摘要及其他信息。

7.1.2 搜索引擎营销的含义

搜索引擎营销是指根据用户使用搜索引擎的方式，利用用户检索信息的机会尽可能地将营销信息传递给目标用户。搜索引擎营销目标是高性价比，即以最小的投入，最大限度地获得来自搜索引擎的访问量和商业价值。搜索引擎营销的主要工作是扩大搜索引擎在营销业务中的比重，通过对网站进行搜索优化，挖掘潜在客户，帮助企业实现更高的销售转化率。

资料链接

搜索引擎营销的出现和发展

1994 年，Yahoo、Lycos 等分类目录型搜索引擎相继诞生，搜索引擎的网络营销价值开始引起人们的关注，搜索引擎营销的思想开始出现。

1995 年，自动提交到搜索引擎的软件诞生，搜索引擎营销实现了"智能化"，许多搜索引擎开始拒绝自动登录软件提交的信息。

1995—1996 年，基于网页 HTML 代码中 META 标签检索的搜索引擎技术诞生。利用 META 标签改善在搜索引擎中排名的技术很快成为搜索引擎营销的重要内容，搜索引擎优化方法出现。

1997 年，搜索引擎优化与排名自动检测软件问世，网络营销人员可以据此制定有针对性的搜索引擎营销策略。

1998 年，"搜索引擎算法"开始关注网站外部链接，提出了网站"链接广度"(Link Popularity)的概念。

2000 年，出现了按点击付费的搜索引擎关键词广告模式，搜索引擎广告诞生。

2001 年，搜狐等部分中文分类目录开始收费登录，付费搜索引擎营销开始成为主流。

2002 年，搜索引擎关键词广告市场强劲增长，占当年网络广告市场的 15%，搜索引擎带动整个网络经济复苏。

2003 年，出现了基于内容定位的搜索引擎广告。

2004 年，搜索引擎全面引领互联网经济潮流，搜索引擎营销的价值被企业普遍接受。

2005 年，扩大企业的品牌知名度是大多数企业实施搜索引擎营销的主要目的，搜索引擎优化已成为最受欢迎的搜索引擎营销方式。

2006 年，百度推出"智能竞价"系统，竞价排名成本上升；页面搜索、地址栏搜索和工具条搜索成为当时用户搜索信息的三大搜索方式；主流搜索引擎相继推出博客搜索，社会化搜索拉开帷幕。

2007年，搜索引擎与虚拟社区的结合越发紧密，"搜索＋社区"代表了未来搜索引擎营销的发展方向，围绕搜索社区的营销活动陆续展开。

2008年，奇虎360推出了布局引擎的360安全浏览器，并迅速切入市场。

2009年，微软公司推出Bing(必应)搜索。

2010年，谷歌搜索退出中国大陆市场。同年，UC优视推出了搜索大全，这是UC优视在移动搜索领域的初次探索，也是神马搜索的雏形。国内各搜索引擎厂商服务更加多元化，增加了浏览器、输入法、网络社区、网络视频、电子商务等不同领域的投入。

2011年，由新华社和中国移动联手打造的搜索引擎——盘古搜索上线，由人民搜索网络股份公司推出即刻搜索。

2012年，360推出360搜索。

2014年，盘古搜索和即刻搜索合并为中国搜索。同年，UC优视发布移动搜索引擎品牌——神马搜索。神马搜索在互联网市场向移动端过渡这一阶段快速发力，成为最大的中文移动搜索引擎之一。

2019年，字节跳动推出头条搜索，以移动搜索为主。搜索引擎企业日益重视内容生态建设。

(资料来源：编者根据相关网络资料整理。)

7.1.3 搜索引擎营销的实现

搜索引擎是常用的互联网服务项目和最基本的网络营销手段。搜索引擎服务市场的竞争随着搜索引擎广告价值的不断提高而日趋激烈，同时也受到越来越多企业的青睐。

【搜索推广效果转化漏斗】

1. 搜索引擎营销的基本过程

搜索引擎营销的基本过程有5个阶段：企业将信息发布在网站上，成为以网页形式存在的信息源；搜索引擎将网站/网页信息收录到索引数据库中；用户利用关键词进行检索(对于分类目录则进行逐级目录查询)；检索结果列出相关的索引信息及其链接URL；用户根据自己对检索结果的判断，选择感兴趣的信息，并通过点击URL进入信息源所在网页。

2. 搜索引擎营销的目标层次

搜索引擎营销的目标包括被主要的搜索引擎/分类目录收录，在被搜索引擎收录的基础上获得好的排名，提高用户对检索结果的点击率，将浏览者转化为真正的用户，实现销售收入的增加。搜索引擎营销的目标层次结构，如图7.1所示。

3. 实现搜索引擎营销目标的要素和任务

根据搜索引擎营销的基本原理，实现搜索引擎营销的最高层次目标有5个基本要素和5项基本任务。

(1) 实现搜索引擎营销目标的5个基本要素

实现搜索引擎营销目标的5个基本要素是信息源(网页)、搜索引擎信息索引数据库、用户的检索行为和检索结果、用户对检索结果的分析判断、对选中检索结果的单击。

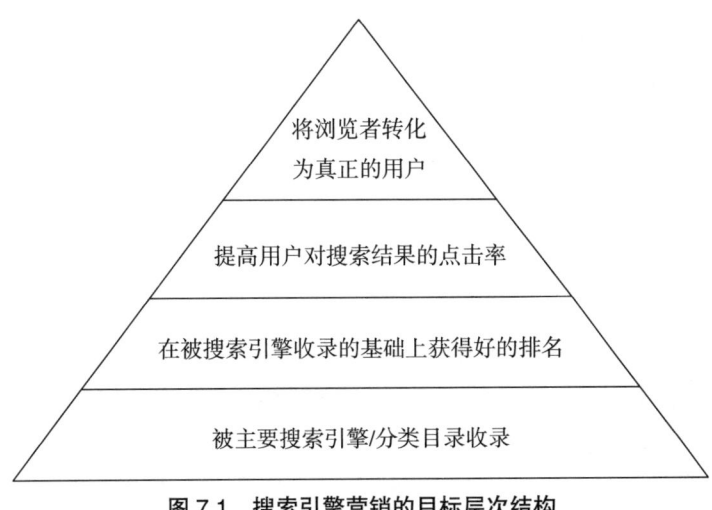

图 7.1 搜索引擎营销的目标层次结构

研究搜索引擎营销和营销信息传递过程，提高营销信息传递的效果，是搜索引擎营销的基本任务和内容。

(2) 实现搜索引擎营销目标要完成的 5 项基本任务

① 构建适合搜索引擎检索的信息源。信息源被搜索引擎收录是搜索引擎营销的基础，也是网站建设之所以成为网络营销基础的原因。企业网站中的各种信息是搜索引擎检索的基础。为获得更多有价值的信息，用户在检索后还会进入信息源所在的网页或网站。为吸引访问者，信息源的构建不仅要站在搜索引擎友好的角度，还应站在用户的角度考虑，包含用户友好内容，特别是建立以网络营销为导向的企业网站。

② 创造网站/网页被搜索引擎收录的机会。完成网站建设并在互联网上发布，并不意味着搜索引擎营销目标的实现。网站如果不能被搜索引擎收录，用户便无法通过搜索引擎检索到网站的信息，网络营销信息也难以广泛传播。因此，让尽可能多的网页被搜索引擎收录是网络营销的重要任务之一，也是搜索引擎营销的基本步骤。

③ 提升网站信息在搜索结果中的排名。提升企业信息在搜索结果中的排名可以获得更多检索者的关注，提高营销效率。当用户输入某个关键词进行检索时，搜索引擎会反馈大量的检索结果，如果企业信息出现的位置靠后，被用户关注的机会将大大减少，搜索引擎营销的效果也就无法保证。调查显示，60%～65% 的人会点击名列搜索结果前 10 位的网站，20%～25% 的人会点击名列搜索结果第 11～20 位的网站，3%～4% 的人会点击名列搜索结果第 21～30 位的网站。

④ 以搜索结果中有限的信息获得用户关注。通过对搜索引擎检索结果的研究发现，并非所有的检索结果都含有丰富的信息，用户通常并不点击检索结果中的所有信息，而是通过对搜索结果的分析，单击一些与检索要求相关性最强或最能引起其关注的信息。这就要求营销人员研究每个搜索引擎收集信息的方式及其针对性，选择合适的关键词和描述语言。

⑤ 为用户获取信息提供方便。用户通过点击搜索结果进入相关网站/网页，是搜索引擎营销效果的基本表现形式，而用户的进一步行为决定了搜索引擎营销是否能够最终获得收益。在网站上，用户可能为了解某个产品服务信息而成为注册用户，因此，搜索引擎营

销应与网站信息发布、顾客服务、网站流量统计分析、在线销售等其他网络营销工作密切联系，在为用户获取信息提供方便的同时，与用户建立密切的关系，力争使其成为企业的客户或潜在客户。

4．搜索引擎营销常用的方式

(1) 免费登录分类目录

免费登录分类目录是最早的网站推广手段。目前，部分重要的搜索引擎都已开始收费，免费搜索引擎登录的方式正在逐步退出网络营销的舞台。据有关调查统计，网站访问量主要集中于少数重要的搜索引擎，质量低、访问量小的搜索引擎对开展网络营销意义不大。

(2) 收费登录分类目录

收费登录分类目录与免费登录不同，只有缴纳费用的网站才被收录。一些搜索引擎提供的固定排名服务，一般也是在收费登录的基础上开展的。这类搜索引擎营销与网站设计本身没有直接关系，排名次序取决于所交费用的多少。

随着搜索引擎收录网站和网页数量的增加，用户通过分类目录检索信息的难度也在不断增加。同时，由于大量的信息没有被搜索引擎收录，也使得一些有价值的信息无法被检索到，从而影响分类目录搜索引擎的营销效果。

【关键词的种类】

【百度搜索引擎推广】

(3) 关键词广告

关键词广告也称关键词检索，是在搜索引擎的搜索结果中发布广告的一种方式。与一般网络广告不同，关键词广告出现的位置不是固定在某些页面上，只有当用户检索到企业所购买的关键词时，广告才会出现在搜索结果页面的显著位置。

不同的搜索引擎有不同的关键词广告显示方式，有的搜索引擎将付费关键词检索结果列在搜索结果列表的最前面，有些则列在搜索结果页面的专用位置。

关键词广告作为网络广告的一种特殊形式，关键在于其定位准确。网站提供的即时单击链接和随时修改关键词等相关信息服务，进一步提高了关键词广告的吸引力和营销效果，促使其逐渐成为搜索引擎营销常用的方式。

案例 7-1

百度推广——中小型服装企业找到新的增长点

青岛丽惠绣品服饰有限公司是一家小型规模的企业，主要生产儿童系列的针织内衣和休闲服装。公司设备和技术力量先进，产品畅销全国，经过几年的努力奋斗，已积累了丰富的设计和生产经验，企业的产品在市场中得到客户的一致好评。

作为一名服装加工企业的负责人，孙经理曾经多次尝试网络营销这种时下非常时髦的营销方式。虽然都用上了，但是没起什么作用。效果不好的网络推广让孙经理觉得"网络上的事太玄乎，都是骗人的"。

于是，当有朋友向他推荐百度搜索引擎营销方式的时候，孙经理不以为然。直到朋友给出了一个简单朴实的解释："在百度上做推广，就是用户输入一个跟你的业务相关的词，搜索结果中就有你们公司网站链接的信息，用户可以通过点击直接访问你们公司的网站。只有用户浏览你们公司网站才收费，否则不收费。"孙经理心想，这次就再试试这个百度推广吧。

自该公司采用百度搜索引擎营销方式以来，咨询电话的数量翻了好几倍。百度搜索引擎这种营销方式使孙经理重新认识了网络的力量，对网络营销越来越有信心。现在公司的业务有60%来自百度，更重要的是，有好几家外贸公司通过百度搜索找到公司，现在已经成为公司的大客户，让公司的业务更加稳定。百度给企业带来的变化让许多像孙经理这样的企业管理者感慨良多。

(资料来源：编者根据相关网络资料整理。)

思考题：搜索引擎推广的优势在哪些方面？在采用搜索引擎推广时如何选择关键词？

资料链接

选择最佳关键词的技巧

关键词的研究和选择是搜索引擎营销活动中至关重要的一步。众所周知，大多数人在网上寻找信息都是从搜索引擎开始的，都是通过输入关键字段来寻找想要的信息。因此，选择恰当的关键词对于优化网页内容变得越来越重要。因为搜索引擎主要提供与关键词有关的内容，所以用适当的关键词来描述其产品或服务的网站，排名会更靠前。

关键词的选取应根据所要销售的产品或者服务来确定，从大的产品名称到小的产品细节都可以设置为关键词。

选择关键词的技巧有：要符合所推广产品的特色或与行业相关的服务；要多站在用户的角度去考虑，尽量符合大众用户的搜索习惯；分析竞争对手关键词和关键词的竞争程度；随时观察关键词的指数和竞争程度，及时调整出价；将关键词扩展成一系列短语或进行多重排列组合等。

(资料来源：编者根据相关网络资料整理。)

(4) 自然排名

自然排名是指通过搜索引擎优化，提高网站设计质量，使关键词获得较高的自然排名。相对于竞价排名来说，自然排名稳定持久，无须按点击次数付费，长期开展的费用低于竞价排名费用。与竞价排名相比，自然排名容易获得用户的信任，点击率更高。

资料链接

搜索引擎优化

搜索引擎优化简称搜索优化，是一种通过分析搜索引擎的排名规律，了解各种搜索引擎怎样进行搜索、怎样抓取互联网页面、怎么确定特定关键词的搜索结果排名的技术。搜索引擎采用易于被搜索引用的手段，对网页内容进行相关的优化，以适合搜索引擎的检索原则，从而使搜索引擎收录尽可能多的网页，并在搜索引擎自然检索结果中排名靠前，达到网站推广的目的。

随着搜索引擎检索原则、排名规则的不断变化，检索结果的排名也在变化，搜索引擎优化已成为搜索引擎营销中越来越复杂的工作。

(资料来源：编者根据相关网络资料整理。)

(5) 网页内容定位广告

基于网页内容定位的网络广告是搜索引擎营销模式的进一步延伸，广告载体不仅包括搜索引擎的搜索结果网页，还包括提供这种服务的合作伙伴的网页。

搜索引擎在网络营销中的重要地位受到越来越多企业的认可。随着搜索引擎营销方式的不断演变，企业应根据环境的变化选择合适的方式，实施搜索引擎营销推广。

课堂讨论

北大纵横管理咨询集团(以下简称北大纵横)成立于1996年，是国内最早按照公司法注册成立的专业管理咨询公司。集团每4年为一次创业期，目前已进入第六次创业期。

北大纵横以管理咨询为核心，大力拓展商学、资本、人才等多个领域的业务，为企业提供全方位、全生命周期的智力服务。

北大纵横总部设在北京，在上海、深圳、广州、武汉、重庆、内蒙古、合肥、南宁、沈阳、济南、太原、乌鲁木齐等二十多个城市有分支机构。集团拥有近千名全职咨询师，其中78%为名校MBA。集团最早在行业内开展专业咨询中心建设，业务向精细化发展，目前拥有18个事业部、138个行业中心、15个职能研究院。

根据以上文字，为北大纵横管理咨询集团提炼策划关键词并进行组合，打开百度搜索引擎，搜索这些关键词，并且查看搜索结果。

7.2 电子邮件营销

快捷、廉价的电子邮件是站点推广的有效工具。网站被搜索引擎收录后，只能被动地等待用户检索并进入网站。与搜索引擎相比，电子邮件营销具有主动向用户推广网站的优势，且推广方式灵活，包括新闻邮件、电子刊物等。

7.2.1 电子邮件营销的含义、特点和分类

随着用户数量的不断增加，电子邮件正在成为大众信息传播工具，电子邮件的营销价值也正在被挖掘。

1. 电子邮件营销的含义

电子邮件营销是在用户事先许可的条件下，通过电子邮件的方式向他们传递有价值信息的一种网络营销手段。电子邮件营销包括3个必不可少的基本因素，即用户许可、传递信息和信息的价值。

> **资料链接**

邮件列表

邮件列表的起源可以追溯到1975年，是互联网上最早的社区形式之一，也是大量发布电子邮件、传递信息的有效工具，用于各种群体之间的信息交流和信息发布。邮件列表的常见形式有电子刊物、新闻邮件、网站更新通知等。

邮件列表是一种建立在普通电子邮件基础之上的服务。使用普通邮件服务时，给一个客户发送信息，就在邮件编辑窗口中指定一个客户的地址。若同时向很多客户发送信息，就必须在邮件编辑窗口的收信人地址中指定多个邮件地址。使用邮件列表服务，可以把收信人地址组织起来，并设定一个公共地址，所有发给这个公共地址的电子邮件都会自动转发给加入这个邮件列表的收信人。

邮件列表的类型分为公开、封闭、管制3种。公开的邮件列表是指任何人可以在列表里发送信件，例如公开的论坛；封闭的邮件列表是指只有邮件列表里的成员才能发送信件，例如技术讨论；管制的邮件列表是指只有经过邮件列表管理者批准的信件才能发送，例如产品信息发布。

电子邮件列表对企业的网络营销有多方面的作用。第一，企业可以通过邮件列表发布新产品信息，为客户提供产品的技术支持，与客户沟通，收集反馈信息；第二，可以为企业主页发布更新通知；第三，可以发送或订阅电子杂志；第四，可用于产品的邮购跟踪、产品目录的发放与索取、与广告商沟通等。

(资料来源：编者根据相关网络资料整理。)

2. 电子邮件营销的特点

与传统的直邮广告、电话营销等直复营销方式相比，电子邮件营销的优势显著，主要表现在以下6个方面。

(1) 成本低

成本低是电子邮件营销的重要特点。无论是用户许可的电子邮件，还是垃圾邮件，其成本都比传统的直邮或电话营销成本低；而与手机短信营销相比，电子邮件营销的信息承载量更大。

(2) 促进用户关系

电子邮件营销对于用户关系的促进效果比较明显。例如向用户提供电子刊物，电子刊物可以使网站和用户之间建立一个互相交流的渠道，使用户和网站保持长期的关系。

(3) 点击率高

电子邮件营销可以为用户提供个性化的信息服务，用户根据自己的兴趣选择信息，从而对接收到的信息关注程度高、点击率高。

(4) 反应迅速，缩短营销周期

根据发送邮件数量的多少，用几个小时就能完成数以万计的电子邮件发送，一个营销周期可以在几天内全部完成。

(5) 相对保密性

与媒体广告、公关等其他市场营销活动相比，电子邮件营销并不需要大张旗鼓地制造声势，信息直接发送到用户的电子邮箱中，不容易引起竞争者的注意，除非竞争者的电子邮件地址也在邮件列表中。

(6) 针对性强

电子邮件营销可以有针对性地向潜在用户发送电子邮件，与在其他媒体上不加定位地投放广告相比，营销费用大大降低。

3. 电子邮件营销的分类

按照不同的标准，电子邮件营销有不同的分类。

(1) 按照是否经过用户许可分类

按照发送信息是否事先经过用户许可来划分，可以将电子邮件营销分为许可电子邮件营销和未经许可的电子邮件营销。未经许可的电子邮件营销也就是通常所说的垃圾邮件(Spam)。正常的电子邮件营销都应获得用户的许可。

资料链接

垃圾邮件

中国互联网协会在《中国互联网协会反垃圾邮件规范》中所称的垃圾邮件，包括：收件人事先没有提出要求或者同意接收的广告、电子刊物、各种形式的宣传品等宣传性的电子邮件；收件人无法拒收的电子邮件；隐藏发件人身份、地址、标题等信息的电子邮件；含有虚假的信息源、发件人的电子邮件。

垃圾邮件又可分为良性和恶性两种。良性垃圾邮件是指各种宣传广告等对收件人影响不大的电子邮件。恶性垃圾邮件是指具有破坏性的电子邮件，例如：占用网络带宽，造成邮件服务器拥塞，进而降低整个网络的运行效率；侵犯收件人的隐私权，侵占收件人邮箱空间，耗费收件人的时间、精力和金钱，有的垃圾邮件还盗用他人的电子邮件地址作为发信地址，严重损害了他人的信誉；被黑客利用成为实施网络犯罪的工具等。

(2) 按照电子邮件地址的所有权分类

潜在客户的电子邮件地址是企业重要的网络营销资源。按照用户电子邮件地址资源的所有权归属，可将电子邮件营销分为内部电子邮件(内部列表)营销和外部电子邮件(外部列表)营销。内部列表是一个企业/网站利用用户自愿注册的资料而获得的电子邮件地址；外部列表是指企业从专业服务商或提供专业服务的机构那里获得的电子邮件地址资源列表。

(3) 按照营销计划分类

按照企业的营销计划，可将电子邮件营销分为临时电子邮件营销和长期电子邮件营销。临时性电子邮件营销包括不定期的产品促销、市场调研、节假日问候、新产品上市推广等；长期电子邮件营销通常以企业内部注册会员资料为基础，主要表现为新闻邮件、电子杂志、客户服务等形式的邮件列表。

长期电子邮件营销比临时性电子邮件营销更持久,更注重建立良好的用户关系,提高服务质量,塑造和维护企业品牌形象。

在实际营销活动中,为提高电子邮件营销效果,企业往往会同时使用多种电子邮件营销形式,即复合类型的电子邮件营销。例如在使用自己的内部列表的同时,采用专业服务商提供的外部列表。

7.2.2 电子邮件营销的基本形式

内部列表和外部列表是电子邮件营销的两种基本形式。

内部列表和外部列表各有优势,重视网络营销的企业通常都建有自己的内部列表。内部列表包括企业自己拥有的各类用户的注册资料,例如免费服务用户、电子刊物用户等。内部列表是企业开展网络营销的长期资源,也是电子邮件营销的重要内容。外部列表包括各种可以利用的电子邮件营销资源,主要是由专业服务商提供的电子邮件资源,例如专业电子邮件营销服务商、免费邮件服务商和专业网站的会员资料等。

内部列表和外部列表由于各自在拥有用户资源方面的特点不同,在开展电子邮件营销的内容和方法上也有很大差别,见表7-2。

表7-2 内部列表和外部列表电子邮件营销的比较

比较项目	内部列表电子邮件营销	外部列表电子邮件营销
主要功能	用户服务、用户关系、品牌形象、产品推广、在线调查、资源合作	品牌形象、产品推广、在线调查
投入费用	相对固定,取决于日常经营和维护费用,与邮件发送数量无关,用户数量越多,平均费用越低	没有日常维护费用,营销费用由邮件发送数量等因素决定,发送数量越多,费用越高
用户信任程度	用户主动加入,对邮件内容信任程度高	邮件为第三方发送,用户对邮件的信任程度取决于服务商的信用、企业自身的品牌、邮件内容等因素
列表用户与目标市场的一致性	高,列表用户是精准目标客户	取决于服务商邮件列表的质量
获得新用户的能力	用户相对固定,获得新用户的作用不显著	可针对新领域的用户进行推广,可获得较多新用户
用户资源规模	一般内部列表用户数量比较少,需要逐步积累	用户资源规模大,在预算许可的情况下,可同时向大量用户发送邮件
邮件列表的维护和内容设计	需要专业人员操作,无法获得专业人士的建议	由服务商专业人员负责,可对邮件发送、内容设计等提出建议
电子邮件营销效果分析	属于长期活动,较难在短时间内正确评价每次邮件发送的效果,需要长期跟踪分析	服务商提供专业分析报告,可快速了解每次活动的效果

除了上述两种基本形式之外，一些企业还会利用合作伙伴的内部列表信息来开展电子邮件营销。合作伙伴的邮件列表资源可以看做内部列表的延伸，一般是通过联合注册的形式实现的，又称联合注册列表(简称联合列表)。例如，用户在注册新浪网的免费邮箱服务时，有一项"享受新浪会员特惠服务"，包括几项可选的合作伙伴注册信息，注册用户若选中该项内容，将获得合作伙伴提供的服务。对于用户来讲，注册一次就可以获得若干个(参与联合注册的)网站提供的信息，不需要在不同的网站上分别注册，比较方便。但是，用户在获得所注册网站提供的某项服务时，自己的注册信息也被这些网络服务商所共享。

7.2.3 电子邮件营销的过程

1．开展电子邮件营销的基本条件

【电子邮件营销技巧】

开展电子邮件营销需要解决 3 个基本问题，即向哪些用户发送电子邮件、发送什么内容的电子邮件、如何发送这些邮件。解决这 3 个问题所采用的技术和手段构成了电子邮件营销的三大基础条件，即电子邮件营销的技术基础、电子邮件地址资源和电子邮件营销的邮件内容。

(1) 电子邮件营销的技术基础

电子邮件营销的技术基础是指企业采用一定的技术，保证用户加入或退出邮件列表的便捷性，有效地进行用户资料的管理，实现邮件发送和效果跟踪等功能。

(2) 电子邮件地址资源

在用户自愿加入邮件列表的前提下，获得足够多的有效电子邮件地址资源，是确保电子邮件营销绩效的必要条件。

(3) 电子邮件营销的邮件内容

营销信息是通过电子邮件向用户发送的，邮件的内容对用户有价值才能引起他们的关注和兴趣，激发他们进一步了解相关信息的欲望，最终实现产品和服务的销售。因此，有效的内容设计是电子邮件营销发挥作用的基本前提。

2．电子邮件营销的一般过程

开展电子邮件营销的一般过程包括 5 个步骤：第一步，企业应制订电子邮件营销计划；第二步，根据营销计划分析所拥有的电子邮件营销资源，包括内部列表和可利用的外部列表，选择合适的外部列表服务商；第三步，针对内部和外部邮件列表，分别设计相应的邮件内容；第四步，根据营销计划向潜在客户发送电子邮件信息；第五步，对电子邮件营销活动的效果进行分析和总结。开展电子邮件营销的一般过程如图 7.2 所示。

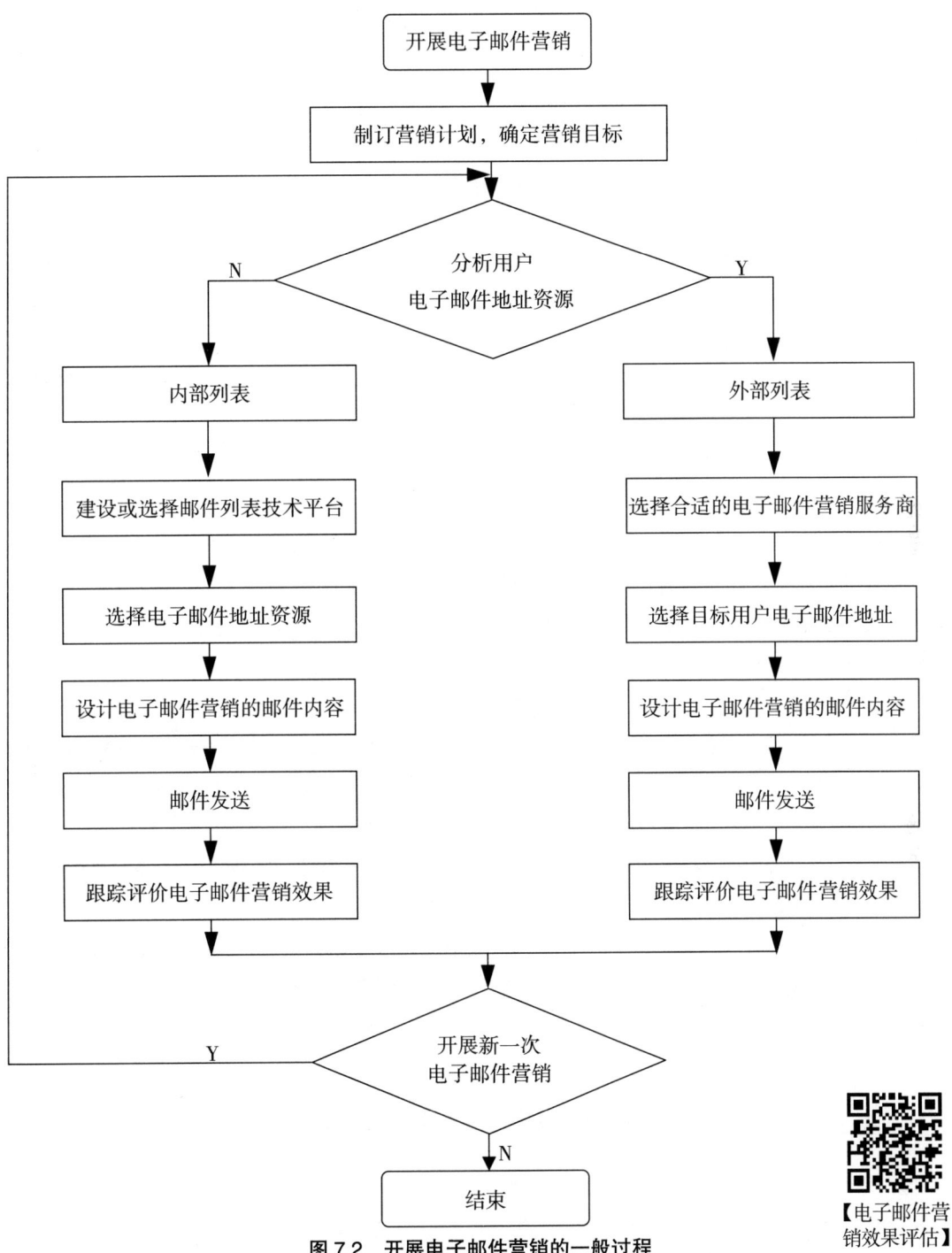

图 7.2 开展电子邮件营销的一般过程

案例 7-2

A 公司的电子邮件营销方案

A 公司是一家旅游公司，为在"黄金周"之前进行公司旅游项目促销，公司决定采用电子邮件营销。

由于公司内部营销资源不足，公司决定借助专业服务商发送电子邮件广告。通过对服务商的邮件列表定位程度、报价和提供的服务等方面的比较分析，公司最终选择了新浪上海站，并利用该网站的一份订阅数量超过30万、关于上海市白领生活的电子周刊作为本次电子邮件营销的主要信息传递载体。公司计划连续4周投放电子邮件营销信息，发送时间定为每周三。前两次以企业形象宣传为主，后两次针对公司新增旅游路线进行推广，并且每周的内容都有所不同。

电子邮件营销活动结束后，公司网站的日平均访问量比上个月增加了3倍多，尤其是在发送邮件的次日和第三日，网站访问量增加了5倍。

思考题：A公司电子邮件营销成功的关键是什么？

资料链接

病毒性营销

【病毒性营销视频案例】

病毒性营销(Viral Marketing)既可以被看作是一种网络营销形式，也可以被认为是一种网络营销思想，即通过提供有价值的信息和服务，利用用户之间的传播来实现网络营销信息传递的目的。

病毒性营销利用用户口碑传播的原理，在互联网上实现自愿、高效的信息传播。这种传播是用户之间自发的，几乎不需要费用。病毒性营销的核心是营销，手段是实现信息的"病毒性"传播，其实质与病毒没有任何关系。

病毒性营销并没有固定的模式，其本质是通过提供有价值的免费服务和免费信息，通过互联网实现服务信息在用户之间的自动传播。按照信息载体的不同性质，病毒性营销可分为4类：一是通信服务类，即提供免费通信工具，形成用户圈，通过用户圈自动扩大规模，例如QQ、免费电子邮件等；二是优惠服务类，即转发在线优惠券、转发商品信息短信等；三是实用功能类，即免费使用软件，免费在线查询(域名查询、邮政编码查询、手机号码属地查询、IP属地查询)，在线评价等；四是免费信息类，即提供适合转发和下载的幽默故事、贺卡、视频、电子书、流行歌曲等。

除以上4类外，还有很多营销策略都融合了病毒性营销的思想，例如网络联盟(网络会员制营销)、网上拍卖、网上商店等常见的电子商务模式。另外，一些病毒性策略也表现为用户邀请模式。

7.3 其他推广方式

在站点推广中，除采用搜索引擎营销、电子邮件营销和病毒性营销外，常用的推广方式还包括交换链接、网络社区、博客营销、微博营销、社会化媒体营销等。

7.3.1 交换链接

1. 交换链接的定义

网站之间的合作是互相推广的一种重要方法，其中最简单的合作方式为交换链接。交换链接，也称友情链接、互惠链接、互换链接等，是具有一定互补优势的网站之间的简单合作形式，即分别在自己的网站上放置对方网站的 Logo 或网站名称，并设置对方网站的超链接，使网民从合作网站中找到所需的网站，达到互相推广的目的。

2．交换链接的作用

交换链接作为一项常用的网站推广手段，主要作用有两点：一是通过和其他站点的交换链接，吸引更多的用户单击访问；二是搜索引擎会根据交换链接的数量及交换链接网站的质量等，对一个网站做出综合评价。

一个网站被其他网站链接的机会越多，越有利于推广自己的网站。对于大多数中小网站来说，利用交换链接不仅可以提高网站推广效率，而且也可以降低推广费用。

3．建立交换链接的一般过程

建立交换链接的一般过程可以分为 3 个阶段，即寻找合作对象、与合作对象联系和协商、交换链接的实施和管理。

(1) 寻找合作对象

建立交换链接的首要任务是寻找比较"理想"的合作对象。在网站拥有一定访问量的前提条件下，相关性或互补性越强的网站之间的链接，越容易吸引访问者，交换链接的效果也就越明显。

寻找合作对象的简单方法是先选择几个与自己实力、规模、经营领域最接近的网站，分析他们的交换链接对象，选择那些访问者可能对自己的网站感兴趣的网站作为备选对象；同时，分析自己网站的访问者对备选网站的兴趣，以那些双方的访问者可能互相有兴趣的网站作为首选目标。

资料链接

建立交换链接注意事项

在进行友情链接交换的时候，一般最基本的要求是网站快照、收录情况、PR、网站反链数等。

可以使用爱站网(www.aizhan.com)提供的交换链接检查功能，分析对方网站近期的收录量。例如，美团网的分析结果如图 7.3 所示，小说阅读网的分析结果如图 7.4 所示。

图 7.3 美团网的分析结果

图 7.4　小说阅读网的分析结果

(2) 与合作对象联系和协商

找到备选合作网站后，向对方提出交换链接建议，在得到对方的同意后，与对方协商有关事宜。

(3) 交换链接的实施和管理

在与合作伙伴达成建立交换链接协议后，应尽快为对方做好链接，并告知对方，相互邀请对方检查链接是否正确，位置是否合理。

交换链接的实质是向链接网站推广自己的网站。建立交换链接不仅有利于营造网站之间的良好关系，也是在同行之间确立自己地位的有效方法。

交换链接建立后，企业应定期完善链接队伍，删除那些被关闭或效果不佳的交换链接网站。

7.3.2　网络社区

网络社交人员在 QQ、博客、微信朋友圈等社区类网络应用上的渗透率明显高于其他群体。

1. 网络社区的含义

网络社区又称虚拟社区或网上俱乐部，其实质是在网上建立一个虚拟的社交空间，为具有相同兴趣和爱好的网民提供聚集、沟通、联络感情和网上交易的平台，其效果与咖啡厅或沙龙相似。

与一般的上网浏览不同，网络社区充分利用互联网的交互功能，能实现双向或多向的沟通和交流。在网络社区中，网民通过聊天室、留言板、群组讨论、社区通信、社区会员列表、在线聊天、网页设计等网上交流工具建立联系，社区成员通过建立网页、交换意见等方式自发地组成网上群体，并逐渐形成一个相对稳定、兴趣相近的网上居民群体，进而吸引更多有相近志趣的网民加入。

从网站经营者的角度来看，成功的网络社区不仅可以带来稳定的流量，增加广告收入，而且也使注册会员能借此拥有独立的资讯存放与讨论空间，为社区营销创造良好的平台。

网络社区是虚拟的、自由的和全开放的，社区成员可以自由进出。社区成员越多，人气越旺，营销效果就越好。

2．网络社区营销

网络社区营销是网络营销的重要手段之一。网络社区营销是指将具有共同兴趣和爱好的访问者吸引到一个虚拟空间，通过成员之间的相互沟通，实现营销目标。

一般来讲，一个优秀的网络社区的功能包括论坛、电子邮件、聊天室、讨论组、回复即时通知和博客等。企业可以利用网络社区的功能开展营销活动，包括：利用网络社区的论坛邀请访问者或会员参与在线调查，了解顾客对产品或服务的意见，通过与社区成员交流促使其成为企业的顾客；利用聊天室等在线解答顾客的问题，提高服务质量和顾客忠诚度；利用论坛的免费广告发布区，发布产品和服务信息，促进产品销售；利用博客介绍产品和服务的功能和特点，通过与参与者讨论或解答问题，达到间接推广产品的目的。

企业开展网络社区营销可以利用自己网站的社区，也可以利用其他网站的社区。由于网络社区在满足网民交流需要的同时，还可以为企业带来利益，潜藏着巨大的商机，所以，许多企业都在自己的站点上创建网络社区，并与同类的社区建立交换链接，为网络营销提供营销渠道和手段。

【论坛营销的推广步骤】

案例 7-3

安琪酵母的网络论坛营销

安琪酵母股份有限公司(以下简称安琪酵母)，是国内最大的酵母生产企业。酵母，在人们的常识中是蒸馒头和做面包的必需品，很少直接食用，而安琪酵母却开发出酵母的很多保健功能，并生产出可以直接食用的酵母粉。

要推广酵母粉这种人们完全陌生的食品，安琪酵母首选论坛进行推广。于是，他们开始在新浪网、搜狐网等有影响力的社区论坛里制造话题。

之所以这样做，是因为在论坛里，单纯的广告帖永远是版主的"眼中钉"，也会招来网友的反感，制造话题比较能够让人接受。

当时有很多关于婆媳关系的影视剧在热播，婆媳关系的关注度也很高。因此，安琪酵母策划了《一个馒头引发的婆媳大战》事件。

事件以第一人称讲述了南方的媳妇和北方的婆婆关于馒头发生争执的故事：

我是一个南方女孩，在这个饮食文化大融合的时代，我做菜的手艺真是没得说，酸菜鱼、红烧肉、辣子鸡丁……老公的心和胃都被我紧紧拴着，但唯一的遗憾就是我一直不会蒸馒头。

作为地道的北方人，老公爱吃馒头的习惯一直保留着，每次在外边看到店铺刚出锅的热馒头，总忍不住上前买两个，吃完了都会说，这馒头的味道远比不上他妈妈蒸的馒头。

婆婆要来北京看他儿子了，这可是我们结婚后婆婆第一次来北京啊，每当想到天涯上传说的婆媳大战，我的心情不是一般紧张。最后我决定实施馒头攻略，我要让婆婆知道，即使她不在，老公也能吃到香喷喷的蒸馒头！

婆婆周日中午到北京，我一大早便出去买来面粉、泡打粉，按照从网上查来的方法，做得有模有样。但我没有想到，就是这次蒸馒头，引发了一场"婆媳大战"！

那天的馒头真是不争气，皮硬硬的，颜色发黄，口感也远不如外边买的。中午，老公把婆婆接进家门，我硬着头皮把馒头端上了饭桌，我明显看见婆婆的脸长长地拉了下来。饭桌上，婆婆一直给老公夹菜，漫不经心地问我"这馒头是拿什么发酵的？"听到我说用的泡打粉后，婆婆腾地站起来，端起一盘子馒头都倒在了垃圾桶，还说："泡打粉是含铝的，吃这样的馒头伤害身体！"

那顿饭我是含着眼泪吃完的，心想，自己的妈妈绝对不会这样。后来的一段日子我都不愿意跟婆婆多说话，每天都在冷战中，直到婆婆临走的前两天，我看着她做了一次馒头。

婆婆手脚麻利地和面、揉剂、制形，每一步是那样从容不迫、娴熟自如，我嘴上不说什么，心里却十分佩服。那天，婆婆对我格外亲切，一边忙，一边温柔地跟我说起她的"馒头经"。让我印象最深刻的是婆婆拿出一个小袋，告诉我做好馒头的秘诀就是这小小的"酵母"。

于是，我打开百度搜索"酵母"，看看这不起眼的酵母到底有什么神奇。这一搜不要紧，这小小的酵母还真蕴藏着大大的神奇。

后来婆婆放心地走了，一场由馒头引发的婆媳战争，最终因我也蒸出了同样可口的馒头而平息。

这个帖子发布后，引发了不少的讨论，其中就涉及酵母的使用。这时，由专业人士把话题转到酵母的其他功能上去，让人们知道了酵母不仅能蒸馒头，还可以直接食用，并有很多的美容保健功能，比如减肥。

由于当时正值6月，是减肥的旺季，而减肥又是女性永远的关注点。于是，论坛上的讨论让这些关注婆媳关系的主妇们同时也记住了酵母的另一个重要功效——减肥。

为了让帖子引起更多的关注，公司选择了新浪女性频道中关注度比较高的美容频道，把相关的帖子细化到减肥沙龙板块。果然，有了好的论坛和好的位置，马上引发了更多普通网民的关注。

由于论坛的帖子和博客引来很多跟帖，其中也有不同的声音。对于这种帖子，在容忍不同看法的同时，让一些技术人员或者懂行的人做适当的引导。比如，对那些攻击性的帖子，公司没有找网站删帖，而是找到发言人，问清楚理由。如果是消费者，就将他的不满反馈到企业去；如果是竞争对手的恶意攻击，就在论坛上揭露出来。

除了论坛营销，安琪酵母又在新浪网、新华网等主要网站发布新闻，而这些新闻又被网民转到论坛里作为谈资。这样，产品的可信度就大大提高了。

在接下来的两个月时间里，安琪酵母的电话量陡增。消费者在百度上输入"安琪酵母"这个关键词，页面的相关搜索里就会显示出"安琪即食酵母粉""安琪酵母粉"等数十个相关搜索，安琪酵母获得了较高的品牌知名度和关注度。

(资料来源：网络营销案例：安琪酵母的网络论坛营销 [EB/OL]. (2012-01-04)[2019-07-06] . http://wenku.baidu.com/view/aff2c07d1711cc7931b716ed.html)

思考题：利用论坛进行营销时需注意哪些问题？

7.3.3 博客营销

1. 博客营销的含义

博客的正式名称为网络日记，又音译为部落格或部落阁等，是使用特定的软件，在网络上出版、发表和张贴个人文章的一种通常由个人管理、不定期张贴新文章的网站。

博客营销就是利用博客开展营销活动，即企业或个人利用博客这种网络交互性平台，发布企业或个人的相关信息，及时回复网民的疑问或提供咨询，并通过功能多样的博客平台帮助企业以较低的成本获得搜索引擎的较前排名，实现营销目标。

企业博客是企业为了达到一定目的而开设的博客。作为营销工具的企业博客，包括企业外部博客和企业内部博客。企业外部博客可以被互联网上的任何人搜索到，而企业内部博客只对企业员工开放。

博客营销的实质是通过网络信息的传递实现营销目标。开展博客营销要求营销者掌握相关领域的基本知识，并能有效地利用博客平台。

2. 博客营销的价值

博客的营销的价值主要体现在以下 7 个方面。

(1) 带来潜在用户

有价值的博客内容会吸引大量的潜在用户浏览，从而达到向潜在用户传递营销信息的目的。传播营销信息是博客营销的基本形式，也是博客营销价值最直接的表现。

(2) 降低网站推广费用

在博客内容中适当地加入企业网站的信息(如热销产品链接、在线优惠券下载网址链接等)，能达到低成本推广网站的目的。

(3) 为网民获得信息提供机会

让尽可能多的博客网页被主要搜索引擎收录，使网民可以比较方便地通过搜索引擎浏览企业博客内容，从而增加网民通过搜索引擎发现企业信息的机会。

(4) 增加企业网站的链接

获得其他相关网站的链接是一种常用的网站推广方式。当网站知名度不高且访问量较低时，很难获得有价值的网站链接，此时可通过博客文章为本企业的网站做链接。

(5) 收集网民资料和顾客反馈信息

当博客内容受到欢迎时，博客网站也成为企业与网民和顾客交流的场所。在博客文章中添加产品服务信息，让读者发表评论或意见，可以了解读者对博客文章内容的观点。在博客文章中设置在线调查表的链接，吸引有兴趣的读者参与调查，不仅可以扩大在线调查表的投放范围，还可以直接就调查中的问题与读者进行交流，实现在线调查的交互性，提高在线调查的可靠性，降低调查费用。

(6) 建立权威网站品牌效应

博客中的信息资源包括各种有价值的文章、网站链接、实用工具等。这些信息资源可以为博客带来可观的访问量，为进一步撰文、研究提供资料和帮助，实现博客的良性循环。企业博客文章通过对某一领域的深度研究，可以加强与顾客多层面的交流，帮助企业获得顾客对品牌的认可，提高顾客忠诚度。

(7) 自主发布信息

在传统的营销模式下，企业需要通过广告媒体发布相关信息，信息发布局限大，费用相对较高。利用企业博客，营销人员可以随时发布有价值的信息，只要这些信息不违反国家法律。

博客的产生，对营销人员的营销观念和营销方式影响较大，每个企业或个人都可利用博客自由地发布信息。博客营销的效果取决于企业营销人员的知识背景和对博客营销的应用能力等因素。

案例 7-4

低成本博客营销的典范——Stormhoek 葡萄酒

Stormhoek 是英国的一家葡萄酒厂家，因为资金不多，老板波尔一直在思考不用花很多钱就可以迅速提高产品知名度的方法，最终决定尝试用博客作为媒介进行宣传。

波尔首先在网上发布了一个标题为"Stormhoek，微软真正的竞争对手"的帖子，这个标题很快就吸引了大量网民的注意，大家都急于想知道这是一家什么样的公司，居然敢跟微软挑战。于是网民纷纷打开这个帖子浏览，很快就被里面的内容所吸引：

如果你有 100 美元，是愿意买一个微软公司推出的新款游戏机还是愿意买一箱 Stormhoek 葡萄酒？如果想免费喝到 Stormhoek 葡萄酒，那么你只要满足 3 个条件：第一，住在英国、法国或者爱尔兰；第二，一直坚持写个人博客，读者多少不限，可以少到 3 个，只要是真正的博客；第三，已到法定饮酒年龄。满足了以上 3 个条件，就可以把博客网址发给 Stormhoek，附上联系方式，便可以获得 Stormhoek 免费提供的葡萄酒了。

这样的好事对于爱喝葡萄酒的人来说当然是不容错过的。帖子发布后的一周之内，Stormhoek 便送出了 100 多瓶葡萄酒，同时声称"收到葡萄酒并不意味着你有写博客的义务——你可以写，也可以不写，可以说好话，也可以说坏话"。结果大部分博主都在各自的博客上写了喝葡萄酒的感受。

3 个月后，在 Google 上以"Stormhoek"为关键词进行检索，搜索结果从原来的 500 条增至 20000 条，有很多人通过博客知道了这家公司。在不到一年的时间里，Stormhoek 葡萄酒的销量就达到了"成千上万箱"。

Stormhoek 公司在其网站上也有博客，发布一些产品信息和最新的市场活动信息。当 Stormhoek 决定改变瓶子上的商标时，就把这个消息发布到博客上，公司还通过博客举行评酒会。在 Stormhoek 登陆美国的时候也举行了一系列针对美国博客作者的活动，希望能通过这种形式激发美国人的消费热情。

(资料来源：博客营销案例—Stormhoek 葡萄酒 [EB/OL]. (2015-01-26)[2019-07-08].
https://www.docin.com/p-1040472514.html)

思考题：利用博客营销需注意哪些问题？

7.3.4 微博营销

1. 微博

微博，即微型博客的简称，是一个基于用户关系的信息分享、传播、获取平台，用户可以通过 Web、Wap 及各种客户端组建个人社区，以 140 字左右的文字更新信息，并实现即时分享。最早、最著名的微博是美国的 Twitter。2009 年 8 月，新浪网推出"新浪微博"内测版，成为门户网站中第一家提供微博服务的网站，微博正式进入中文上网主流人群的视野。

资料链接

微博与传统媒体融合发展

根据 CNNIC 发布的数据，截至 2018 年 12 月，我国微博用户数量为 3.51 亿，网民中的微博用户比例达到 42.3%。微博是我国网民开展社交活动使用的应用之一，庞大的用户规模进一步巩固了其网络舆论传播中心的地位，微博正在重塑社会舆论生产和传播机制，无论是普通用户，还是意见领袖和传统媒体，其获取新闻、传播新闻、发表意见、制造舆论的途径都不同程度地转向微博平台。目前，媒体发展的趋势是社交应用与传统媒体互为补充、融合发展。一方面，传统媒体大规模入驻各类社交平台，成为社交平台优质内容的重要来源，既实现了自身向全媒体角色的转型，也提升了社交平台的可信度。在央视新闻微博上看直播，参与人民日报官方微博的互动，已经成为年轻人的上网习惯之一。另一方面，社交平台助力传统媒体实现大众化传播，同时提升自身的影响力。社交平台以用户为核心，注重用户之间的互动、分享、传播，实现了传统媒体"内容"与社交"渠道"的深度融合。

随着网络用户向移动端、社交媒体迁移，在微信、微博等社交应用的推动下，越来越多的正能量信息依托社交网络实现大众传播。例如，2018 年 11 月 17 日，人民日报官方微博开启话题"中国一点都不能少"，几个小时就获得 125.9 万次转发、11.8 万条评论、94.3 万个点赞、话题阅读量达 89.4 亿次。

微博作为一种主要的网络交流形式，也越来越多地受到企业的重视，许多企业注册了微博账号，通过微博与消费者进行交流，并把微博作为一种营销手段，开展微博营销。

国内微博网站主要有新浪微博、网易微博、腾讯微博、搜狐微博等，其中新浪微博是目前国内最受欢迎的微博平台之一，无论是用户数量还是关注都度都在行业中名列前茅。微博作为新兴的传播媒介，其传播特性为广告的投放提供了更加精准化的媒体互动平台。

(1) 微博的互动性强，有利于品牌的推广和沟通

企业通过软性的话题植入，在用户与用户、用户与企业之间多向沟通和传播后，可以在不知不觉中加深用户对企业品牌的认知。例如，2010 年中国东方航空股份有限公司举办的"凌燕带你游世博"活动，在"东航凌燕"新浪微博的粉丝中选取 10 名旅客参加由"凌燕"乘务员提供的游世博一对一导游服务，并能获得免费往返机票、免费世博门票、免费食宿。活动通过在新浪微博抢票的形式展开，与此同时，东航"凌燕"高品质服务的相关信息被大量植

入微博中,通过口碑营销的方式,在服务品牌的提升上取得了很好的效果,并实现了40万人次的网络关注度。

(2) 微博的时效性强,有利于及时性广告的投放

对于电子商务企业,广告投放的时效性要求非常高,例如淘宝网于2011年推出的"双十一"大型促销活动,除了淘宝网自身的广告宣传之外,从10月25日起,淘宝网在新浪微博上也拉开了宣传攻势,虽然从评论数与转发数量上看宣传的范围及效果并不理想,但是从2011年11月11日凌晨0零时开始,截至当天下午4时,天猫网支付宝成交额已经突破20亿元,产生的订单量已经突破1000万单。虽然宣传的内容毫无新意和趣味,使得活动在新浪微博上的转发和关注点较少,但不可小觑的是天猫官方微博的上百万粉丝数量,单是这种散布型网状传播的力量,就足以达成此次活动信息的有效传播。

(3) 微博的定位准确,有利于提高广告投放的效率

新浪微博的"微数据"应用,为广告主开通了一条精准分析目标客户的免费服务,可分析出广告主粉丝的兴趣点、关注点、男女比例、地域分布及原创帖子热门程度,还有该账户的综合影响力和人脉关系图。广告主还可以通过相关"标签""话题""关键字"的搜索及相关"微群",找出目标客户,然后有针对性地"@"给这些目标客户,或者在"微群"中发布相关信息,通过用户与用户之间的关注和转发使广告信息广泛传播。由于微博用户具有年轻化、喜好新奇、敏锐度高、持续关注时间短等特性,所以,在微博上投放广告的内容有较高的要求。

2. 微博推广

微博推广是时下比较流行的一种推广方法,许多企业利用微博达到了不错的推广效果。微博推广一般采取以下3个步骤。

(1) 选择微博平台

目前,新浪网、搜狐网、腾讯网等门户网站都是比较知名的微博平台。不同微博平台的粉丝性质存在一些差别,如新浪微博的用户以"80后"居多,学历较高;腾讯微博用户以"90后"为主,使用人数较多;搜狐微博类似于新浪微博。所以企业在选择平台的时候,可以根据面向的用户来做出适当的选择,并不是用户越多越好。

(2) 建设微博粉丝团

粉丝是推广的基础,利用微博进行推广离不开粉丝的支持,有效的活跃粉丝越多,推广的效果越好。因此,如何快速增加粉丝的数量是企业要思考的问题。企业可以通过策划一些有奖活动来增加微博的活跃度,以吸引粉丝。

(3) 建设微博内容

在内容建设前,首先确定微博定位,然后根据这个定位来进行内容的编辑:一是保证微博信息的真实性,微博的宣传内容要与企业网站内容保持一致,发布虚假信息会使用户产生严重反感,对企业品牌建设的影响是十分恶劣的;二是在内容的主题上,要能吸引眼球,关注时下热门的新闻,对热门事件进行评论可以引来大量的关注;三是在内容的编辑上要花一定的心思,虽然只有短短的140字,但编辑好这140个字并不是一件

容易的事，只有新颖的开头、简洁有序的内容和有力的结尾才能构成一条好微博，在内容中适当加入一些图片可以提高用户体验；四是在内容的编辑中巧妙地加入自己的推广信息。

> **资料链接**
>
> **微博营销优化技巧**
>
> 1. 优化选取热门关键词
>
> 对微博关键词进行优化的时候，微博内容要尽可能地以关键字或者关键词组来开头，并且加上"# 话题 #"。尽量利用热门的关键词和容易被搜索引擎搜索到的词条，增加搜索引擎的抓取速率，但这些内容要与推广的内容相关，如果一味地为了优化而优化，那就得不偿失了。
>
> 2. 关键词选取要适当
>
> 对搜索引擎优化来说，微博信息是非常重要的，搜索引擎会把微博信息纳入搜索结果中来，索引算法也会根据微博的内容确定一个标题，而此时选择这些内容的关键词就很重要，商家应明确做的是哪些关键词，只有找对了关键词，才能更好地做好微博的搜索引擎优化。
>
> 3. 名称选取简单易记
>
> 选择微博名和选择网站名一样，要简单、容易记忆，要让微博网名成为代言，让其他人看到微博名的时候，就能很快记住它。选择的微博要代表所推广的站点，不能选择与推广内容无关的名词。
>
> 4. URL 地址要简洁明了
>
> 有了微博名之后，微博的 URL 地址就变得尤为重要。因为只有通过 URL 地址才能访问到微博，而这个 URL 地址会影响到搜索引擎的搜索结果。
>
> 5. 个人资料要填关键词
>
> 微博中都有个人资料的介绍及选项的说明，这些个人资料也会被搜索引擎检索，在简短的个人资料中，也应在适当的时机填入要优化的关键词，提升搜索引擎抓取概率。个人资料的内容与微博保持良好的相关性，不仅能提升搜索引擎抓取概率，而且也不会让粉丝感到厌烦。
>
> 6. 个人标签填写关键词
>
> 微博中个人资料的个人标签也可以填入要优化的关键词，提升搜索引擎抓取概率，同时也能吸引有共同标签或共同兴趣的粉丝加关注。
>
> 7. 微博主线设定
>
> 通常，主线明朗的微博都比较成功，目标粉丝增长速度快，同时也有利于微博传递层数的增加。
>
> （资料来源：编者根据相关网络资料整理。）

7.3.5 社会化媒体营销

1. 微信营销

微信营销是网络经济时代企业或个人营销模式的一种，是伴随着微信的火热而兴起的一种网络营销方式。微信不存在距离的限制，用户注册微信后，可与周围同样注册微信

【公众号常用活动形式】

的朋友形成一种联系，订阅自己所需的信息，商家通过提供用户需要的信息，推广自己的产品，从而实现点对点的营销。

当前的微信公众平台主要分为订阅号和服务号，运营主体是组织(如企业、媒体、公益组织)的，可以申请服务号；运营主体是组织和个人的，可以申请订阅号，但是个人不能申请服务号。

微信营销具有以下特点。

(1) 点对点精准营销

微信拥有庞大的用户群，它借助移动终端和位置定位等优势，帮助商家实现点对点精准营销。

(2) 形式灵活多样

① 漂流瓶：用户可以发布语音或者文字然后将漂流瓶投入大海，如果有其他用户"捞"到漂流瓶，就可以展开对话。

② 位置签名：商家可以利用"用户签名档"为自己做宣传。

③ 二维码：用户可以通过扫描识别二维码来添加好友、关注企业账号；企业则可以设定自己品牌的二维码，用折扣和优惠来吸引用户关注，开拓O2O的营销模式。

④ 开放平台：通过微信开放平台，应用开发者可以接入第三方应用，还可以将应用的Logo放入微信附件栏，使用户可以方便地在会话中调用第三方应用进行内容选择与分享。

⑤ 公众平台：在微信公众平台上，每个人都可以用一个QQ号码注册自己的微信公众号，并在微信平台上实现文字、图片、语音的全方位沟通和互动。

【微信公众号申请】

(3) 强关系的机遇

微信的点对点产品形态注定了其能够通过互动的形式将普通关系发展成强关系，从而产生更大的价值。通过互动的形式与用户建立联系，互动就是聊天，可以解答疑惑、讲故事，甚至可以"卖萌"，用一切形式让企业与顾客形成朋友的关系，顾客不会相信陌生人，但是会信任朋友。

2．QQ营销

QQ营销是在QQ即时通信平台的基础上，专为企业用户量身定制的在线客服与营销平台。它基于QQ海量用户平台，致力于搭建客户与企业之间的沟通桥梁，充分满足企业客服稳定、安全、快捷的工作需求，为企业实现客户服务和客户关系管理提供解决方案。

QQ营销可按企业需求定制在线客服与网络营销工具，通过QQ用户帮助企业拓展并沉淀新客户，提高在线沟通效率，拓展更多商机。营销QQ适用于拥有大量客户咨询要求，每天接触的客户众多，想要对客户进行系统分类，有对客户回访的需求，希望可以向符合条件的目标客户推送公告等信息，希望系统化管理客户的企业或个体商户。QQ营销可以在最高达10万好友容量的基础上群发消息，为企业提供了低成本的客服沟通与产品营销渠道。

3. 问答营销

问答营销属于新型的互动营销方式，既能与潜在消费者产生互动，又能植入商家广告，是做品牌口碑、互动营销不错的营销方式之一。遵守问答站点(百度、天涯等)的发问或回答规则，然后巧妙地运用软文，让自己的产品、服务植入问答中，达到第三方口碑效应。

问答可以针对某个目标群体，根据群体的特点选择关注的焦点，充分调动这个群体的力量，让更多的人来参与，达到群体融合的效果。问答营销具有很强的广泛性，一个问题可以引来不同群体的讨论，一个事件可以引来不同群体的评论，关于具体品牌的建议往往从问答开始。例如，从事人力资源师证书报考的培训机构，可以在百度知道问答平台搜索和报考人力资源师相关的问题，然后进行解答，在解答的过程中就可以融入企业想要推广的信息，如网站名称、联系方式等，如图7.5所示。

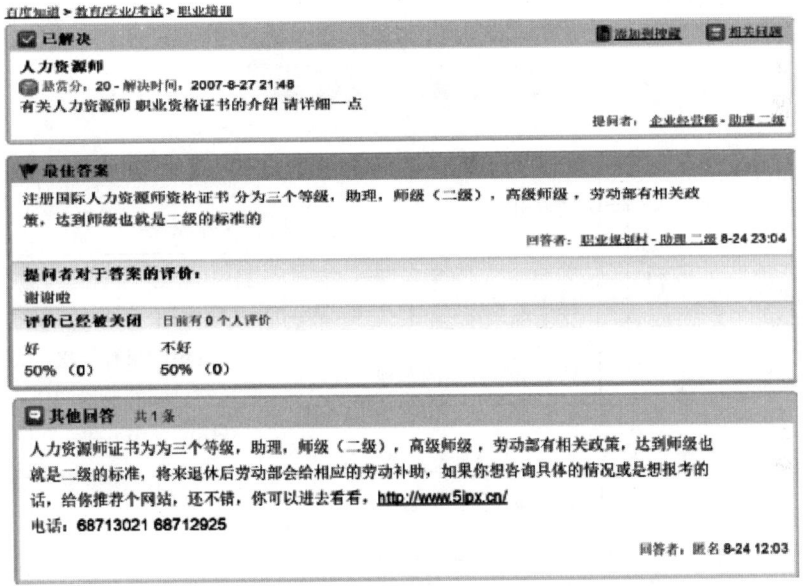

图 7.5 百度知道问答

4. 百科营销

随着以维基百科为代表的网络百科的兴起，百科不仅仅是工具书，更成为一种有特色的知识媒体。百科营销是借助百科知识传播，将企业所拥有的对用户有价值的信息(包括行业知识、产品信息、专业研究、企业文化及经营理念等)传递给潜在客户，并逐渐形成对企业品牌和产品的认知，是将潜在客户最终转化为客户的过程和营销行为。

百科营销首先是向大众传播新的百科知识，通过科普宣传，让消费者不仅知其然，而且知其所以然，重新建立新的产品概念，进而使消费者萌发对新产品的需要，达到拓宽市场的目的。

百科营销的优势体现在以下4个方面。

① 利用百科提升品牌形象。相比于新闻、论坛、博客、SNS等网络内容，百科在网

民心目中是公信力和权威性较高的媒体,也被认为是互联网上的"定义媒体"。可以说,谁拥有了百科词条,谁就有了更高的品牌形象。

② 百科营销是深度营销。知识营销是绿色的营销方式,百科营销突破传统营销的思维模式,改变了过去物化生产型企业本身的认知,改变了企业乃至社会对商品的认知。

③ 向精准人群提高企业知名度。品牌知名度需要一个潜移默化的沉淀,其效果短期内不会那么显著,但其引导的用户却是精准人群。从这个角度讲,百科营销是成本最低廉的营销方式。

④ 利用百科传递权重。网站权重是搜索引擎给网站(包括网页)赋予一定的权威值,对网站权威的评估与评价。提高网站权重,不但利于网站在搜索引擎的排名,还能提高网站的流量、信任度。百科内容的权重一般比较高,把企业的链接发布在这样的页面中能潜移默化地提高企业自己网站的权重。

本章小结

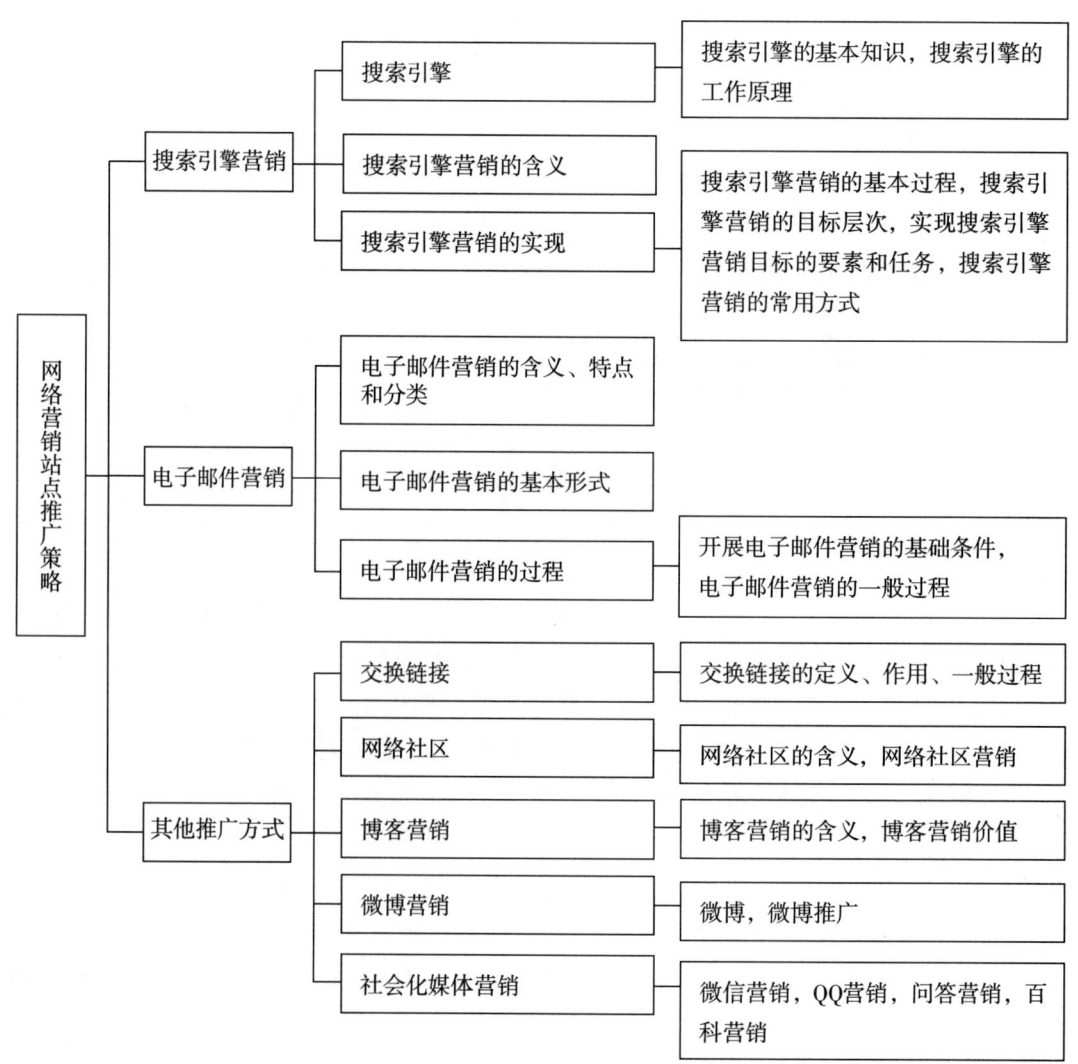

思考与练习

1. 单项选择题

(1) (　　)是指根据一定的策略，运用特定的计算机程序收集互联网上的信息，在对信息进行组织和处理后，为用户提供检索服务的系统。

A. 搜索引擎　　B. 网站　　C. RSS　　D. 博客

(2) SEM 指的是(　　)。

A. 电子邮件营销　　B. 搜索引擎优化

C. 搜索引擎营销　　D. 博客营销

(3) (　　)和正文内容是电子邮件营销的核心。

A. 发件人　　B. 邮件主题

C. 附加信息　　D. 邮件形式

(4) 交换链接有图片和(　　)两种主要方式，通常采用网站的 Logo 作为图片链接。

A. 视频链接　　B. 动画链接

C. 文字链接　　D. 域名链接

(5) 建立有网页数据库的搜索引擎是(　　)。

A. 全文搜索引擎　　B. 元搜索引擎

C. 集合式搜索引擎　　D. 目录索引类搜索引擎

2. 多项选择题

(1) 搜索引擎的类型包括(　　)。

A. 全文搜索引擎　　B. 目录索引类搜索引擎

C. 元搜索引擎　　D. 集合式搜索引擎

E. 门户搜索引擎

(2) 搜索引擎营销常用的方式有(　　)。

A. 免费登录分类目录　　B. 收费登录分类目录

C. 关键词广告　　D. 自然排名

E. 企业内容广告定位

(3) 根据电子邮件地址的所有权，可将电子邮件营销分为(　　)。

A. 内部电子邮件营销　　B. 外部电子邮件营销

C. 许可电子邮件营销　　D. 未经许可电子邮件营销

E. 临时电子邮件营销

(4) 建立交换链接包括(　　)等工作。

A. 寻找合作对象　　B. 与合作对象联系

C. 交换链接的实施　　　　　　　　D. 交换链接的管理
E. 与合作对象协商
(5) 博客的营销价值主要体现在(　　)。
A. 带来潜在用户　　　　　　　　　B. 降低网站推广费用
C. 增加企业网站的链接　　　　　　D. 建立权威网站品牌效应
E. 收集网民资料和顾客反馈信息

3．简答题
(1) 什么是搜索引擎营销？
(2) 简述搜索引擎营销常用的几种方式。
(3) 电子邮件营销的3个基本要素是什么？
(4) 比较内部列表和外部列表电子邮件营销。
(5) 简述开展电子邮件营销的一般过程。
(6) 简述建立交换链接的一般过程。

案例与实训

(1) 申请和建立一个邮件列表，以管理员的身份进行管理和维护，并利用它进行邮件群发，注意不要产生垃圾邮件。
(2) 案例分析

海口J旅行社网站推广策略

海口J旅行社有限公司(以下简称J旅行社)自1994年创办以来，已在全国40座城市建立了11家全资公司及36家驻外机构，是海南省第一个获得AAA信用等级资质的旅游企业。J旅行社的网站建有9个一级目录，下设21个二级子目录，内容涉及公司简介、品牌产品、旅游资讯、服务支持、销售网络、新闻中心、导游风采、活动社区和产品商城。网站的首页第一屏除了一级导航条和一个在线客服的可移动按钮广告外，还有一个巨幅广告(无法强制关闭，并伴有背景音乐)，首页第二屏设有新闻资讯、产品中心、旅游目的地介绍、社区热帖和交换链接等。但是，社区里的帖子数量和查看、回复的人数寥寥无几，"旅游知识""天气预报"和"旅游动态"3个栏目是死链接，交换链接里也存在无效链接，"机票查询"所做的搜索引擎检索能力不够强，相同条件下查询到的机票信息少，价格又比航空公司的官方网站贵。因此，J旅行社急需加强网站的建设，选择并实践有效的网站推广策略。

(资料来源：李小玲．海口J旅行社网站推广策略研究[J]．科技资讯，2011，11．)
思考题：通过借鉴国内一些知名的旅游类网站建设和推广经验，为J旅行社网站制定可行的网站推广策略。

第 8 章 网络广告

知识目标

(1) 掌握网络广告的概念和特点。
(2) 理解网络广告的类型。
(3) 掌握网络广告的计费方式。
(4) 掌握网络广告的制作和发布方法。
(5) 掌握网络广告效果的测评方法。

技能目标

(1) 会结合产品或企业特点选择适当的网络广告制作方法和策略。
(2) 会结合产品特点选择合适的网络广告发布方式。

> **引例**

优秀网络广告

汽车广告主一直是广告业的大户，随着网络信息技术的发展，网络广告对汽车品牌的重要性已经毋庸置疑。汽车广告主纷纷"上网"，使用互联网的广泛覆盖性，全力提高自身的品牌影响力。现在，汽车品牌网络广告媒体以门户网站与汽车网站为主，优秀网络广告层出不穷。

1. 大众雨刷创意邮件广告

大众汽车为推行其新的轿车雨刷设备，发送了一封别出心裁的邮件，刚打开邮件时用户看到的是一幅模糊的图像，当用户点击打开图像时，大众的雨刷启动，图像顿时变得清晰了，就像开车出行时遇到雨天，使用雨刷的效果一样。

2. 上海通用昂科拉的年轻宣言

昂科拉作为别克品牌旗下的首款SUV，其上市广告充满了年轻人的气息，上海通用投进了一组由6段视频构成的关于"80后"的广告。方案聚餐，结果突然要加班；方案出游，结果碰上飓风天；方案今后，结果她决然和你分手；没有比方案更不靠谱的东西，也没人知道下一秒会发生什么……想到什么，就去做吧！

(资料来源：编者根据相关网络资料整理。)

互联网作为一个全新的广告媒体，传播速度快、效果佳、针对性强，已成为增长最快的广告媒体。网络广告是常用的网络营销方法之一，主要价值体现在品牌形象、产品促销等方面。

8.1　网络广告概述

随着网络信息技术的高速发展，以互联网为传播媒介的网络广告已成为现代社会中最热门的广告形式，无论广告公司还是营销企业都面临改变营销传播方式的机遇和压力。与传统的四大媒体(报纸、杂志、电视、广播)广告和户外广告相比，网络广告具有得天独厚的优势，是实施现代营销战略的重要手段之一。

8.1.1　网络广告的概念和特点

1. 网络广告的概念

广告是通过一定的传播媒介向目标受众传达特定信息的活动。与电视广告、报纸广告一样，网络广告只是广告的一种形式，与其他广告形式的区别是传播媒介的不同。所以，网络广告是基于网络媒体的一种电子广告形式。

网络广告又称在线广告、互联网广告，是指以网络作为广告媒体，采用相关的多媒体技术设计制作，并通过网络进行传播的广告形式。网络广告的传播内容是通过数字技术进行艺术加工和处理的信息，广告主通过互联网传播广告信息，使广告受众认同和接受其产品、服务或观念等，并诱导受众的兴趣和行为，以达到推销产品和服务的目的。

网络广告起源于美国。1994年10月14日，美国著名的Wired杂志推出了网络版Hotwired，在其主页上刊载了AT&T等14家客户的旗帜广告。我国第一个商业性网络广告出现在1997年3月，传播网站是ChinaByte，广告表现形式为468像素×60像素的动画旗帜广告，Intel和IBM是国内最早在互联网上投放广告的广告主。

资料链接

网络广告的要素

广告的5大要素包括广告主、广告信息、广告媒介、广告受众和广告效果。网络广告同样具备了这5大要素。

1. 广告主

广告主即广告信息的传播者，网络广告的广告主就是通过网络发布自己的广告内容的企业、机构或个人。

2. 广告信息

广告信息即广告主所要传达的广告内容，广告信息直接影响广告效果。网络广告的信息是通过互联网发布的，其内容形式包括文字、图形图像、动画及音频等。

网络广告信息的传播特点在于内容更新快、容量大，可附带易于检索的超链接功能。

3. 广告媒介

广告媒介即传递广告信息的载体。网络广告的媒介是互联网，具体来讲，网上的Web页面，就是网络广告的载体。

4. 广告受众

广告受众即广告传播所针对的目标对象，通常为广告信息的接收者。商业广告的受众应是广告主的目标市场。

5. 广告效果

广告效果即一个特定时期内的广告所取得的结果，以及其与预先目标的距离。广告的最终效果是评估广告成功与否的关键。

(资料来源：编者根据相关网络资料整理。)

2．网络广告的特点

(1) 网络广告与传统广告的比较

从时间、空间、反馈效果等方面对网络广告与平面广告(如报纸)、电视广告等传统广告形式进行比较，具体内容见表8-1。

表 8-1　网络广告与传统广告的比较

	平面广告	电视广告	网络广告
时间	制作周期长，传播时间有限制	制作周期长、播放时间限制大	制作周期短，播放时间无限制
空间	受版面限制	受画面、播放时间限制	突破空间限制，自由度大
反馈效果	及时反应能力弱	及时反应能力弱	交互式服务，反馈手段方便及时，可提供细致的追踪报告
检索能力	差	无	独特的检索手段，可保证资源多次利用
宣传形式	文字、图像	图像、声音、文字	多媒体技术，文字、画面、声音相结合，实现动态、有趣的宣传
受众群素质	特定群体	一般公众	有学历受众占 66% 以上
受众投入度	一般	一般	高度集中
可统计性	不强	不强	强，统计结果及时、准确
价格	中	高	低

(2) 网络广告的优点

与其他广告形式相比，网络广告的优点主要表现在以下 7 个方面。

① 互动性和纵深性。网络广告信息传播是互动的，用户可以主动获取他们认为有用的信息，填写并提交在线表单信息。广告主也可以随时得到用户的反馈信息，并与用户进行在线交流。同时，用户根据需要，通过链接能获取更详细的有关产品服务的信息。

② 实时性和快速性。互联网快速的信息传播功能使网络广告具备较强的实时性和快速性。在刊播网络广告时，广告主可以根据需要及时更改广告信息。网络广告制作周期比较短，形式简单的网络广告能在极短的时间内完成制作与发布。

③ 准确跟踪并衡量广告效果。借助互联网，网络广告商通过监视广告的浏览量、点击率等指标，能够精确地统计广告的传播情况，判断广告效果，使广告主有条件及时跟踪和了解广告受众的反应，分析客户和潜在客户的需求。

④ 传播范围广。网络广告信息的传播不受时间和空间的限制，用户在任何时间、任何地点，只要登录相关页面，就能浏览广告信息，并与广告主进行有效沟通。

⑤ 可检索性。网络广告可以供用户主动检索。借助搜索引擎，用户可以在网上检索自己需要的任何信息。

⑥ 针对性强。广告主一般选择特定的网站发布网络广告，而每一个网站一般都有特定的访问者。广告主在投放网络广告时，能够针对目标受众做到有的放矢，并根据广告目标受众的特点、兴趣和品位设计广告信息、广告形式和广告表现。

⑦ 灵活多样的投放形式。多媒体是网络广告的一大特点，网络广告可以将文字、图像、声音、三维空间、虚拟视觉等有机地组合在一起，实现多种形式灵活投放，以提高广告的传播效果。

(3) 网络广告的缺点

互联网作为现代信息传播的主要媒介，尽管具有信息量大、时效性和交互性强等特点，但仍难以取代传统媒体。以互联网为媒体的网络广告也存在以下一些明显的不足。

① 网络广告相互干扰性强。在一个网页中同时显示多种形式的网络广告，广告信息之间的干扰性强。

② 广告的重复性差。与传统媒体那种通过不断重复广告信息，引起受众注意的广告发布方式相比，网络广告难以通过重复来增强传播效果。尽管弹出式广告能引起受众的注意，但也极易引起他们的反感。他们在浏览网页时很少会点击弹出式广告，而是会习惯性地关闭弹出式广告。

③ 网络广告的可信度低。与报纸、电视、广播等传统媒体相比，网络的虚拟性大大降低了其作为媒体的可信度，也使网络广告成为可信度较低的广告形式。

④ 网络技术对网络广告的过滤。用户为了减少网络广告产生的干扰，可通过技术手段过滤网页中的广告。目前，一些主流的浏览器都有这种功能，用户通过相关设置即可达到过滤弹出式广告、浮动广告的目的。

【资料链接】

CMO Council：消费者网络广告体验报告

消费者不一定都反感广告，事实上，在某些情况下，他们喜欢广告。根据 CMO Council 的最新调查，真正令消费者反感的是虚假的或误导性的广告。

广告的诚信度是一个棘手的问题。研究表明，越来越多的消费者相信广告是诚实的，但是，家人和朋友的推荐仍然是最受消费者信赖的广告信息来源。

CMO Council 的报告显示，电视是消费者接触广告最多的平台，社交媒体紧随其后。消费者认为，网站和搜索引擎上的广告比报纸和广播上的广告更多。消费者对网络广告的态度很明确，大多数人认为网络广告影响了内容浏览，几乎有一半受访者表示总是会注意到广告。同时，大多数人反对将品牌广告放在网页的重要内容旁边。

研究显示，弹出式广告是最具侵入性的广告形式，CMO Council 的研究发现，在自动播放视频广告之前，弹出式广告是最让人反感的。这一点很重要，因为侵入性广告更容易造成广告的负面体验，导致半数以上的消费者选择不购买这个品牌的商品。

(资料来源：编者根据相关网络资料整理。)

8.1.2 网络广告的形式

最初的网络广告就是网页本身。随着网络信息技术的发展，网络广告的形式也越来越多。常见的网络广告形式有以下 10 种。

【Banner Ads 广告图欣赏】

1. 旗帜广告

旗帜广告(Banner Ads)是以 GIF、JPG 等格式建立的图像文件，可以定位在网页中的不同位置，大多用来表现广告内容，如图 8.1 所示。

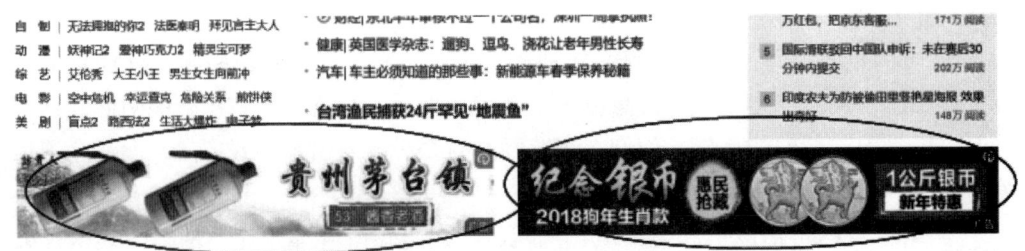

图 8.1 网页中的 Banner 广告

旗帜广告有多种表现形式和规格，其中最早出现且最常用的是 468 像素 ×60 像素的标准旗帜广告。根据旗帜广告的规格不同，可称为横幅广告、条幅广告、按钮广告、摩天大楼广告等。

案例 8-1

可口可乐罗马尼亚音乐节创意 Banner 广告

广告背景：罗马尼亚夏季音乐节即将于 7 月份开幕，可口可乐是主赞助商。

广告执行：这次活动中，用户根据 Banner 的提示拨打特定的电话，并输入网页提示的数字，当电话拨通时，Banner 里面的人物会和用户进行对话，并要求用户根据提示唱歌，如果用户唱得好，就可以免费获得音乐节门票，如图 8.2 所示。

图 8.2 可口可乐罗马尼亚音乐节创意 Banner 广告

(资料来源：可口可乐罗马尼亚音乐节创意 Banner 广告 [EB/OL]. (2013-07-10)[2019-07-13].
http://iwebad.com/case/2193.html)

2. 文本链接广告

文本链接广告(Text Link Ads)是一种对访问者干扰较少但效果较好的网络广告形式。文本链接广告位置的安排非常灵活，可以出现在页面的任何位置，可以竖排，也可以横排，每一行就是一则广告，单击每一行都可以进入相应的广告页面。新浪网首页中的文本链接广告，如图 8.3 所示。

图 8.3　新浪网首页中的文本链接广告

3. 电子邮件广告

电子邮件是人们经常使用的互联网工具之一。电子邮件广告针对性强、费用低、广告内容不受限制。

电子邮件广告(E-mail Ads)一般采用文本格式或 HTML 格式。文本格式广告，通常是把一段文字广告信息放置在新闻邮件或经许可的电子邮件中，或设置一个 URL，链接到广告主公司主页或提供产品和服务的特定页面。HTML 格式的电子邮件广告 (图 8.4) 可以插入图片，与网页上的 Banner 广告基本相同。由于许多电子邮件系统的兼容性不强，所以访问者有时看不到完整的 HTML 格式的电子邮件广告。相比之下，文本格式的电子邮件广告因兼容性好，广告效果也比较好。

图 8.4　电子邮件广告

4. 赞助式广告

赞助式广告(Sponsorship Ads)不仅是一种网络广告形式，还是一种广告传播方式，可以是旗帜广告形式中的任何一种。常见的赞助式广告包括：内容赞助式广告，即通过广告与网页内容相结合，向访问者传播广告信息；节目/栏目赞助式广告，即结合特定专栏/节目发布相关广告信息，例如一些网站上常见的"旅游文化""软件天地""奥运专题"等；节日赞助广告，即结合特定节日刊播的广告，例如"3·15"宣传等。

5. 插播式广告和弹出式广告

插播式广告(Interstitial Ads)是在两个网页内容显示切换的中间间隙显示的广告，也称过渡页广告。插播式广告有不同的尺寸，有全屏的也有小窗口的，有静态的也有动态的，互动的程度也不同。访问者可以通过关闭窗口不显示广告，但广告的出现却没有任何征兆。

弹出式广告(Pop-up Ads)是在已经显示内容的网页上出现的、具有独立广告内容的窗口，一般在网页内容下载完成后弹出广告窗口，直接影响访问者浏览网页内容，因而会引起受众的注意。三星手机在页面中的弹出广告，如图8.5所示。

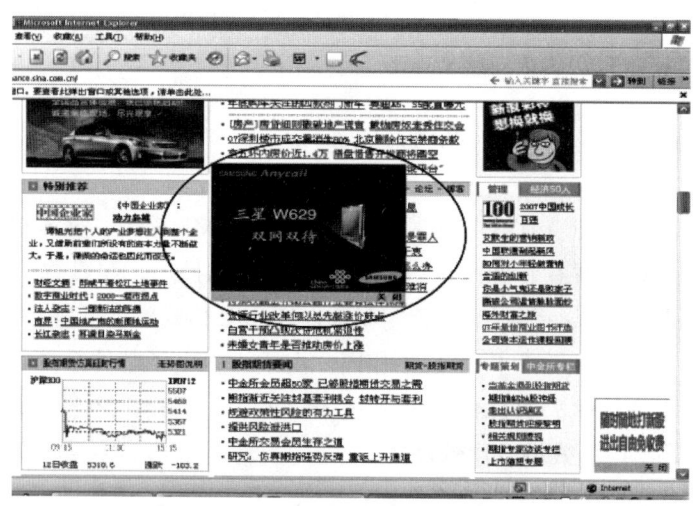

图 8.5 三星手机在页面中的弹出式广告

弹出式广告的另一种形式是隐藏式弹出广告(Pop-under Ads)，即广告信息是隐藏在网页内容下面的，网页刚打开时不会立即弹出，当关闭网页窗口或对窗口进行操作(如移动、改变窗口大小、最小化)时，广告窗口才会弹出。

插播式广告和弹出式广告共同的缺点是可能引起访问者的反感。为此，许多网站都限制了弹出窗口式广告的规格(一般只有1/8屏幕的大小)，以免影响访问者的正常浏览。

6. 在线互动游戏广告

在线互动游戏广告(Interactive Games Ads)是一种新型的网络广告形式，被预先设计在网上的互动游戏中。在一段页面游戏开始、中间、结束的时候，广告可能随时出现，广告商还可以根据广告主的要求，定制与广告主产品相关的互动游戏广告。

随着移动互联网的普及，网络游戏作为一种新型的娱乐休闲方式受到越来越多网民的欢迎。娱乐性强的计算机游戏对于许多网民有很大的吸引力，因此，网上游戏广告极具市场前景。

案例 8-2

水井坊"天降好酒"游戏广告

某网站上的"天降好酒"游戏广告通过设计与创意实现了附加功能与广告内容的完美结合。进入游戏，用鼠标控制"爱喝酒的老头"去接天上掉下的各种颜色的酒瓶。各种颜色的酒瓶代表不同分值，其中黄色酒瓶的分值最高。黄色正是该产品的外包装，这正是在无意识地强化玩家对水井坊外包装的认知。更精彩的是，在接酒瓶的过程中，为了控制游戏时间，各种关于该产品的选择题，如"该产品的包装共有几项专利""该产品有哪几种度数"等会作为"关卡"出现，答对增时、答错减时，这些平时并不惹人喜欢的"问答题"一下变成了游戏中惊险、刺激的"亮点"，玩家不仅争相点击，而且还会主动记忆。

(资料来源：互动式网络广告传播形式探讨 [EB/OL]. (2013-01-05)[2019-7-23] . http://www.doc88.com/p-956282483633.html)

思考题：在网络游戏中设置广告有哪些方式？

7. 分类广告

分类广告(Classified Ads)是指广告商按照不同的内容划分标准，将广告信息以目录的形式进行分类，以供有明确目标和方向的访问者进行查询和阅读。由于分类广告(图 8.6)带有明确的目的性，所以受到许多行业的欢迎。

图 8.6 北方网的分类广告

8. 搜索引擎广告

搜索引擎广告(Search Engine Ads)是指通过向搜索引擎服务提供商支付费用，在用户进行相关主题关键词搜索时，在结果页面的显著位置上显示广告内容(一般为网站简介及网站的链接)的一种广告方式,具体形式包括搜索引擎排名、搜索引擎赞助、内容关联广告等。搜索引擎广告借助搜索引擎的强大流量来实现广告信息的传播,如图8.7所示。

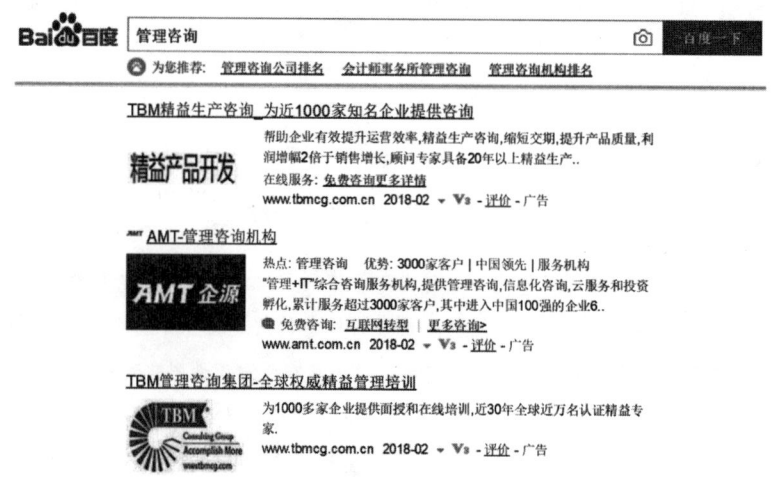

图8.7　百度的搜索引擎广告

9. 撕页广告

撕页广告(Tear Page Ads)是指在访问者打开网页的同时,广告自动伸展成大尺寸,经过2～3秒后自动还原至小尺寸图标,并缩至页面左上角或右上角,访问者通过单击鼠标可以反复浏览广告信息。撕页广告的内容丰富,视觉冲击力强,如图8.8所示。

图8.8　360导航的撕页广告

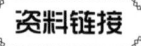

富媒体

富媒体(Rich Media)是指具有动画、声音、视频或交互性的信息传播等多媒体组合的媒介形式,包括HTML、Java Script、Interstitial间隙窗口、Flash等。富媒体不是一种具体的媒体形式,是目前在网络上被广泛应用的一种高频宽资料技术。

富媒体广告是基于富媒体技术的一种网络广告,其特点是利用富媒体技术将占用空间大的广告文件在流量大的门户网站上流畅播放。富媒体能表现更多、更精彩的广告内容。

(资料来源:编者根据相关网络资料整理。)

案例 8-3

网游植入式广告

网络游戏作为一种新的媒体平台正在崛起,网游植入式广告是在网络游戏高速发展的情况下孕育出的全新广告模式,以极强的生命力和潜力被越来越多人认同。网络游戏的玩家集中在 15～29 岁,这个年龄段的受众消费习惯和对广告的欣赏标准等存在很多相通性。所以广告主在设计和投放广告时就有很强的针对性,针对年轻人追求时尚、好奇心强等特点进行广告传播。比如在《街头篮球》的游戏中,NIKE 的球鞋成为玩家进行装扮和完成游戏必需的道具,而这个游戏的玩家正好是 NIKE 产品的主要消费群体,游戏中玩家拥有了酷炫的 NIKE 虚拟球鞋,就会有在现实中也得到这个产品的欲望,所以网游植入式广告的效果明显。

(资料来源:浅论网络广告创意传播策略 [EB/OL]. (2015-02-16)[2019-07-23] . http://www.doc88.com/p-0942686639332.html)

思考题:网游植入式广告应该注意哪些问题?

10. 微电影广告

微电影广告(Microfilm Ads)是为了宣传某个特定的产品或品牌而拍摄的有情节的、时长一般在 5～30 分钟的,以电影为表现手法的广告。它的本质依旧是广告,具有商业性和目的性。"电影""广告"和"微"是这个概念构成的 3 个关键要素。首先,微电影必须具备完整的电影叙事结构;其次,微电影的终极目标是实现对产品和服务的宣传、对企业与品牌形象的塑造;最后,微电影的播放时间短,可以在计算机、手机和其他一切兼容无线移动功能的视频设备上播放,满足了受众在移动状态和短时休闲状态的传播需求。

与电影植入广告相比,微电影改变了广告在电影这个内容平台中只能隐性植入的从属地位,将二者置于重合的界限关系,电影就是广告,广告就是电影。在微电影中,情节构思、叙述方式、人物关系、场景与音乐、演员造型等因素皆围绕品牌要实现的广告目标而展开,广告是本体,电影是载体。

案例 8-4

TCL 创意微电影广告:暖心催泪《爱,从未离家》

微电影《爱,从未离家》出自台湾著名导演周格泰之手。周格泰被称为"剧情 MV 大师",代表作有电影《17 岁》《领悟》《勇气》等。

微电影讲的是一个小萌娃,经过长途跋涉回到家。当萌娃按响门铃,迎接他的是一位两鬓斑白的老母亲,镜头一转,萌娃变成了大人。那一声"妈"真的不知叫酥了多少人,又让多少人心头一紧,潸然泪下……

电影立意很简单:在妈妈眼里,我们始终都是孩子。

电影整体呈现小清新的风格，不温不火，前面节奏缓慢，铺垫很长，直到最后才给观众内心猛地一击。

影片的亮点在于画风突变的结尾，还有主角一路上遇到的各种"萌娃"。这可能也是导演故意设计的，先让观众被"萌哭"，最后真正动情。

作为一个有着三十余载历史的家电品牌，TCL 给人的感觉一直都是品质可靠，但也老气横秋。TCL 通过这个创意微电影让我们顿时有一种感觉：一个逐渐淡出的大叔，重新刮了胡子，换了造型，更时尚、更年轻、更具活力地站在我们面前，变成了一枚小鲜肉！

记得去年《我是证人》大热的时候，TCL 也推出了一部名为《我是你的眼》的微电影，讲述了盲女陈燕和导盲犬珍妮的平凡故事，与《爱，从未离家》有些异曲同工之妙。

《爱，从未离家》抓住了年前这股营销浪潮，区别于其他品牌热闹红火的广告推广，另辟蹊径做起了小清新的微电影。没有高成本的明星投入，没有盲目跟风的电视推广，但凭借走心的形式和内容获得大众的好评。

虽然年纪不轻，但心态越来越年轻。从最初的王牌彩电到现在的"创意感动生活"，TCL 不断寻找突破，越来越精准地定位品牌形象。《爱，从未离家》给 TCL 这 3 个字母镀了一层金，不仅提高了品牌曝光，还升华了品牌价值，至于获得了多少好感值，应该是不可估计吧。

(资料来源：TCL 暖心微电影《爱，从未离家》[EB/OL]. (2016-02-16)[2019-07-23] .
https://www.digitaling.com/projects/22226.html)

思考题：微电影广告和电影植入广告有哪些不同之处？微电影广告的制作关键是什么？

8.1.3 网络广告的计费方式

一个网络媒体(网站)包含数十个甚至成千上万个页面。确定网络广告所投放的位置和价格的首要因素是特定的页面及浏览的人数，正如平面媒体(如报纸)的"版位""发行量"，或通信媒体(如电视)的"时段""收视率"一样。网络广告的计费方式主要有以下 3 种。

1．每千人成本(Cost Per Mille, CPM)

网络广告收费最科学的办法是按照有多少人看到广告来收费。按访问人次收费已经成为网络广告的惯例。CPM 指的是广告投放过程中，听到或者看到某广告的每一千个人均分担到多少广告成本，传统媒介多采用这种计费方式。对网络广告而言，CPM 取决于"印象"尺度，通常理解为一个人的眼睛在一段固定的时间内注视一则广告的次数(即"目击")。比如说一则广告横幅的单价是 1 元 /CPM 的话，意味着每一千人次看到这个 Banner 的话就收 1 元，以此类推，10000 人次访问的主页就是 10 元。至于每 CPM 的收费究竟是多少，要根据主页的热门程度(即访问人次)划分价格等级，采取固定费率。国际惯例是每 CPM 收费从 5～200 美元不等。

2．每点击成本(Cost Per Click, CPC)

以每点击一次计费这种方法加上点击率限制，可以加强作弊的难度，也是宣传网站站点的最优方式，但是，这种方法会使不少经营广告的网站觉得不公平，比如，虽然访问者没有点击，但是却已经看到了广告，对于这些看到广告却没有点击的流量来说，网站不能获得收益，因此有很多网站不愿意做这样的广告。

3．每行动成本(Cost Per Action，CPA)

CPA 计费方式是指按广告投放实际效果，即按回应的有效问卷或订单来计费，而不限广告投放量。CPA 的计费方式对网站而言有一定的风险，但若广告投放成功，其收益也比 CPM 的计费方式要大得多。广告主为了规避广告费用风险，只有当访问者点击旗帜广告并链接到广告主网页后，才按点击次数付给广告站点费用。

4．每回应成本(Cost Per Response，CPR)

以访问者的每一个回应计费，这种广告计费充分体现了网络广告"及时反应、直接互动、准确记录"的特点，但是，这显然是属于辅助销售的广告模式，对于那些只要亮出名字就已经有满足一半广告要求的品牌，大概所有的网站都会拒绝，因为得到广告费的机会比较渺茫。

5．每购买成本(Cost Per Purchase，CPP)

广告主为规避广告费用风险，只有在访问者点击旗帜广告并进行在线交易后，才按销售笔数付给广告站点费用。无论是 CPA 还是 CPP，广告主都要求发生点击行为，甚至进一步形成购买，才进行付费；而 CPM 则只要求发生"目击"，就对广告付费。

6．包月方式

很多国内的网站是按照"一个月多少钱"这种固定收费方式来收费的，这对客户和网站都不公平，无法保障双方的利益。

课堂讨论

分析上述几种网络广告计费方式的利弊。

8.2 网络广告实施

好的网络广告需要精经过心设计、制作，然后制定广告策划，以指导网络广告的发布、评价等。

8.2.1 网络广告设计

1. 网络广告的创意

创意是指对现实存在事物的理解及认知所衍生出的一种新的抽象思维和行为潜能。广告创意是指在广告中创造性地表现有关品牌、产品和服务信息,以迎合或满足消费者的心理需求,刺激消费者需求,促使其产生购买行为的活动。一个好的广告创意不仅能够创造商业价值,也能够给消费者带来艺术上的享受。事实上,大多数广告创意都是对旧的因素进行重新组合。创意人的头脑、创意策略、创意理念是广告创意思想形成过程中的4个重要因素。

(1) 创意人的头脑

设计人员需要具有对图像、色彩、空间观念的组合能力,文案人员需要具有对文字、语言的组织能力,创意人员则需要具有丰富的想象力和创造力。想象力是创造力的催化剂,可以将人头脑中存在的感知能力、专业技能和生活经验,调配成精彩的想法,创造出新的意念。

(2) 创意策略

创意策略是实现广告创意的手段和方法。了解创意策略是实施广告创意的关键。

资料链接

有关创意策略的基本问题

无论是传统广告还是网络广告,其创意策略都要明确最基本的8个问题。

① 本次广告希望达到什么目的和效果?
② 目标对象是谁?他们的人文特征及心理特征是什么?
③ 我们希望目标对象看了广告后产生何种想法?采取什么样的行动?
④ 产品的定位、特点和发展历史是什么?
⑤ 广告定位的支持点及任何有助于发展创意的信息是什么?
⑥ 承诺是广告的灵魂,广告要给消费者什么样的承诺?
⑦ 广告要表现什么样的格调?
⑧ 预算限制、媒体发布的特点及频度怎样?

(3) 创意理念

理念是人们对某种事物的观点、看法和信念。创意理念是广告创意人员对广告创意的观点和看法,是指导广告创意活动的思想。例如,麦氏咖啡的创意理念为"无论何时何地,用随身泡的咖啡激励或安慰自己重新开始",根据这一创意理念,创意人员可以想出一些场景,如伤心过后冲一杯咖啡抚平情绪,紧张的时候冲一杯咖啡让自己放松等。

(4) 点子

点子是经过思维产生的解决问题的主意和办法。广告创意点子是指实施广告创意策略、激发消费者购买欲望的具体办法。

一个称得上是广告创意的点子，最好能吸引消费者的注意力及兴趣。图像和文字的表现是制造广告效果及影响消费者的重要因素。图像和文字提供的主要广告信息要清楚明白，要符合品牌形象和商品个性。

2．网络广告的制作

网络广告的制作应充分发挥计算机技术的色彩、动画、声音等视听优势，提高网络广告的视听效果和吸引力。在制作网络广告时，应注意把握以下4个要点。

【创意广告设计欣赏】

(1) 定位准确，具有内涵

网络广告是企业在互联网上展示自我形象、实现营销策略和营销目标的重要手段。定位准确、内涵丰富的广告对提升品牌影响力、培养忠诚顾客具有重要作用。

(2) 结构合理，前后呼应

一则优秀的网络广告，其结构设计既要引领主题、步步深化，又要前后呼应，体现出合理的链接和交互。

(3) 画面生动，语言简洁

在立意与整体结构确定后，就是广告制作的细节问题。细节制作的总体原则是：画面醒目，有强烈的视觉冲动力；言词"一语中的"，能够将受众的视线吸引到广告上。

(4) 内容变化，保持新鲜

网络广告的图像内容长久不变，会导致点击率下降。为了提高点击率和吸引消费者的注意，应定期更新广告内容，保持广告的新鲜度。

此外，网络广告的制作还要兼顾网络的传输速率。网络接入方式不同，其带宽、网速也不同，内容较多、文件较大的网络广告，将影响网页的打开速度。

案例 8-5

皇包车旅行的新春广告

团圆是中国春节永恒的主题，也是品牌对消费者的美好祝福。在距离 2018 年农历新年只剩下不到一周之际，有一则新春广告通过一次并不圆满的旅行讲述了一个不能等待的团圆故事。

父母的第一次出国游精彩得让人意想不到：在曼谷的酒吧蹦迪，在街头做个纹身，牵手在普吉沙滩享受日光 SPA，骑着摩托车兜风仿佛回到了 18 岁。

但这都是儿子后来才知道的。这是一个关于"总是承诺，却总是忘记承诺"的故事。儿子承诺带父母去泰国旅行。父母一笔一画写下旅行心愿清单，但工作繁忙的儿子却一次一次地爽约。

图 8.9 皇包车旅行广告《"陌生"的儿子》

图 8.10 广告视频中"心愿清单"画面

看着故事似乎就要落入儿子"醒悟－反思－行动"的俗套中，但是这一次，父母决定自己出发。

没有儿子的提前准备，在皇包车旅行的华人司导的陪伴下，老两口尽情地体验着各种深度游项目，享受旅行的美好时光，他们精神饱满，仍有一颗年轻的心。

但这仍是一次并不圆满的旅行。出发前就一直心心念念的心愿清单"咱们全家多拍几张合影"最后没有实现，父母在寺庙里许的愿望是"下一次希望和儿子一起旅行"。

这张扎心的心愿清单背后，是一个朴素的道理：很多事情都可以被替代，唯独陪伴不可以被替代。

新年前夕，皇包车旅行推出了这则名为《"陌生"的儿子》的新年广告。

这则广告最大的亮点在于：品牌没有试图去扮演一个"全知全能"的角色，反而在展现司导服务特点的同时很好地保持了一个度，即品牌功能性的服务始终不能代替情感上的陪伴。

(资料来源：编者根据相关网络资料整理。)

思考题：通过此案例请分析皇包车旅行的品牌内涵。

> **资料链接**
>
> **影响受众阅读广告的主要因素**
>
> 影响受众阅读广告的因素主要有以下5个方面。
>
> (1) 页面载入速度：图片和表格应简单明了，并与标准显示器相配。
>
> (2) 广告内容：文字应简明扼要，标题要具有吸引力。
>
> (3) 导航的效率：表述准确而有意义的链接必不可少。
>
> (4) 安全和隐私：网站能拒绝Cookie的使用。
>
> (5) 营销以顾客为中心：广告必须清楚地列出购买条款，包括交货信息和退货条款等；购买完成后应有确认页面。
>
> (资料来源：编者根据相关网络资料整理。)

8.2.2 网络广告运作

1. 网络广告的策划

网络广告的策划过程具体包括以下6个步骤。

(1) 确定网络广告的目标

广告目标的作用是通过信息沟通，使消费者产生对品牌的认识、情感、态度和行为的变化，从而实现企业的营销目标。在产品生命周期的3个不同阶段，企业的营销目标不同，广告目标也不同。例如，在产品的成长期，企业的营销目标是把市场做大，广告目标是提高顾客对产品和服务的认识和了解，广告内容则以产品信息为主。

(2) 确定网络广告的目标受众

与传统广告相同，网络广告的受众也是企业的目标市场。只有让目标市场参与广告信息活动，了解并接收广告信息，才有可能实现广告的目标。

(3) 确定网络广告预算

广告预算是实施广告活动、达到广告目标的资金保障。确定网络广告预算首先要确定整体促销预算。网络广告预算根据目标市场情况及企业所要达到的广告目标来确定，既要有足够的力度，也要以够用为度。

(4) 广告信息决策

不同的广告创意，需要实施不同的广告信息策略，这都需要由企业和广告代理公司共同参与完成。

(5) 选择网络广告发布的渠道及方式

因为网络广告发布的渠道及方式会直接影响广告的效果，所以企业应根据自身情况及营销目标来选择合适的网络广告发布渠道及方式。

(6) 网络广告效果检测和评价

达到预期的广告效果是广告主的希望，也是广告主支付广告费用的动力。网络广告效果检测和评价不仅是对前一阶段广告投放效果的总结，也是下一阶段广告策略调整和改进的重要依据。

利用网络技术和信息技术，使网络广告效果的检测和统计更加准确。常用的检测和统计指标包括广告的浏览数、点击率和回应率等。

2. 网络广告的发布

网络广告的发布方式主要有企业主页、免费的网络服务等8种。广告主可以根据自身的需求选择其中的一种或几种。

(1) 企业主页

主页是企业在网络上进行广告宣传的主要形式。对于企业来说，建立自己的主页是一种必然的趋势。企业主页不仅是企业形象的展示，也是宣传产品的良好工具。实际上，在网络上做广告，企业最终要建立并宣传自己的主页。网络广告的其他形式，如黄页、企业名录、免费的网络服务等，都只是提供了一种快速链接至企业主页的方式。

(2) 免费的网络服务

网络内容服务商(Internet Content Provider, ICP)，例如新浪网、搜狐网等，为网民提供了大量免费的信息服务，包括新闻、评论、生活、财经等，从而受到人们的普遍关注和浏览。这些网络服务商的网站已成为网络广告发布的主要阵地，网络广告形式以旗帜广告为主。

(3) 黄页形式(在线目录)

在互联网上，有一些专门提供查询检索服务的网络服务商站点，例如 Infoseek 等。这些站点就像电话黄页一样，按类别划分信息，以方便用户检索和查询，在其页面上，都会留出一定的位置发布广告。与其他网络广告相比，在黄页上发布广告针对性强，针对特定用户提供相关的广告信息，广告醒目，容易受到正在查询相关问题的用户的关注。

(4) 企业名录

为获得大量的访问者，一些网络服务提供商或中介机构将一些企业信息融入他们的主页中，广告主可以以文字链接的形式在这些网站上建立链接，起到宣传的作用。例如，香港商业发展委员会的主页给出的网址中就包括汽车代理商、汽车配件商的名录，访问者可以直接通过链接，进入相应行业的代理商或者配件商的主页。

(5) 电子报纸或期刊

随着互联网应用的普及，一些报纸和杂志，例如美国的《华尔街日报》《商业周刊》，国内的《人民日报》《文汇报》《中国日报》等，都纷纷建立自己的网站，发行电子报纸或期刊，并同纸质报纸或期刊一样，为广告主提供广告发布服务。

(6) 新闻组

新闻组的成员可以阅读新闻组的公告，也可以发表自己的意见或建议。一些企业通过在与企业产品服务相关的新闻组上发表公告，来有效传播广告信息，引起成员关注，获得成员的意见和建议。

(7) 交换链接

与企业目录链接不同，交换链接本着平等、互利的原则，实现双方交互链接。建立交换链接应考虑的内容包括网站的访问量、在搜索引擎中的排名位置、相互之间信息的互补程度、链接的位置和具体形式等。

(8) 电子邮件和电子邮件列表

与传统广告中的邮寄广告一样，电子邮件广告已成为网络广告发布的重要形式之一。电子邮件广告是指广告主将广告信息以电子邮件的方式发送给有关的网上用户。

选择网络广告发布的渠道和方式，应根据企业诉求对象的特点和广告的目标，以及网上用户的情况来决定。

案例 8-6

在线网络社区广告

在线网络社区是一种基本的网络工具，包括博客、校友录、个人空间等。创立于2008年的开心网，其主营业务是移动网络游戏的研发、发行和运营及社交平台的运营。开心网主要通过在各种组件的植入游戏选项中进行广告传播，最典型的例子就是买房子组件。网友可以用虚拟钱币购买各城市的住房，而网站提供给网友购买的住房和现实中城市的楼盘相同，地产商可以通过将自己开发的楼盘加入游戏来进行宣传。广告的传播效果和认知效果都很好。

一个新的饮料品牌悦活看中了开心网这个平台，为自己量身打造了悦活开心网种植大赛进行品牌推广，网友通过种植悦活种子收获果实可获得积分。积分多者就有机会得到旅游基金、环保灯罐、悦活果汁和虚拟奖品等。悦活选择开心网做品牌推广，遵循了市场细分的原则，目标受众的选择很准确。举行的各种线上线下的活动也激发了网友的兴趣，加强了品牌记忆，提高了知晓率。

(资料来源：编者根据相关网络资料整理。)

思考题：在网络社区发布广告可以有哪些形式？

资料链接

网络广告发布的误区

网络广告发布的误区主要表现在以下3个方面。

1. 只考虑购买网站的首页

由于各网站一般都将网站首页的广告价格定得较高，往往使广告主认为网站首页的广告效果比其他页面好。一般来讲，网站首页的访问量比较大，能产生大量的页面阅读次数，但访问网站首页的网民多有主题不明确、目的性不强的特点，从而在客观上造成广告缺乏针对性，导致广告的成本效益不理想，甚至使广告主对网络广告失去信心，放弃网络广告的投放。

一般来说，首页广告的点击率是最低的，选择内容与自己业务密切相关的分类页面投放广告，则能够过滤掉那些对企业来说缺乏商业价值的访问者，提高广告的成本效益。

2. 在站点选择上，以网站访问量为主要衡量标准

目前，我国知名的门户网站有新浪网、搜狐网等，它们的差异不仅表现在内容上，还表现在所吸引的用户人数、用户类别和用户特征上。广告主在选择网站时，应首先考虑网站的特点和网站的用户是否与企业的目标市场一致，其次才是网站的访问量。

3. 广告投放的量越大，广告效果就越好

与传统媒体相比，网络广告的平均费用较低。在广告投放上，广告主相信在某个页面上投放的量越大，收到的广告效果就越好。事实上，目前，我国的网络广告主要按照 CPM 来计算价格，广告投放量越大，效果越好，但两者并不成线性关系，符合边际效益递减规律。控制广告投放量不仅可以降低广告开支，还能有效提高广告投入的成本效益。

(资料来源：编者根据相关网络资料整理。)

8.2.3 网络广告效果测评

1. 网络广告效果测评的内容及指标

网络广告效果是指网络广告作品通过网络媒体发布后所产生的作用和影响，即目标受众对广告宣传的反应。与传统广告效果一样，网络广告效果也具有复合性，是传播效果、经济效果、社会效果的统一，并具有一定的滞后性。

网络广告效果的测评就是利用一定的评价指标、评价方法和评价技术，对网络广告效果进行综合衡量和评定的活动。

(1) 网络广告传播效果测评

广告的最终目的是促进产品的销售，但在广告的实施过程中，因情况不同，具体的目标又有所不同。AIDA(A 代表 Attention，即引起注意；I 代表 Interest，即诱发兴趣；D 代表 Desire，即刺激欲望；最后一个 A 代表 Action，即采取行动。)模式是潜在消费者从接触广告开始，一直到完成某种消费行为的几个动作。广告主依据不同的广告目标，用 AIDA 模式来检验网络广告的效果。AIDA 模式下网络广告传播效果测评指标，见表 8-2。

表 8-2　AIDA 模式下网络广告传播效果测评指标

AIDA 模式	网络广告传播效果的测评指标 (测评对象)
Attention 注意	广告曝光次数 (媒体网站)
Interest 兴趣	点击次数与点击率 (媒体网站)
Desire 欲望	网页阅读次数 (广告主网站)
Action 行动	转化次数与转化率 (广告主网站)

① 广告曝光次数。广告曝光次数(Advertising Impression)是指网络广告所在的网页被访问的次数，通常用计数器来进行统计。在运用广告曝光次数评价网络广告效果时，应注意以下问题。

A. 广告曝光次数并不等于实际浏览的次数。在广告发布期间，同一位访问者可能几次浏览刊登同一则网络广告的页面，或访问者为浏览其他信息而打开该网页，这就导致广告曝光次数与实际阅读次数不符。

B. 在同一网站或网页上，广告发布的位置不同，所产生的实际价值也不同。通常情况下，首页广告比内页广告曝光次数多，但首页每则广告曝光次数所产生的广告价值却可能低于内页广告。

C. 通常情况下，一个网页中可能分布多则广告，访问者可能为了解其他广告信息而浏览该网页。此时的广告曝光次数并不会产生实际的广告价值。

总的来讲，得到一次广告曝光机会，并不等于得到一次广告受众的注意。

② 点击次数与点击率。

A. 访问点击网络广告的次数称为点击次数，点击次数可以客观地反映广告效果。而点击次数除以广告曝光次数，就可得到点击率(Click Through Rate，CTR)，这是衡量广告吸引力的指标。

B. 点击率是网络广告最基本、最直接、最有说服力的评价指标。一般来讲，访问者点击某一则网络广告，说明他已经对广告中的产品服务产生兴趣，并在进一步了解中。随着人们对网络广告的深入了解，点击率越来越低。因此，单纯的点击率已经不能准确反映网络广告的真实效果。

C. 网页阅读次数。访问者在对广告中的产品服务信息产生兴趣后，就会进入广告页面，详细了解产品服务信息，甚至产生购买的欲望。访问者对广告页面的一次浏览阅读，称为一次网页阅读。在一定时间内，所有访问者对广告页面的总的阅读次数就称为网页阅读次数。

事实上，广告网页的阅读次数与网络广告的点击次数是存在差异的，这种差异源于访问者只点击了网络广告而没有进一步浏览该广告所打开的网页。目前，受网络技术和统计技术的限制，很难精确统计网页的阅读次数，通常用点击次数来估算网页的阅读次数。

D. 转化次数与转化率。"转化"是指受网络广告影响而形成的购买、注册或者信息需求。转化次数是访问受网络广告影响所产生的购买、注册或者信息需求行为的次数，转化次数除以广告曝光次数，即为转化率(Conversion Rate)。网络广告的最终目的是促进产品的销售，而点击次数与点击率指标并不能真正反映网络广告对产品销售情况的影响。转化次数与转化率指标能更有效地衡量网络广告的实际效果。

网络广告的转化次数包括两部分：一部分是浏览并且点击网络广告所产生的转化行为的次数，另一部分是仅浏览而没有点击网络广告所产生的转化行为的次数。相对而言，转化次数与转化率可以较为准确地反映那些只浏览而没有点击广告所产生的效果。在广告实际测评中，估算转化次数与转化率存在一定的难度，通常将受网络广告的影响所产生的购买行为的次数作为转化次数。

(2) 网络广告经济效果测评

网络广告的最终目的是促进产品销售。网络广告的经济效果是网络广告给广告主带来的净收益，即网络广告收入与网络广告成本的差额。因此，网络广告经济效果测评的内容及指标包括网络广告收入和网络广告成本。

网络广告收入是网络广告受众受广告影响产生购买而给广告主带来的销售收入。在实践中，消费者的购买往往受多种因素的影响，准确区别各种因素对购买行为的影响是十分困难的。因此，常用广告刊载期销售收入的增加来作为广告收入。

网络广告成本是广告主投放网络广告的费用，以 CPM、CPC、CPA 等计费方式来计算。

(3) 网络广告社会效果测评

网络广告的社会效果主要是指广告活动在社会文化、教育等方面所产生的影响和作用。无论是广告构思、广告语言，还是广告表现，都要受到社会伦理道德和法律的约束。

网络广告的社会影响涉及整个社会的政治、法律、艺术、道德伦理等上层建筑和社会意识形态，因此，很难用评价指标进行测评。要用法律规范标准、伦理道德标准和文化艺术标准来综合衡量。

课堂讨论

影响网络广告投放效果的因素大致可以分为三大类：第一类是网络广告受众的因素，包括年龄、受教育水平、收入水平等，这些因素对网络的投放效果影响较大；第二类是网络广告本身的因素，包括广告的类型、位置、创意、互动等；第三类就是网络广告投放的网站可信度及企业的知名度。请大家分析，可以从哪些方面来提高网络广告的投放效果？请为企业制定有效的网络广告投放策略。

2. 网络广告效果测评的方法

(1) 单一指标测评法

单一指标测评法是指在广告主明确广告目标后，选择单个指标来对网络广告效果进行测评的方法。当网络广告目标是提升和强化品牌形象时，可选择广告曝光次数、广告点击次数与点击率、网页阅读次数等指标来衡量广告效果；当网络广告目标是促进销售时，可选择转化次数与转化率、网络广告收入等相关指标进行测评。

(2) 综合指标测评法

综合指标测评法是指在对广告效果进行测评时，选择多个指标从不同的角度对网络广告效果进行综合评价的方法。常用的综合指标测评方法有两种，即传播效能测评法和耦合转化贡献率测评法。

① 传播效能测评法。随着网络广告刊登时间的延续，广告信息对广告主的品牌形象和产品销售的影响也在不断加强。传播效能测评法是指在网络广告刊登后的一段时间内，对网络广告所产生的效果从不同层面赋予权重，以评价不同广告所产生效果的差异。传播效能测评法实际上是对不同网络广告形式、不同投放媒体和不同发布周期等情况下的广告效果的比较和评价，不仅仅反映某次广告刊登所产生的效果。

② 耦合转化贡献率测评法。这种方法是指广告主根据经验估算购买次数与点击次数之间的比例数值，并依此比例估算广告在网站发布时，一定的点击次数可产生的购买转化次数的预期值。而在网络广告发布后所产生的实际转化次数相对于预期转化次数的变化率，称为该网络广告与该网站的耦合转化贡献率。

案例 8-7

广告测评

某通信设备制造商在 A、B 两家网站上刊登了某通信产品广告,刊登周期为 1 个月。广告刊登结束后,A、B 两家网站向该制造商提供了网络广告点击次数,分别为 5102 次和 3051 次。通过跟踪调查,得到受网络广告影响而产生的购买次数分别为 102 次和 124 次。

1. 传播效能测评法

根据过去的经验,每 100 次点击可以形成 2 次购买,将实际购买的权重设为 1.00,每次点击的权重设为 0.02。

网络广告在 A 网站所产生的传播效能为:$102 \times 1.00 + 5102 \times 0.02 = 204.04$。

网络广告在 B 网站所产生的传播效能为:$124 \times 1.00 + 3051 \times 0.02 = 185.02$。

2. 耦合转化贡献率测评法

根据过去的经验,每 100 次点击可形成 2 次实际购买,据此估算,该网络广告在 A 网站产生 5102 次点击,应有 102 次购买,实际的购买也是 102 次;网络广告在 B 网站产生 3051 次的点击,应有 61 次购买,而实际的购买是 124 次。

网络广告与 A 网站的耦合转化贡献率为:$102/(5102 \times 0.02) \approx 1.00$。

网络广告与 B 网站的耦合转化贡献率为:$124/(3051 \times 0.02) \approx 2.03$。

由此可见,该通信设备制造商在 A 网站刊登广告获得的实际转化远远低于在 B 网站刊登所获得的实际转化,较高的点击次数有助于提高广告的传播效能,对品牌形象的提升和长期的销售促进都有重要的意义。而网络广告在 B 网站刊登,其耦合转化贡献率较高,在短期内销售效果明显,但对品牌形象的提升和长期的销售影响力有限。显然,该通信设备制造商网络广告的目标如果是侧重于提升品牌形象和促进长期销售,应选择在 A 网站刊登广告;如果广告目标是促进产品的销售,提高实际收入,则适宜在 B 网站刊登广告。

(资料来源:网络广告效果评估及评估方法分析研究报告 [EB/OL]. (2017-09-18)[2019-07-24]. http://ishare.iask.sina.com.cn/f/iJSwLEItmn.html)

3. 网络广告效果测评数据的收集

网络广告效果测评的基础工作是收集相关的统计数据。常用的数据收集方法有以下两种。

(1) ISP 或 ICP 通过使用访问统计软件获得测评数据

使用一些专门的软件可随时获得访问者对网络广告的反映情况,并通过进一步分析生成相应报表。目前,权威的网络广告服务公司 DoubleClick 就使用统计软件来获得广告曝光次数、点击次数,以及访问者的个人信息等资料。Cookie 技术为测评数据的获得提供了实现的可能。Cookie 技术可以区别不同地址甚至同一地址不同的信息资料,为广告主提供不同类型的统计报表。

(2) 委托第三方收集资料并进行测评

为保证广告效果测评的公正性，广告主可以委托第三方收集网络广告的相关信息资料，并独立进行测评。由独立于 ISP 或 ICP 之外的第三方测评，可以减少作弊的可能性，增强统计数据和测评结果的可信度。

本章小结

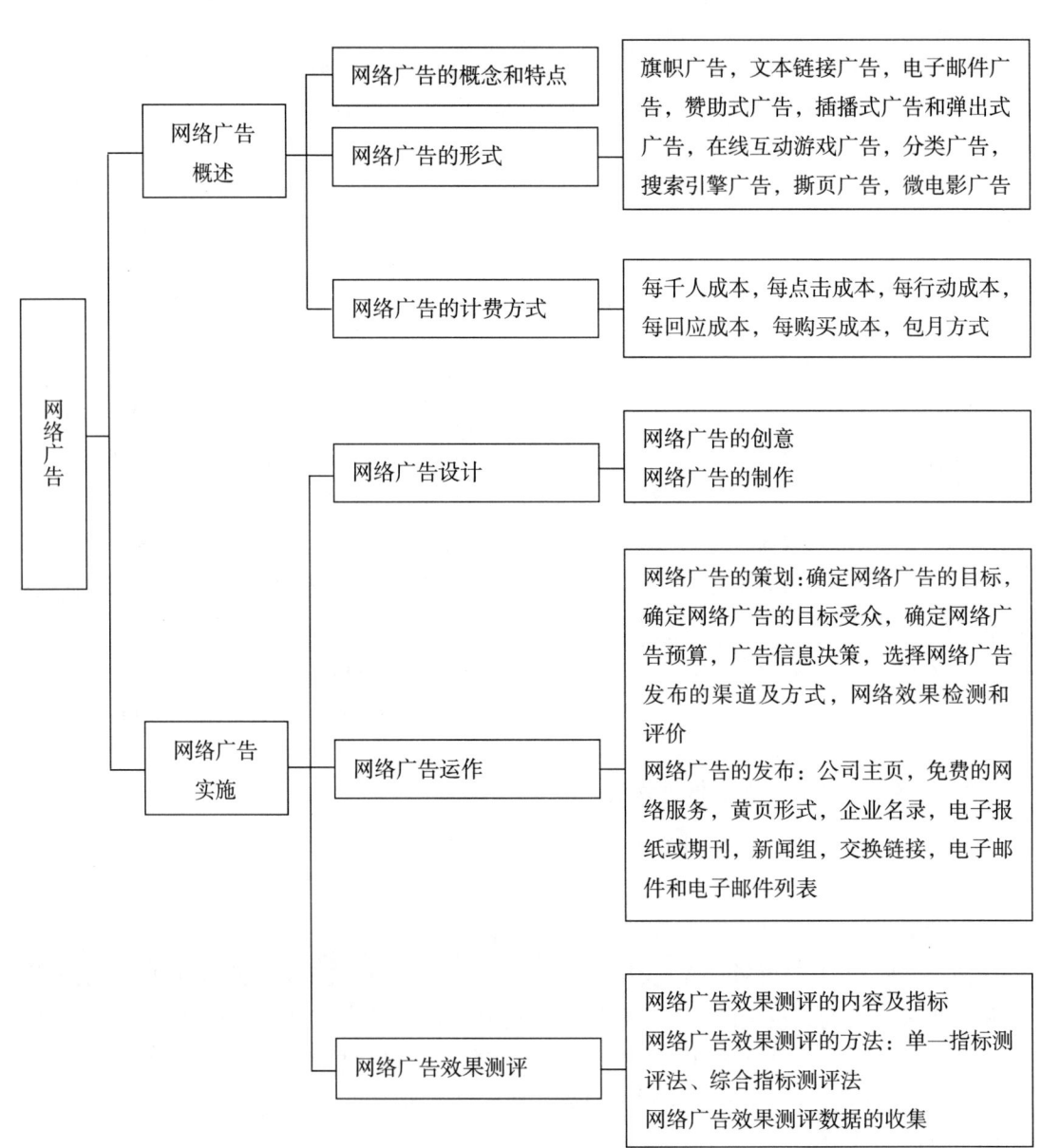

思考与练习

1. 单项选择题

(1) 网络广告起源于(　　)。
A. 美国　　　　B. 法国　　　　C. 英国　　　　D. 中国

(2) 以下(　　)不是网络广告的优点。
A. 不可检索性　B. 实时性　　　C. 传播范围广　D. 互动性和纵深性

(3) 以下代表每千人成本的是(　　)。
A. CPM　　　　B. CPC　　　　C. CPA　　　　D. CPD

(4) CTR 指的是(　　)。
A. 点击率　　　B. 广告收益　　C. 点击次数　　D. 转换率

(5) 广告信息的传播者是(　　)。
A. 广告主　　　B. 广告　　　　C. 广告媒介　　D. 广告受众

2. 多项选择题

(1) 网络广告的要素有(　　)。
A. 广告主　　　　　　　　　　B. 广告信息
C. 广告媒介　　　　　　　　　D. 广告受众
E. 广告效果

(2) 以下属于网络广告的是(　　)。
A. 旗帜广告　　　　　　　　　B. 按钮广告
C. 电子邮件广告　　　　　　　D. 互动游戏式广告
E. 赞助式广告

(3) 以下属于发布网络广告的手段的是(　　)。
A. 公司主页　　　　　　　　　B. 新闻组
C. 免费的网络服务　　　　　　D. 黄页形式
E. 企业名录

(4) 网络广告传播效果测评的指标有(　　)。
A. 广告曝光次数　　　　　　　B. 点击次数与点击率
C. 网页阅读次数　　　　　　　D. 转化次数与转化率
E. 网络广告收入

(5) 网络广告效果测评的方法有(　　)。
A. 传播效能测评　　　　　　　B. 点击率
C. 网络广告收入　　　　　　　D. 广告曝光次数
E. 耦合转化贡献率测评

3．简答题

(1) 什么是网络广告？

(2) 简述网络广告的特点。

(3) 网络广告有哪些不足？

(4) 网络广告的计费方式有哪些？

(5) 简述网络广告的常用发布方式。

(6) 网络广告传播效果测评的指标有哪些？

案例与实训

(1) 上网查找赞助式广告的具体形式。

(2) 尝试制作一份网络广告策划书。

(3) 登录搜狐网(www.sohu.com)，新浪网(www.sina.com.cn)，查看这两个网站首页上都有哪些形式的网络广告。试着利用相关制作工具创作一则旗帜广告。

(4) 案例分析

一汽大众网络广告

1．广告表现形式

因为载体(腾讯网 QQ 资讯面板)环境色彩信息较为丰富，受众很难在那么多信息中注意到广告信息，所以一汽大众选择了弹出式网络广告(图 8.11)的表现形式，使广告信息在凌乱复杂的资讯信息中凸显出来，进而吸引访问者的眼球。从广告形式上看，弹出式网络广告具有感官性强(视觉冲击力大)、受众范围广、实时、制作成本低、速度快、更改灵活、不受时空限制等优点。

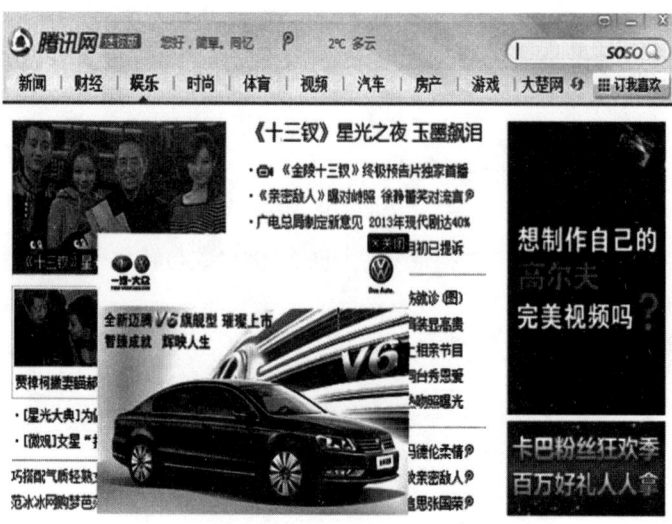

图 8.11　一汽大众网络广告

2. 广告设计

一汽大众平面广告鲜明的黑、银、灰相结合的颜色与弹出式广告形式特点相结合，更能凸显一汽大众品牌全新迈腾V6旗舰版的视觉形象，使访问者在繁杂的信息中一眼就能看到一汽大众的广告画面。画面中全新迈腾V6的豪华感突显了其全新璀璨上市的亮点，与"智臻成就　辉映人生"的广告语非常契合。

3. 媒体选择

在媒体选择上，一汽大众选择了腾讯网QQ资讯面板这一载体，点击率高、受众广泛，媒体选择非常到位。

4. 广告效果评价

一汽大众的弹出式网络广告，以其"弹"的运动形式吸引了受众的眼球，在吸引访问者关注度方面要远远高于其他静态的图像广告和文字广告，但是弹出式网络广告，因为是自动弹出，所以带有强制性植入的性质，很多访问者对这种弹出式广告的霸道形式感到厌烦，所以受众的抵触情绪也会高于普通广告。

(资料来源：网络广告案例分析 [EB/OL]. (2018-07-01)[2019-07-23].
http://wenku.baidu.com/view/cf0740b9960590c69ec3762a.html)

思考题：请分析一汽大众网络广告成功的原因，并结合案例谈谈网络媒体广告与传统电视广告的区别。

第 9 章
网络营销实施与管理

知识目标

(1) 了解网络营销实施的时机决策。
(2) 了解网络营销的组织结构及特点。
(3) 了解网络营销的成本管理和效果评价指标体系。
(4) 掌握网络营销风险控制的措施。

技能目标

会根据实际情况对网络营销效益进行评估。

引例

CNZZ 公司简介

【CNZZ 对网络营销的作用】

CNZZ 是由国际著名风险投资商 IDG 投资的网络技术服务公司,是中国互联网目前最有影响力的流量统计网站。CNZZ 网站首页的免费流量统计技术服务提供商,专注于为互联网各类站点提供专业、权威、独立的第三方数据统计分析。同时,CNZZ 拥有全球领先的互联网数据采集、统计和挖掘三大技术,专业从事互联网数据监测、统计分析的技术研究、产品开发和应用。其产品体系包括站长统计、云数据、全景统计、移动统计和广告效果分析等。

通过 CNZZ 为企业提供的解决问题方案可以看出,企业在决定实施网络营销后,还要对实施的效果进行测评,在实施过程中进行控制,才能确定网络营销实施达到目标的成效,从而及时发现实施方案与手段是否有效,分析产生偏差的原因,提出有针对性的解决措施。

9.1 网络营销实施

网络营销的实施是一项系统工程,不仅涉及技术方面的问题,也涉及企业的管理、组织、战略决策和业务流程等多方面的问题,需要企业建立专门的组织机构负责组织和管理。

9.1.1 网络营销实施分析

企业开展网络营销必须全面分析企业的经营状况和市场竞争环境,包括可行性分析、必要性分析、重要性分析和风险分析。

1. 可行性分析

可行性分析包括外部市场环境可行性分析和内部资源可行性分析。

外部市场环境可行性分析主要分析企业所面对的市场环境是否成熟;目标市场是否具备接受网络营销的条件和能力,是否接受企业所提供的网络营销方式,对网上采购的意愿和要求是否强烈;网络营销市场的竞争状况;等等。

内部资源可行性分析主要分析企业是否具备信息化基础;是否有相应的资金、技术和人才,以满足开展网络营销的需要。

2. 必要性分析

必要性分析主要分析在目前的市场环境和竞争状况下，企业实施网络营销的必要性和紧迫性；不实施网络营销对企业经营和发展的影响及潜在威胁。

3. 重要性分析

重要性分析主要分析在当前市场环境和竞争状况下，实施网络营销是否能够有效提高企业市场竞争力，抑制竞争对手，确保企业的稳定发展。

4. 风险分析

企业实施网络营销所面临的主要风险包括：市场观念风险，即目标市场对网上购物的观点、态度及认识与接受程度；技术风险，即企业实施网络营销所面临的新技术支持和面临的技术风险；执行风险，即企业现有的组织结构和管理水平能否满足网络营销的需要，对网络营销的实施会产生多大的影响；经济风险，即实施网络营销对企业经济效益的影响；政策风险，即国家法律和政策对实施网络营销的影响。

9.1.2 网络营销决策分析

1. 网络营销实施的时机决策

通过网络营销实施分析，综合考虑影响企业实施网络营销的各种因素，选择适当的时机开展网络营销。实施网络营销要求企业必须具备必要的内部资源条件、相应的组织结构和管理水平，以及相对成熟的网络营销市场环境；或当企业面临重大的市场竞争威胁，不实施网络营销就可能直接影响企业的经营和发展时，企业可以根据具体情况，做好开展网络营销的准备工作，择机实施网络营销。

目前，对许多小企业来讲，开展网络营销的条件和时机已经成熟。为择机实施网络营销，首先企业应考虑在互联网上注册域名，以免合适的企业域名被抢注。然后投入资金建立企业网站，一方面可以开展网络营销，另一方面可以宣传企业品牌形象，开展网络市场调研活动等。

2. 网络营销实施的投资决策

企业要借助互联网开展营销活动，需要搭建网络营销平台，即建设网络营销系统，这是网络营销实施的重点。在建设网络营销系统时，企业需重视网络及其配套信息设备与技术的投资，因为网络营销成本具有潜在增长性。根据国外研究，当企业决定投资100万美元用于新的网络开发时，该企业必须做好在未来的5年里至少再投入300万美元巨资的准备。一般而言，在软件开发上每产生1美元的花费，就意味着今后每年将造成0.2美元的运营成本及0.4美元的维修成本。因此，100万美元的初始投入将造成每年60万美元的额外开销。由此可见，网络营销的实施是一项投资巨大、周期较长的风险性投资活动。因此，企业实施网络营销时必须进行投资决策，分析网络营销带来的经济效益。

在进行经济效益分析时，常采用费用效益分析的方法，即对系统费用(或成本)和收益分别进行估计，然后将两者进行比较。

系统费用是网络营销系统在建设和实施过程中的费用总和，包括购置软件和设备费用、人力费、外部费用等，成本是不难识别和估算的。

收益的估计涉及范围较广，很难用数字精确表示，针对不同系统其收益值通常难以定量化，但掌握了收益的基本构成，就可以使其定量化过程相对容易。

第一类收益的标准就是由于社会劳动生产率的提高，从而使单位产品或服务生产的活劳动和物化劳动消耗不断降低。一般情况下，当企业规模扩大时，由于系统的运行不需要按常规增加人员，从而避免了某些成本的发生。

第二类收益是经营管理费用的节省，它的产生是由于网络营销的实施减少了经营成本。例如，网络营销的实施加强了企业内部物料的控制管理，使原材料和产品的库存减少了一定的百分比。由于开展网络营销而节省的经营管理费用还包括运输费、出差费、能源费等。

第三类收益来自经营收入的增加，这类收益最难准确量化。例如，由于实施了网络营销，能有效地分析和综合市场与客户的信息，合理地制订生产计划、销售计划，有效地控制坏账的发生，使企业扩大了销售量，增加了销售收入和现金流入。凡是由于该系统的运行而使企业增加的收入都属于这类经营收益。

以上几种类型的收益是直接收益。除此之外，还应考虑在直接收益中加上无形的或非定量的收益。

第四类收益是管理效益。管理效益通常也称间接经济效益或社会效益，是在评价网络营销实施结果时不可忽视的重要因素。实施网络营销的管理评价的目的是针对系统的一般状况，检验其工作的好坏程度和对管理工作在效率及效果方面的影响。管理效益在实际工作中往往难以定量测算，只能进行定性的分析。在评价实施网络营销的经济效果时，不仅应考虑经济问题本身，还应考虑因网络营销的实施所引起的社会效益，例如，人们工作习惯的改变、劳动强度的减轻、工作时间的缩短、经济体制和组织机构的改革、科学文化水平的提高等。

一般来说，网络营销实施对管理效益的影响主要表现在：促进管理层观念的转变和素质的提高；提高管理工作的效率和质量；促进企业管理体制和组织机构的改革；改善企业内部与外部环境；重视信息导向的作用，增强信息意识，注重从信息的价值中获取效益；增强企业的决策能力和竞争实力，企业可以结合自身的具体情况进行定性分析。

9.1.3 网络营销组织

网络营销的实施对企业营销组织的影响是深远的，它改变了企业营销组织的形式和结构。

1. 网络营销组织结构

企业实施网络营销后,各部门之间要相互协调,紧密配合,使企业能够为顾客提供满意的商品或服务,为顾客提供整体解决方案,满足顾客需求。

基于网络营销的企业组织结构,如图9.1所示。

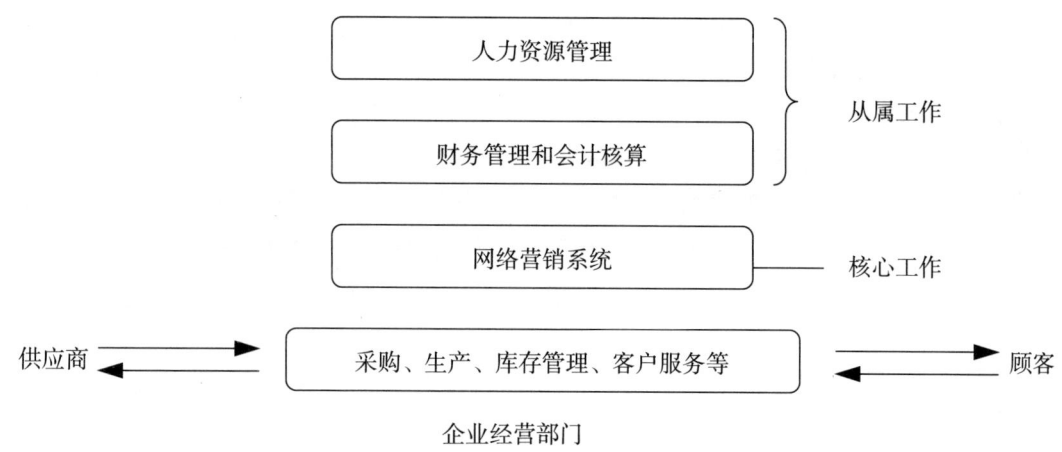

图9.1 基于网络营销的企业组织结构

企业开展网络营销后,传统的条块分割的部门重组为统一的、为顾客服务的组织机构,企业与供应商联系更加密切,渠道更加畅通。网络营销系统成为企业的核心,这个系统不仅包括传统的营销部门,还包括与之相协调的供应、生产、网络信息技术和系统维护等业务部门,其他如人力资源管理、财务管理及后勤保障部门属于支持部门。组织运转的动力来源于顾客需求及其变化。客户服务由服务部门统一对外提供,并通过企业内部的业务价值链向下传递,直至满足顾客的需求。

2. 网络营销组织结构的特点

企业实施网络营销后,组织机构的特点体现在以下3个方面。

(1) 统一顾客服务部门

通过简化和统一顾客服务程序,为顾客提供满意的网上订购和技术支持与维修服务。

(2) 扁平化组织结构

网络营销要求企业为顾客提供及时、高效的服务,对顾客需求的变化和市场竞争做出迅速反应。这就要求企业改变传统的"金字塔"组织结构,建立反应迅速的扁平化组织结构,同时,网络营销的实施也为扁平化组织结构提供了必要的支持。

(3) 横向信息沟通

为顾客提供统一的服务需要不同职能部门的协作配合,扁平化组织结构为部门之间的横向沟通提供了渠道和基础,提高了信息沟通效率。

> **资料链接**

京东组织形态的特点

京东过去的组织形态如果用两个字概括，就是"整合"——以内部模块为基础，依据外部变化将各个环节衔接在一起，形成高效的整体解决方案。

未来，为了服务于多元的场景和多变的需求，京东的组织需要变得更加灵活、敏捷，成为积木型的组织。积木型组织的含义是：打开业务环节之间的强耦合关系，使之成为一个个可拆分、可配置、可组装的插件。通过对多个可选插件的个性化组合，可以满足客户不同的偏好和需求。京东的积木型组织如图9.2所示。就像乐高积木一样，乐高有3200块左右的标准化砖块，通过统一的接口进行不同的组合叠加后，能够拼装成任何一个你想要的造型。

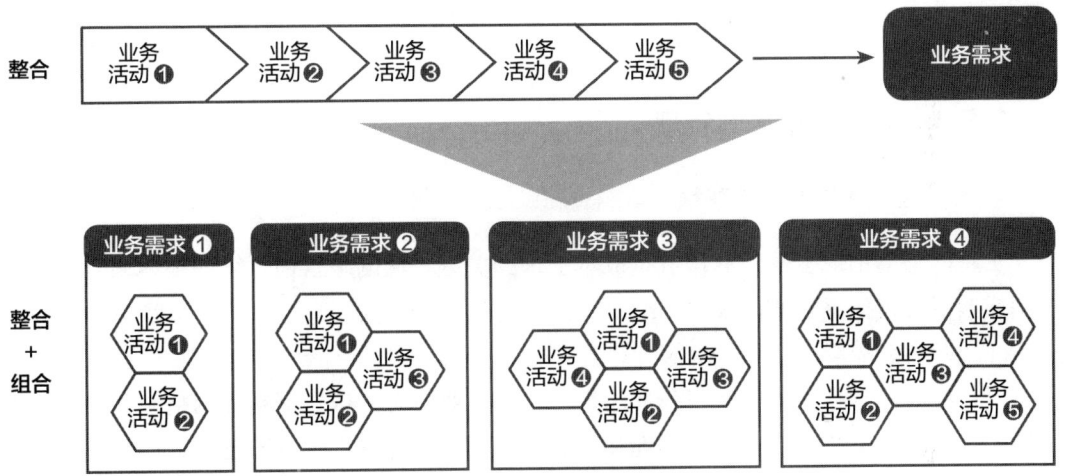

图 9.2 京东积木型组织

积木型组织的形态可以概括为"整合＋组合"。整合是以京东为主导的，根据未来零售创新的趋势，京东非常高效地整合出一套"一体化的解决方案"，直接助能于客户；组合则是以业务为主导的，客户可以在类似于应用商店的平台上挑选应用的组合，满足各自的需要，也就是说客户是被平台所赋能。

"整合"与"组合"形成平衡与统一。在前端，是灵活自主的业务团队，这些业务团队离客户最近，能够精准地理解客户的需求，并在此基础上快速响应。支撑前端业务的是京东能力与资源的组件，也就是标准化的业务积木，它们以产品或接口的形式开放给前端业务，并在复用过程中不断迭代更新、自我强化。在最后端的是与业务相关的职能积木，也是京东的公共基础设施。这些积木在各自的领域内不断深入求精，并支持整个组织体系的运转。所以，整个组织体系是资源协同和敏捷应变的统一：越是在前端，组合性就越高，充分调动业务团队的灵活应变性；越是在后端，整合性就越高，最大限度地进行资源协同和复用，最终达成"合则全盘调动、分则独立运营"的组织状态。

积木型组织具有3个特点，即灵活组合、赋能开放、随需应变。灵活组合是指京东自身业务的标准化、组件化；赋能开放是指将京东的积木组件开放给外部(由内而外)，同时也连接外部资源为己所用(由外而内)；随需应变是指最终积木的组合会契合客户的需要，并根据不同客户的不同需求而改变。

在京东从"零售商"向"服务全社会的零售基础设施服务商"转型的过程中，随需应变会逐渐流程化、常态化，成为积木型组织模式的印记。

(资料来源：京东组织形态的特点 [EB/OL].（2017-10-20）[2019-11-22].
http://money.163.com/17/1020/11/D16HC4Q5002580S6.html)

9.2　网络营销管理

实施网络营销后，要达到网络营销的目标，企业必须加强协调和控制。网络营销管理控制主要包括网络营销成本管理、网络营销效益评估和网络营销风险管理3方面的内容。

9.2.1　网络营销成本管理

1. 网络营销成本的基本构成

了解网络营销成本的基本构成是成本管理的关键。从网络营销系统的整体来看，网络营销成本主要包括以下两部分。

(1) 供应者成本

企业中的信息技术部门和服务部门负责管理企业所有的信息资料和网络设施，为网络营销的实施提供系统开发、信息管理和服务，对网络系统进行维护和管理，保证网络营销系统的安全、可靠和正常运行。因此，这些部门的运作成本应属网络营销成本。

(2) 使用者成本

使用者成本是网络营销业务部门发生的费用，由信息技术部门支出。用于网络营销系统建设的网络硬件设备和软件购置，也应纳入业务部门的费用核算中，作为使用者成本。

在网络营销系统建立后，网站建设、网页设计和更新、网站宣传和推广等业务费用，不论在哪个部门支出，都应纳入营销部门的网络使用费用，计入使用者成本。

此外，网络营销部门和技术服务部门为提高员工工作能力和素质所发生的培训教育费用，尽管没有直接对网络营销业绩产生影响，但作为间接费用，也应考虑计入网络营销成本。

2. 成本管理

成本管理的核心是编制成本预算，进行成本控制。

在编制成本预算时，必须考虑技术进步的速度和设备的技术寿命；随着网络的使用，网站的维护费用也在不断提高，维护费用预算也应相应调整；互联网的发展和网站内容多样性的要求，使得企业网站租用的空间不断扩大，租用费也要相应增加。因此，网络营销成本预算的编制应有一定的弹性。

成本控制以预算为基础，应根据市场的变化进行适当的调整。对供应者成本应采用项目控制，并结合使用者使用情况加以考核；对使用者成本，应在项目控制的基础上进行总额弹性控制；对技术部门与业务部门之间因业务拓展而产生的成本，应比照市场价格进行成本控制。

9.2.2 网络营销效益评估

实施网络营销需要企业制定营销目标，而营销目标的实现程度要求对网络营销实施效果进行评价，找出差距，发现问题，以进一步调整营销策略和目标。

1．网络营销效果评价方式

根据网络营销目标，网络营销效果的评价方式分为以下两种。

(1) 网络营销效益评价

网络营销目标如果是定量目标，例如销售指标、市场占有率或经济效益等，对应的评价方式也应是定量指标。通过将网络营销实施的结果与营销目标进行对比，给出评价结论。

(2) 网络营销有效性评价

在网络营销中，许多企业的营销目标不是具体的数量指标，而是有效性指标，例如企业品牌知名度、企业形象展示、产品展示、客户沟通等，对这些营销目标的评价一般较为困难，需要进行定性分析和定量考察。

2．网络营销效果评价指标

根据网络营销的目标选择，建立相应的评价指标体系，是有效评价网络营销效果的重要依据。

(1) 经济指标

网络营销评价的经济指标主要包括以下 5 种。

① 网络销售收入(增长率)：通过网络实现的产品销售总额。

② 网络销售费用(增长率)：进行网络销售所投入的成本，包括营销人员的工资和福利、网络运行费、网站建设费、企业支付的物流费等。

③ 销售利润率：企业利润与销售额的比率。

④ 库存费用变动：网络营销对企业库存费用的影响。

⑤ 整个企业成本费用变动：网络营销对整个企业成本费用的影响。

(2) 市场业绩指标

市场业绩指标包括以下 5 种。

① 市场覆盖率(变动)：企业产品的市场覆盖指标。

② 市场占有率(变动)：企业产品在市场上占有的份额。

③ 新市场拓展：通过网络营销活动，拓展新的销售市场的情况。

④ 网上销售占比：网络营销在全部产品销售中的占比。

⑤ 顾客回头率：老顾客通过网络订购产品的情况。

(3) 技术评价指标

网络营销技术评价指标主要是对网络营销平台——网站和网页建设进行的,主要包括以下3个方面。

【CNZZ 的产品体系】

① 网站和网页设计评价。网站是网络营销的基本工具。企业网站和网页设计评价的基本指标包括网站的功能是否具备,内容是否完备,设计风格是否符合目标市场的审美观,视觉效果如何,是否具有吸引力等。此外,还要考虑主页下载时间、有无私链、对不同浏览器的适应性等。为保证评价的公正性,可以考虑引入第三方评价。

② 网站推广评价。网站推广是提高网络营销效果的重要手段。评价网站推广主要考察3个方面的情况:一是搜索引擎的登录情况,包括门户引擎、专业搜索引擎和地方搜索引擎的登录网站数量及排名;二是与其他网站的链接情况,包括行业内其他网站的链接和交换链接等;三是用户数量,包括会员登录和非会员访问数量。这些评价都可以量化,以便进行比较和判断。

③ 网站流量评价。网站流量包括独立访问者数量、页面浏览情况和每位用户在网站停留的时间。一般来讲,网站访问者数量越大,页面浏览频率越高,访问者停留时间越长,网站对访问者吸引力越强,网站建设和推广效果就越好。

(4) 综合效果评价指标

网络营销的效果往往不是具体的某一方面,而是网络营销的各种职能的总和,体现在企业整体价值的提升上。具体的综合评价指标包括以下3个方面。

① 企业品牌价值的提升。品牌价值是企业价值的核心。在传统营销模式下,受企业资源和营销范围的限制,企业的品牌价值往往局限在某一地域或某一层次的市场中,提高企业的品牌价值往往要付出很大的代价。而网络营销突破了地域和时间的限制,使企业的品牌得到无限制的延伸,企业的品牌价值可以以较低的成本得到迅速提高。因此,企业品牌价值的提升也就成为评价网络营销效果的重要指标。

② 顾客满意度。顾客的满意是多方面的,包括产品质量、性能和价格,维修服务的效率和质量,顾客意见的传递方式和反馈、沟通的效率和途径等。网络营销借助互动式网络沟通,使企业能充分了解顾客需求,为顾客进行一对一的定制服务。通过建立 FAQ,解答顾客疑问,能提高服务效率,从而提高顾客满意度。

③ 企业管理水平。网络营销的实施改变了传统的企业组织结构和管理模式,影响着企业的管理水平和工作效率。因此,企业管理水平的提高也是网络营销效果的体现。

【资料链接】

Alexa 发布的世界网站排名

Alexa 是美国一家专门发布世界网站排名的网站。以搜索引擎起家的 Alexa 创建于 1996 年 4 月,目的是让网络用户在分享虚拟世界资源的同时,更多地参与互联网资源的组织。

Alexa 每天在网上收集超过 1000GB 的信息,不仅给出多达几十亿的网址链接,而且还为其中的每一个网站进行了排名。可以说，Alexa 是当前拥有 URL 数量最庞大、排名信息发布最详尽的网站。

1. google.com

网站简介：Google 目前被公认为全球最大的搜索引擎，也是互联网上五大最受欢迎的网站之一，在全球范围内拥有无数的用户。Google 允许以多种语言进行搜索，在操作界面中提供多达 30 余种语言选择。Google 创建于 1998 年 9 月，创始人为拉里·佩奇(Larry Page)和谢尔盖·布林(Sergey Brin)，他们开发的搜索引擎屡获殊荣，是一个用来在互联网上搜索信息的简单快捷的工具。Google 取自数学术语 googol，意思是一个 1 后面 100 个 0。

2. youtube.com

网站简介：YouTube 是全球著名的视频网站，可供网民上传、观看及分享短片，现已成为同类型网站的翘楚，并造就了多位网络名人，已经成为世界上访问量很大的视频播客类网站。

3. facebook.com

网站简介：Facebook 是美国的一个社交网络服务网站，于 2004 年 2 月 4 日上线。主要创始人为美国人马克·扎克伯格。Facebook 是世界排名领先的照片分享站点。

4. baidu.com

网站简介：百度是全球最大的中文搜索引擎，也是全球影响力最大的中文网站，2000 年 1 月创立于北京中关村。

5. yahoo.com

网站简介：雅虎是美国著名的互联网门户网站，其服务包括搜索引擎、电邮、新闻等，业务遍及 24 个国家和地区，为全球超过 5 亿的独立用户提供多元化的网络服务。

6. amazon.com

网站简介：亚马逊是美国最大的一家网络电子商务公司，位于华盛顿州的西雅图，是网络上最早开始经营电子商务的公司之一。亚马逊成立于 1995 年，一开始只经营网络的书籍销售业务，现在则扩充了范围相当广的其他产品，包括了音乐光碟、计算机、软件、电视游戏、电子产品、衣服、家具等。

7. wikipedia.org

网站简介：维基百科是一个基于维基技术的全球性多语言百科全书协作计划，同时也是一部网络百科全书，其目标及宗旨是为全人类提供自由的百科全书——用他们所选择的语言来书写而成，是一个动态的、可自由访问(绝大多数国家，但使用安全链接则也行)和编辑的全球知识体系，在许多国家已相当普及。

8. qq.com

网站简介：腾讯网是腾讯公司推出的集新闻信息、互动社区、娱乐产品和基础服务为一体的大型综合门户网站。腾讯网服务于全球华人用户，致力成为最具传播力和互动性、权威、主流、时尚的互联网媒体平台。

9. google.co.in

网站简介：著名搜索引擎 Google 在印度设立的分站，提供印度本地搜索，同时组建印度实验室以开发面向本地市场的产品或者服务，印度由此成为 Google 在全球第 7 个设立产品实验室的国家。

10. twitter.com

网站简介：推特微社交是国外的一个社交网络及微博客服务的网站。它利用无线网络、有线网络、通信技术进行即时通信，是微博客的典型应用。

(资料来源：编者根据相关网络资料整理。)

9.2.3 网络营销风险管理

1．网络营销的风险来源

网络营销的风险来源有两大类：一类是经营性风险，包括网络营销实施的时机风险、市场风险、技术风险、管理风险等，这些风险一般可以通过加强企业经营管理、提高企业决策能力来规避和应对；另一类是非经营性风险，又称人为风险，是指由于人为破坏等因素给企业的经营造成损失的可能性，这类风险主要来源于计算机病毒、网络犯罪和网络知识产权3个方面。下面主要分析非经营性风险。

(1) 计算机病毒

计算机病毒是指隐藏在计算机中、具有破坏性和自我复制传播能力的程序，一些病毒通过网络传播。营销网络一旦感染病毒，就会给企业造成一定的经济损失。

(2) 网络犯罪

除了一些别有用心的人通过编制病毒对企业的网络进行破坏以外，还有一些犯罪分子通过网络盗窃企业机密，直接获取非法经济利益或者破坏企业的网络营销系统，俗称网络黑客。网络黑客对社会和企业造成的危害是极为严重的，是影响企业网络安全的重要因素。

(3) 网络知识产权

网络营销环境的形成始于信息交流和传输方式的改变，而知识产权从本质上讲是一种"信息产权"，是对符合某些法定条件的"信息"的法律保护权。因此，网络营销环境对法律的冲击，首先产生于对知识产权法律制度的冲击。立法的滞后导致网络知识产权得不到有效保护，这成为网络营销中的另一种人为风险。

2．网络营销的风险控制

网络营销风险控制的核心和关键是交易的安全性，这也是电子商务技术的难点。为了降低交易风险，企业必须从4个方面进行风险控制：一是信息保密性，交易中的商务信息均要求严格保密；二是交易者身份确定的有效性，为交易双方确认身份是保证交易安全的重要手段；三是不可否认性，市场千变万化，交易一旦达成是不能被否认的，否则就会损害双方的利益；四是不可修改性，交易协议一旦达成，交易文件就不能擅自修改，以保障交易合约的严肃性和公正性。

> **案例 9-1**
>
>
> 【"韩雪炮轰携程"事件】
>
> 扫二维码，打开链接，回答下面问题。
>
> 思考题：此次事件出现的原因是什么？企业在网络营销活动中如何认识风险并规避风险？

为有效实施网络营销风险控制，构建完整的网络交易安全体系，企业应采取3项措施：一是技术方面的措施，包括防火墙技术、防杀病毒技术、信息加密存储通信、身份认证、授权等；二是管理措施，包括交易的安全制度、交易安全的实时监控、提供实时改变安全策略的能力、对现有的安全系统漏洞的检查以及安全教育等；三是社会的法律政策保障，包括出台保护网络交易的各种法律法规。

具体措施包括以下4个方面。

(1) 客户认证

客户认证是指基于用户的客户端主机IP地址的一种认证机制，允许系统管理员为具有某一特定IP地址的授权用户分配访问权限。系统管理员可以决定对每位用户的授权，允许访问的服务器资源、应用程序，访问时间及允许建立的会话次数等。这是保证电子商务交易安全的一项重要技术。

客户认证主要包括身份认证和信息认证。身份认证用于鉴别用户身份，防止假冒；信息认证用于保证通信双方的不可抵赖性、信息的完整性和可靠性。

(2) 防止黑客入侵

黑客有两类：一类是只想证明自己的能力、引起他人关注的"骇客"，即传统意义上的黑客；另一类是"窃客"，他们的行为带有强烈的目的性和经济犯罪性质。目前，黑客的行为正在不断地走向系统化和组织化。

防范黑客的技术措施根据所选用产品的不同，可以分为网络安全检测设备、访问设备、浏览器服务器软件、证书、商业软件、防火墙和安全工具包/软件等。

(3) 网络交易系统的安全管理制度

网络交易系统的安全管理制度是用文字形式对各项安全要求所做的规定，是网络营销人员安全工作的规范和准则，是网络营销正常开展的保证。

企业实施网络营销时，必须建立一套完整的网络安全管理制度，这套制度应当包括人员管理制度、保密制度、跟踪审计制度、系统维护制度、数据备份制度、病毒定期清理制度等。

(4) 网络营销交易安全的法律保障

网络交易中，合同的执行、赔偿责任、个人隐私、资金安全、知识产权保护、税收等问题会直接影响网络营销的发展。国家应加快相应的法制建设，为促进网络营销发展提供重要的法律保障。

网络的安全性问题是风险管理的重点。要加强安全，就必须加强管制，但管制的加强又会降低网络交易的便利性。同时，追求最大化的安全性需要企业投入大量资金，付出巨大代价，而犯罪分子的入侵往往又是偶然性的，这又加大了企业的营销成本，影响企业的经营业绩。因此，安全性与便利性、安全性与经济性是两对矛盾，网络营销企业必须妥善处理。

【互联网安全法律法规建设】

本章小结

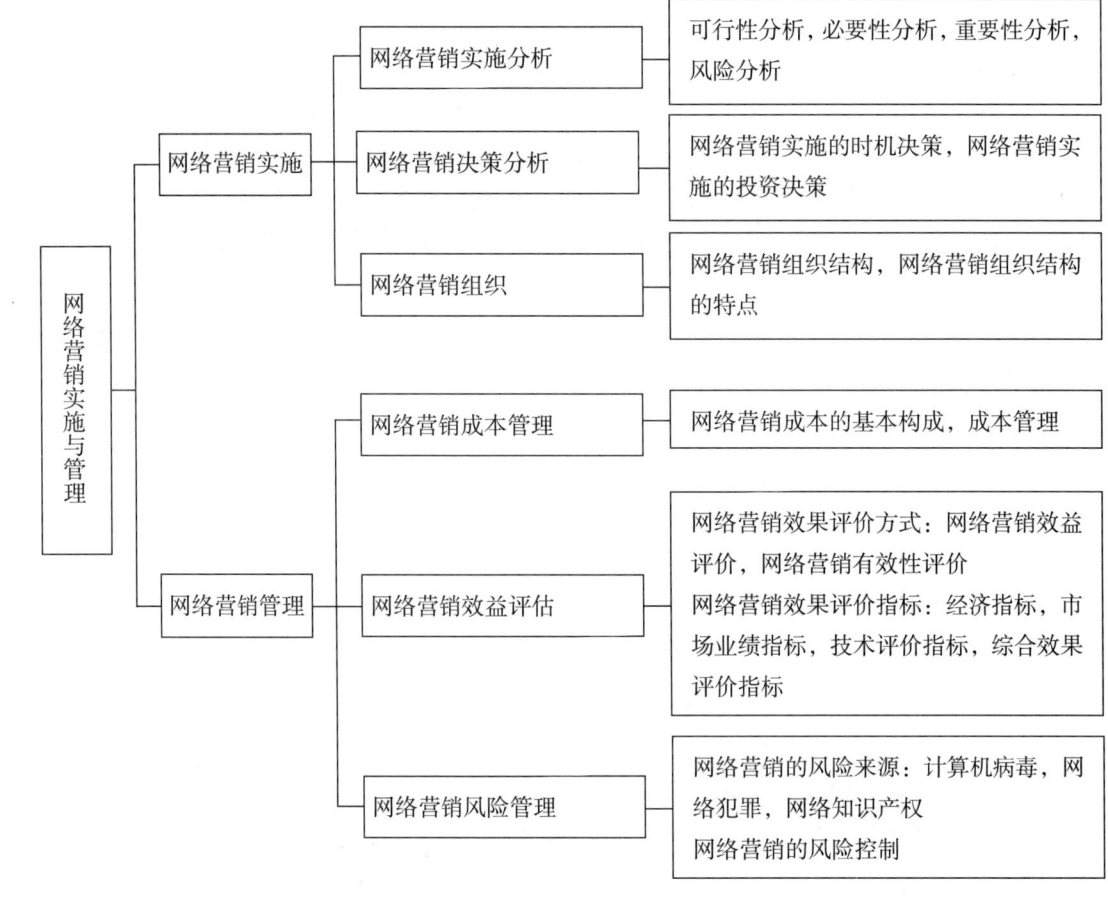

思考与练习

1. 单项选择题

(1) ( )主要分析在当前市场环境和竞争状况下,实施网络营销是否能有效提高企业市场竞争力,抑制竞争对手,确保企业的稳定发展。

　A. 可行性分析　　　　　　　　　B. 必要性分析

　C. 重要性分析　　　　　　　　　D. 风险分析

(2) 下列业务发生的费用不应计入使用者成本的是( )。

　A. 网站建设　　　　　　　　　　B. 网站宣传

　C. 网络系统维护　　　　　　　　D. 网页设计和更新

(3) 下列不属于网络营销评价的经济指标的是( )。
A. 网上销售收入(增长率) B. 网上销售费用(增长率)
C. 库存费用变动 D. 市场占有率(变动)

(4) 下列不属于网络营销评价的市场业绩指标的是( )。
A. 网站推广评价 B. 顾客回头率
C. 新市场拓展 D. 市场占有率(变动)

(5) 实施网络营销风险控制，构建完整的网络交易安全体系，企业采取的管理措施是( )。
A. 防火墙 B. 身份认证
C. 网络防毒 D. 交易的安全制度

2. 多项选择题

(1) 网络营销实施分析包括( )。
A. 可行性分析 B. 必要性分析
C. 重要性分析 D. 风险分析
E. 环境分析

(2) 外部环境可行性分析主要分析( )。
A. 企业所面对的市场环境是否成熟
B. 网络营销市场的竞争状况
C. 是否接受企业所能提供的网络营销方式
D. 对网上采购的意愿和要求
E. 目标市场是否具备接受网络营销的条件和能力

(3) 企业实施网络营销所面临的主要风险包括( )。
A. 市场观念风险 B. 技术风险
C. 经济风险 D. 执行风险
E. 政策风险

(4) 从网络营销系统的整体来看，网络营销成本主要包括( )。
A. 供应者成本 B. 网站建设成本
C. 网站运营成本 D. 使用者成本
E. 网站维护成本

(5) 为了降低交易风险，企业必须从多个方面进行风险控制，包括( )。
A. 信息保密性 B. 不可否认性
C. 不可修改性 D. 访问控制
E. 交易者身份确定的有效性

3. 简答题

(1) 如何把握网络营销实施中的时机决策？

(2) 企业实施网络营销后，企业组织结构的特点是什么？
(3) 简述网络营销的成本构成和控制方法。
(4) 简述网络营销的风险来源和交易风险控制措施。

案例与实训

案例分析

相宜本草品牌网络推广

相宜本草——一个诠释"本草养肤"概念的品牌。创始人封帅女士乃中医名家之后，其外祖父杨继田先生为泰山脚下一代名医，曾任冯玉祥将军的医师，医术造诣深厚，医德双馨名远扬。封帅女士自幼深受中医文化熏陶，秉承对中医文化与汉方美颜的一份责任，于1999年创立了相宜本草品牌。

1. 品牌理念：内在力、外在美

女人的美，从来都是由内而外的，肌肤也是如此，内在的能量才是肌肤美丽的根源。相宜本草携手上海中医药大学基础医学院，萃取地道本草精华，添加自创"导入元"，使活性成分穿透角质层，深达"肌肤芯部"调理养护，有效改善肤质与肤色。肌肤之美，由内绽放，生生不息。

2. 网络推广方式

(1) 搜索引擎登录：按照提示在网站登录栏输入网站地址即可完成登录，尽可能多地在各大搜索引擎上登录，例如百度、搜狗、微软必应等。

(2) 电子邮件推广。

① 利用网站的注册用户资料开展电子邮件营销，如新闻邮件、电子刊物等。

② 利用专业服务商的用户电子邮件地址来开展电子邮件营销，也就是以电子邮件广告的形式向服务商的用户发送信息。

(3) 资源合作推广。

通过网站交换链接、交换广告、内容合作、用户资源合作等方式，在具有类似目标网站之间实现互相推广的目的，其中最常用的资源合作方式为网站链接策略，利用合作伙伴之间网站访问量资源互为推广。每个企业网站均可以拥有自己的资源，这种资源可以表现为一定的访问量、注册用户信息、有价值的内容和功能、网络广告空间等，利用网站的资源与合作伙伴开展合作，实现资源共享、共同扩大收益的目的。在这些资源合作形式中，交换链接是最简单的一种合作方式，调查表明也是新网站推广的有效方式之一。交换链接或称互惠链接，是具有一定互补优势的网站之间的简单合作形式，即分别在自己的网站上放置对方网站的Logo或网站名称，并设置对方网站的超链接，使得用户可以从合作网站中发现自己的网站，达到互相推广的目的。

(4) 信息发布推广。

将有关的网站推广信息发布在其他潜在用户可能访问的网站上，利用用户在这些网站获取信息的机会实现网站推广的目的，适用于这些信息发布的网站包括在线黄页、分类广告、论坛、博客网站、供求信息平台、行业网站等。信息发布是免费网站推广的常用方法之一。

(5) 快捷网址推广。

快捷网址推广，即合理利用网络实名、通用网址及其他类似的关键词网站快捷访问方式来实现网站推广的方法。快捷网址使用自然语言和网站 URL 建立其对应关系，这为习惯于使用中文的用户提供了极大的便利，用户只需输入比英文网址要更加容易记忆的快捷网址就可以访问网站，用自己的母语或者其他简单的词汇为网站"更换"一个更好记忆、更容易体现品牌形象的网址，例如选择企业名称或者商标、主要产品名称等作为中文网址，这样可以大大弥补英文网址不便于宣传的缺陷。随着企业注册快捷网址数量的增加，这些快捷网址用户数据也相当于一个搜索引擎，这样，当用户利用某个关键词检索时，即使某网站注册的中文网址与其并不一致，同样存在被用户发现的机会。

(6) 网络广告推广。

网络广告是常用的网络营销策略之一，在网络品牌、产品促销、网站推广等方面均有明显作用。网络广告的常见形式包括：旗帜广告、关键词广告、分类广告、赞助式广告、电子邮件广告等。旗帜广告所依托的媒体是网页，关键词广告属于搜索引擎营销的一种形式，电子邮件广告则是许可电子邮件营销的一种，可见网络广告本身并不能独立存在，需要与各种网络工具相结合才能实现信息传递的功能，因此也可以认为，网络广告存在于各种网络营销工具中，只是具体的表现形式不同。将网络广告用于网站推广，具有可选择网络媒体范围广、形式多样、适用性强、投放及时等优点，适合于网站发布初期及运营期的任何阶段。

(资料来源：相宜本草品牌网络推广 [EB/OL].（2016-06-20）[2019-11-26]. http://wenku.baidu.com/view/41f31a34a32d7375a41780d0.html)

思考题：相宜本草采用的网络推广有什么特色，在推广过程中，企业如何通过管理和控制活动保证营销效果？

第10章

网络营销实训

网络营销是一门实践性较强的课程,实训是教学的重要环节。在实践中运用并掌握相关理论知识,是本课程的教学目的。本章结合课程教学要求和具体情况,选择了实际操作性和针对性较强的实训项目,在教学过程中进行营销技能训练。

10.1 创建商业站点

【实训目的】
1. 掌握简单商业站点的创建方法。
2. 规划商业站点内容。

【实训要求】
1. 学生如果有自己的网站空间,可以在此空间上建立一个虚拟的企业站点。
2. 学生如果没有自己的网站空间,可以在网上申请一个免费的网站空间,利用它来完成此次实训。
3. 网站上至少应有 3 个要素,即一个醒目的企业 Logo、企业简介信息、企业产品信息介绍页面。

【实训内容】
学生可按以下指导完成此项实训。
以在凡科网上免费建立一个站点为例,说明建立商业站点的流程。

10.1.1 在线申请网站空间

登录凡科网(www.fkw.com)首页,如图 10.1 所示。单击凡科网首页中的"免费注册"按钮,在打开的免费注册页面中填写相关注册信息,填写完成后单击"免费注册"按钮,如图 10.2 所示。

图 10.1 凡科网首页

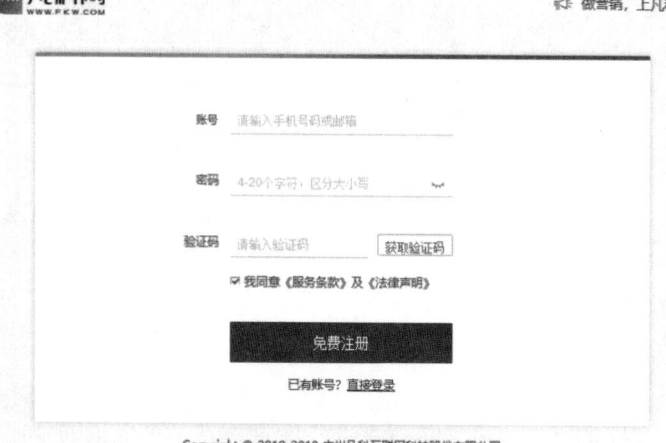

图 10.2 免费注册页面

此时，系统会自动告知"注册成功"。登录网站后，用户可以同时制作计算机网站和手机网站，如图 10.3 所示。

单击"网站建设"按钮，进入"极速建站"页面，如图 10.4 所示。

图 10.3 登录网站

图 10.4 进入"极速建站"页面

只要选择行业，凡科网就会提供多种网站模板以供选择，如图 10.5 和图 10.6 所示。我们选择"学校、教育、培训机构"这个行业，进入教育行业模板页面，如图 10.7 所示。

图 10.5　凡科网提供的网站模板页面

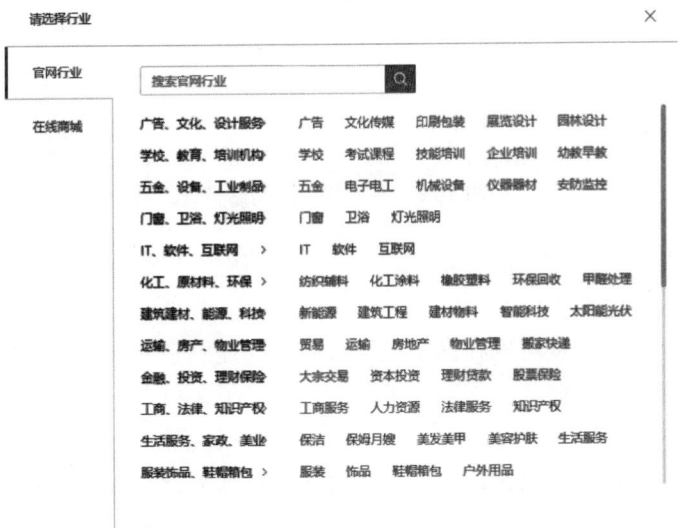

图 10.6　凡科网提供的行业选择页面

图 10.7　凡科网提供的教育行业模板页面

10.1.2 规划管理商业站点

在图10.7中，显示了所开通网站的页面信息，可以直接拖动模块，或者单击模块上方的标签对网站进行设计，单击"保存"后生效。

在网站管理时，要更多地从营销角度对网站的内容进行规划。在设置网站的有关页面时，需要考虑未来可能给访问者带来的影响，以及应当如何组织页面之间的联系，如图10.8所示。

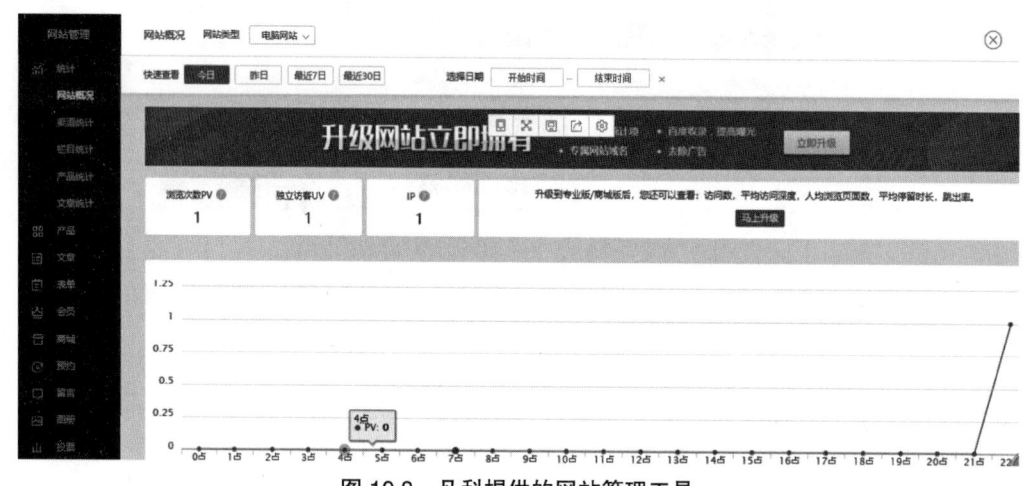

图10.8 凡科提供的网站管理工具

关于网站整体色彩设计的问题，应从本企业的产品特性、消费者的年龄、地域、偏好等方面，来确定网站的主色调，通过最佳的颜色搭配来实现网站最佳的营销效果。

网站创建成功后，就可以在网站上销售商品或提供服务，不断地收集客户的信息，还可以运用电子邮件、网站的论坛、电子广告等方式与客户进行一对一的营销，以充分发挥网络营销的优势。

网站在运营过程中会出现各种问题，可能会收到来自客户的有关评价信息，从而导致对网站内容进行修改。实际上，网站内容的更新，是一个逐步完善的过程。

【思考题】

1. 在组织网站有关页面的布局时，要考虑哪些因素？
2. 在进行网站整体色彩搭配时，要考虑哪些因素？

10.2 商务信息的收集与分析

【实训目的】

1. 掌握网络市场调研的方法与手段。

2. 能针对特定的目标，选择合适的方法或手段进行有效的网络市场调研。

【实训要求】

1. 会使用搜索引擎快速地寻找商务信息。
2. 会使用 IE 浏览器(包括另存网页、图片，收藏网址，导出收藏夹等菜单功能)。
3. 会制作在线调查问卷。
4. 利用站点页面、电子邮件发布调查问卷。
5. 统计分析调查问卷，形成调研报告。

【实训内容】

学生可按以下指导完成此项实训。

以 OQSS 为例，完成在线调查问卷的制作和发布流程。

10.2.1 使用搜索引擎收集商务信息

1. 选择搜索网站

在 IE 浏览器的地址栏中输入 www.baidu.com，进入百度；输入 www.sogou.com，进入搜狗。

2. 输入关键词

分别在上述搜索网站的搜索栏中输入关键词"汽车市场"，记录搜索结果数量、搜索用时和前 5 项搜索记录，填入表 10-1 中，比较这两个搜索引擎的搜索结果。

表 10-1 搜索引擎的搜索结果

搜索引擎	搜索结果数量	搜索用时	前 5 项搜索记录
百度			
搜狗			

3. 收集信息

选择一个搜索网站，例如百度，确定关键词，利用"高级搜索"缩小搜索范围，找出 5 家销售汽车的网站，并将其网址命名后添加到收藏夹中。

4. 资料导出

将收藏夹整理后导出，并以"我的收藏夹"命名。

10.2.2 在专业网站上进行商务信息的搜索

登录阿里巴巴(www.1688.com)网站，此网站提供了大量的供应信息和求购信息，如图 10.9 所示。

图 10.9　阿里巴巴网站主页

在"搜索"文本框中输入关键词可快速查找信息,例如,在"货源"选项卡下输入"二手笔记本电脑",单击"搜索"按钮,搜索结果显示的便是有关二手笔记本电脑的供应信息,如图 10.10 所示。如果在"求购"选项卡下输入"二手笔记本电脑",搜索结果显示的则是有关二手笔记本电脑的求购信息。

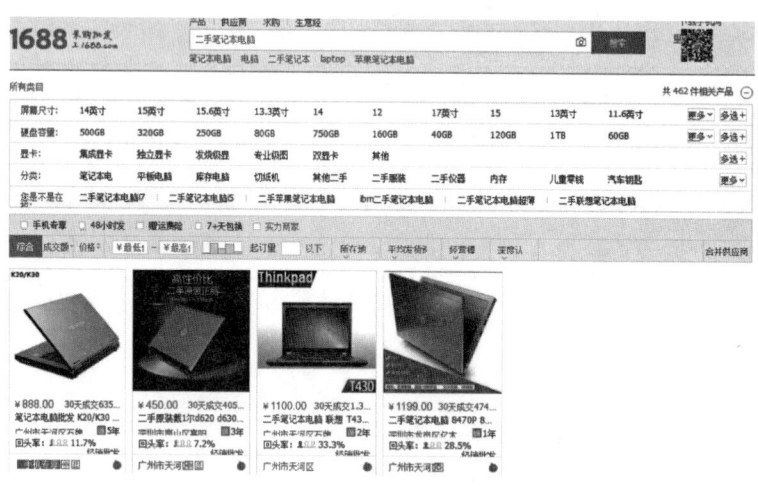

图 10.10　在阿里巴巴网站上搜索供应信息

10.2.3　在线调查问卷的制作与发布

1. 在线调查问卷的制作

利用搜索引擎搜索网上现有的在线调查系统,选择其中一个网站并登录该网站,例如选择 OQSS 在线问卷调查系统网站 (www.oqss.com)(图 10.11)，可以在选择的网站上注册成为用户，也可以选择 QQ 直接登录。

图 10.11　OQSS 在线问卷调查系统网站首页

登录后，你既可以选择"直接创建问卷"，也可以选择"使用问卷向导"，也可以选择"从问卷库中复制"，直接使用文件库所提供的一些问卷，如图 10.12 所示。

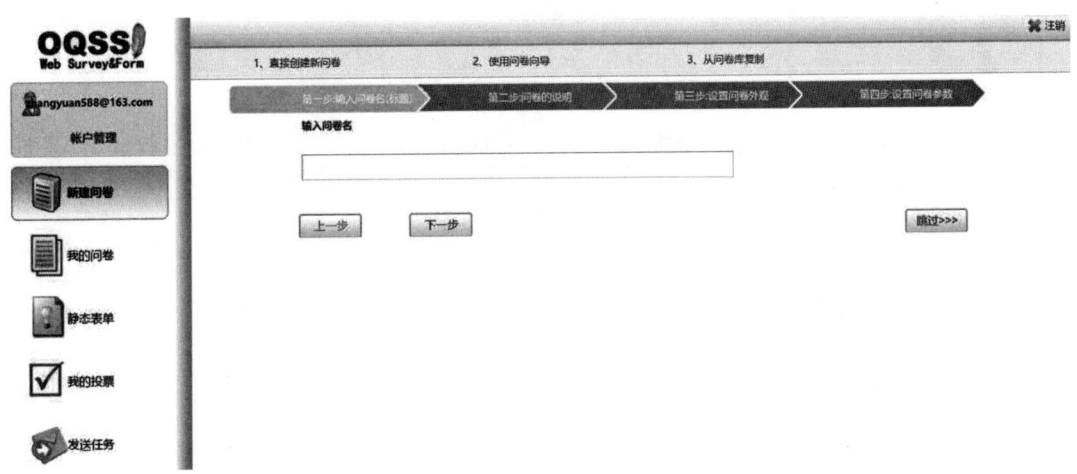

图 10.12　OQSS 主界面

对于第一次登录这个网站的用户，建议选择"使用问卷向导"，在打开的页面中填写问卷名、问卷的说明、设置问卷外观和参数(图 10.13)，然后单击"完成"按钮，会出现问卷题目设计页面，如图 10.14 所示。

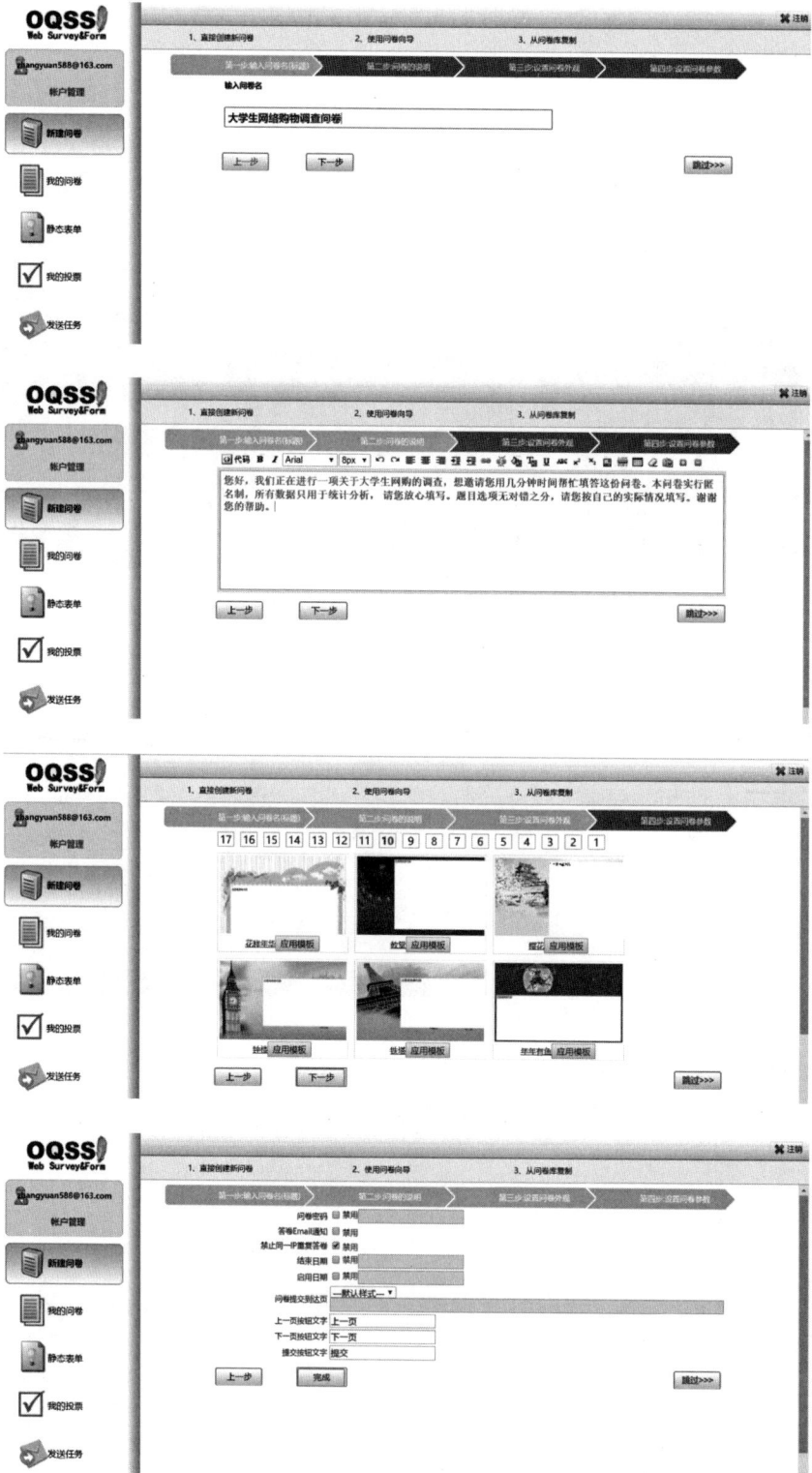

图10.13 使用问卷向导创建问卷

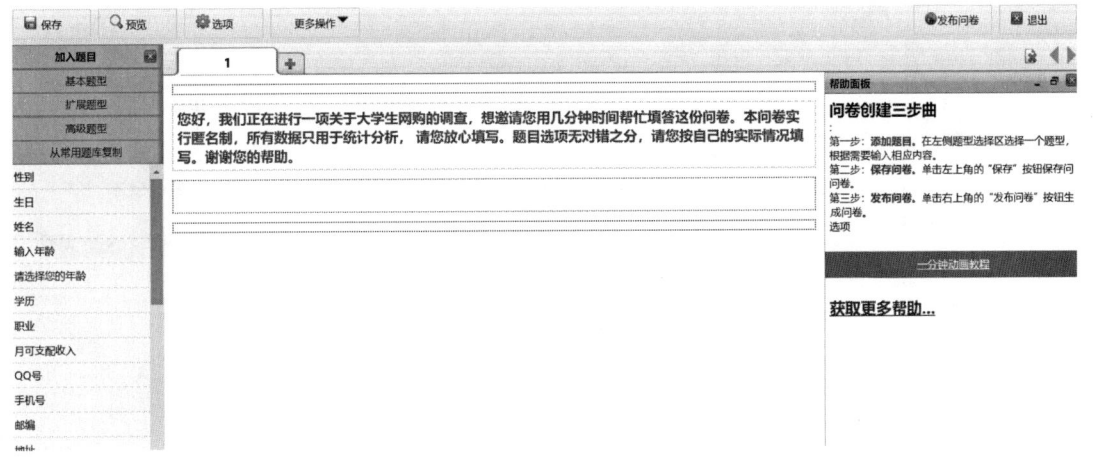

图 10.14 问卷题目设计页面

在新打开的页面中编辑致谢语"再次感谢您的合作!",完成后单击"完成编辑"按钮,如图 10.15 所示。

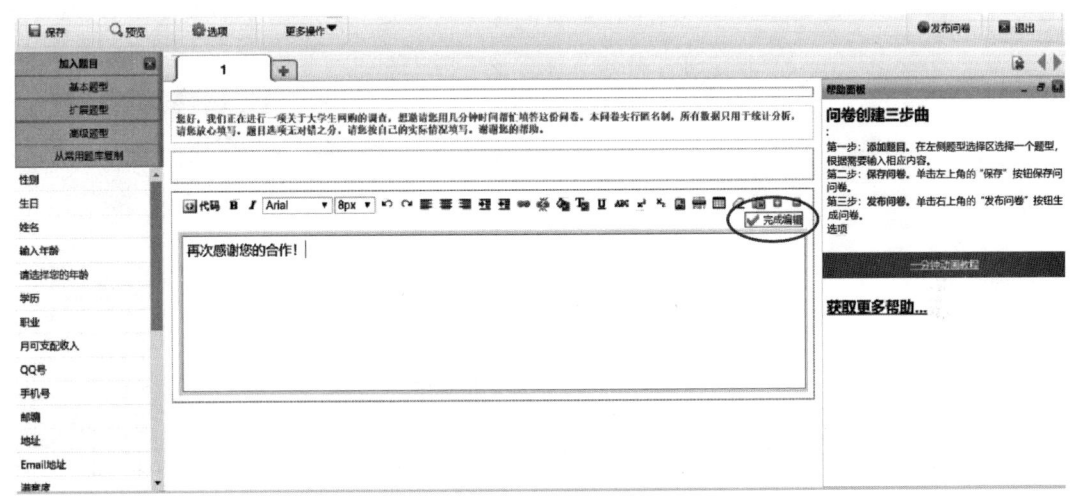

图 10.15 编辑致谢语

下面开始编辑题目。先添加一些常见的题目,比如性别、年级等,这些都可以从左侧菜单最下方的"从常用题库复制"中选择,如图 10.16 所示。对于所添加的常用题目,可以再次修改,如图 10.17 所示。

修改完成后,单击"加入题目",开始编辑自己设计的问题。在弹出的"编辑"题目对话框中选择问卷题目的类型,例如,选择"单选 [点选]",需要继续添加题目,就单击"加入题目",在对话框的中间栏目中按照提示选择题型、编辑题目、填写备选项,完成后单击对话框左上角"保存"按钮。所有题目添加完成后,单击"预览"按钮,如图 10.18 所示。问卷预览效果如图 10.19 所示。

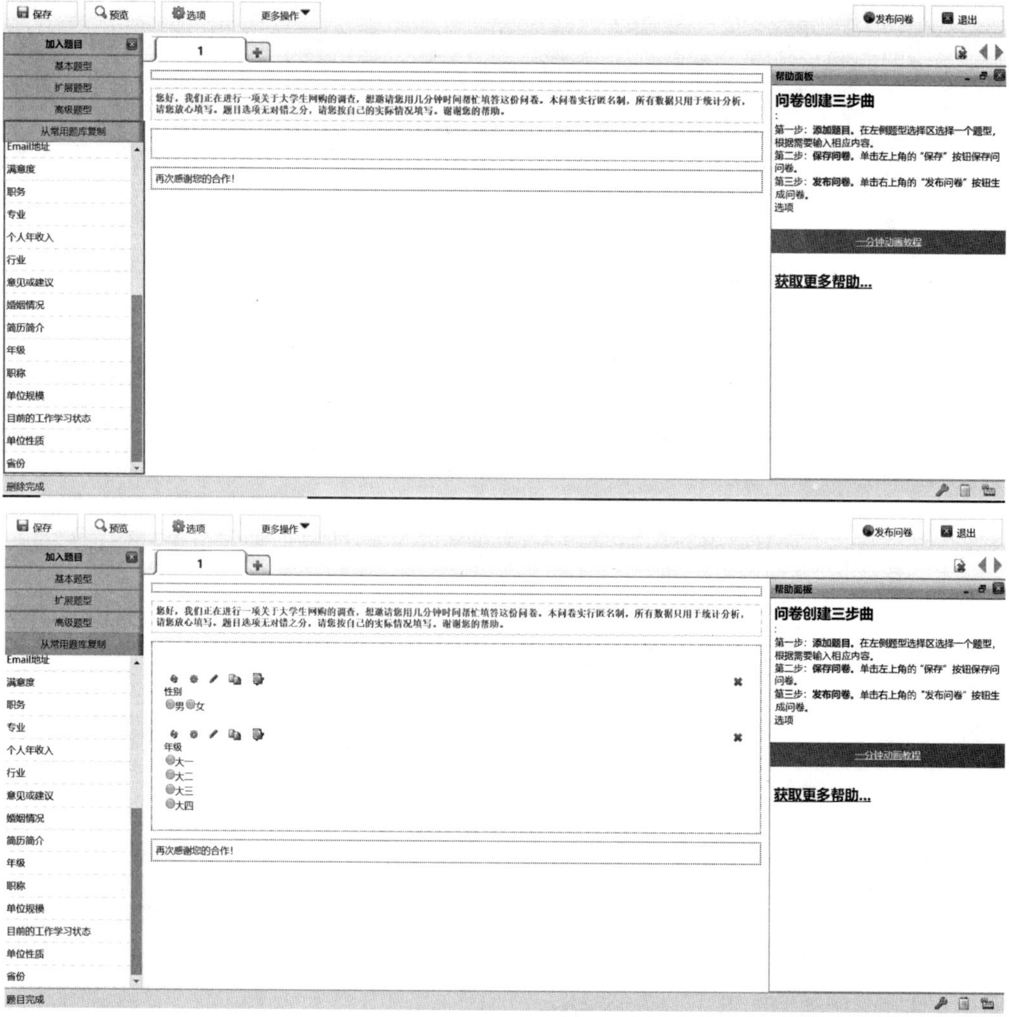

图 10.16　添加常用题目

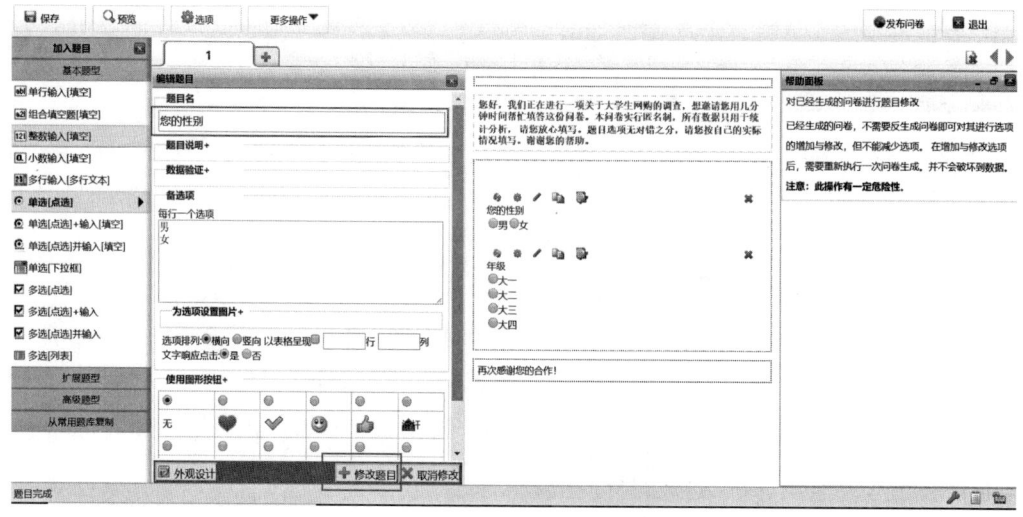

图 10.17　修改所添加的常用题目

图 10.18 问卷问题编辑过程

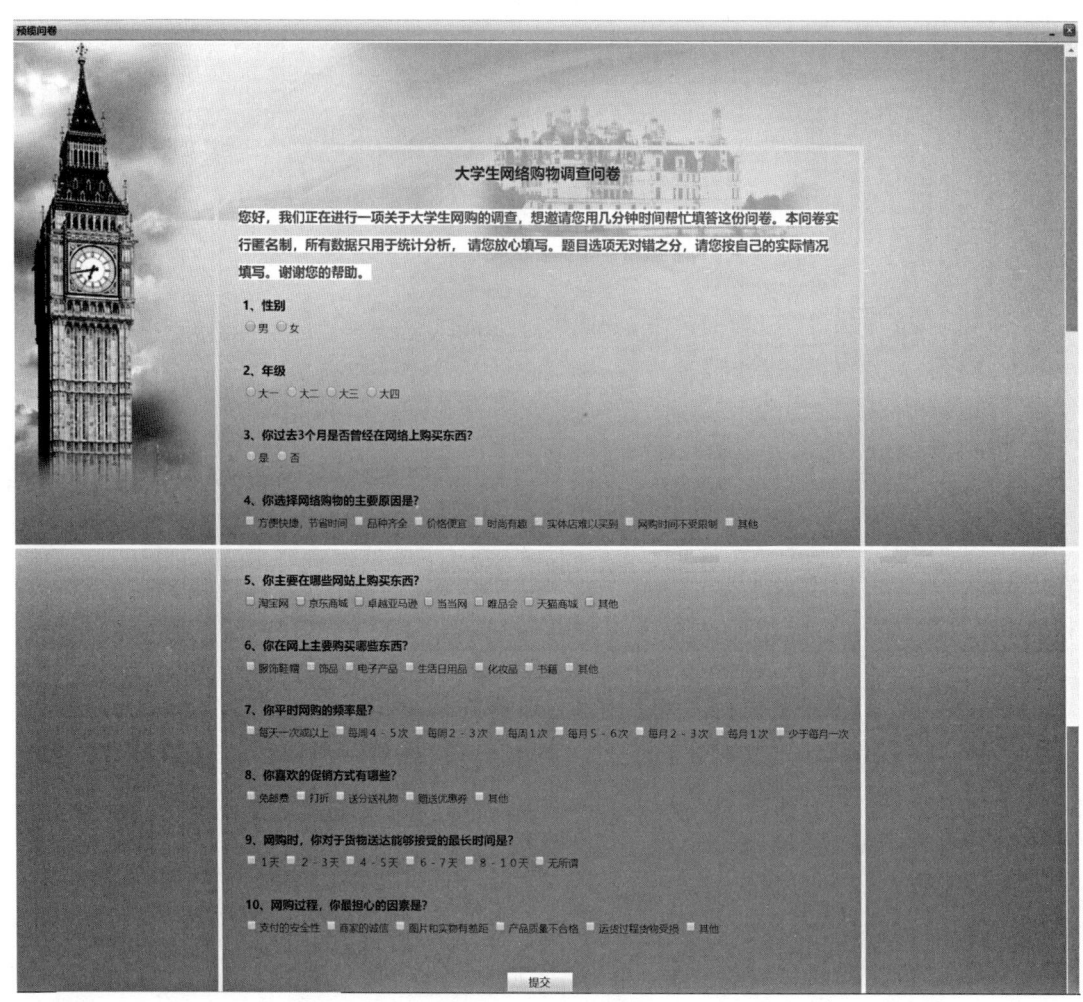

图 10.19　问卷预览

关闭预览页面，单击对话框右上角的"发布问卷"按钮，单击该地址即可在新窗口打开所设计的问卷页面，然后单击对话框右上角的"生成问卷"按钮，随即弹出问卷的地址，如图 10.20 所示。

制作完成后，如果发现还需要添加新的问题，或者需要进行修改，回到"主界面"，单击"我的问卷"按钮，在打开的页面中单击"编辑"按钮，如图 10.21 所示。在弹出的对话框中单击右下角的对号图标，对问卷进行"反生成"(图 10.22)，然后才能对问卷进行修改。

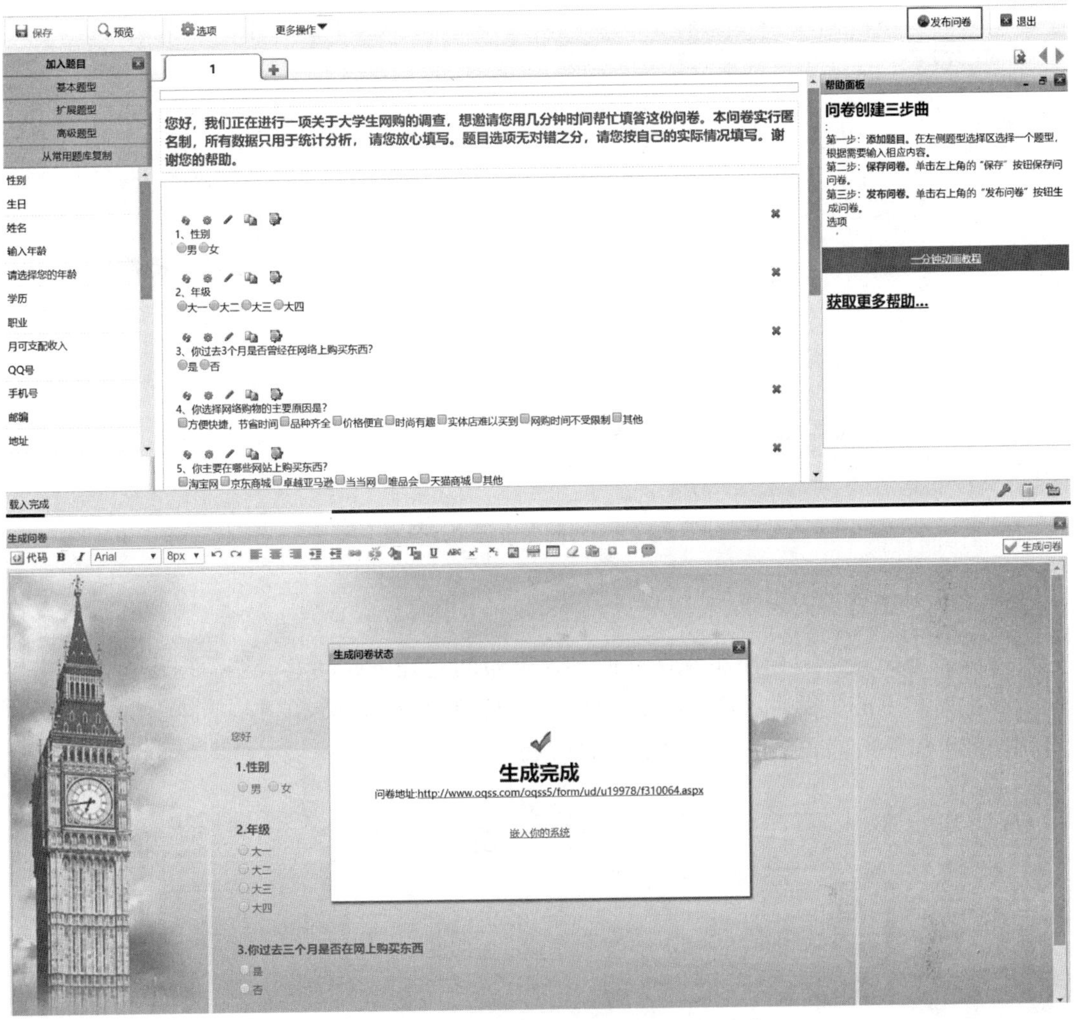

图 10.20 生成的调查问卷页面及问卷地址

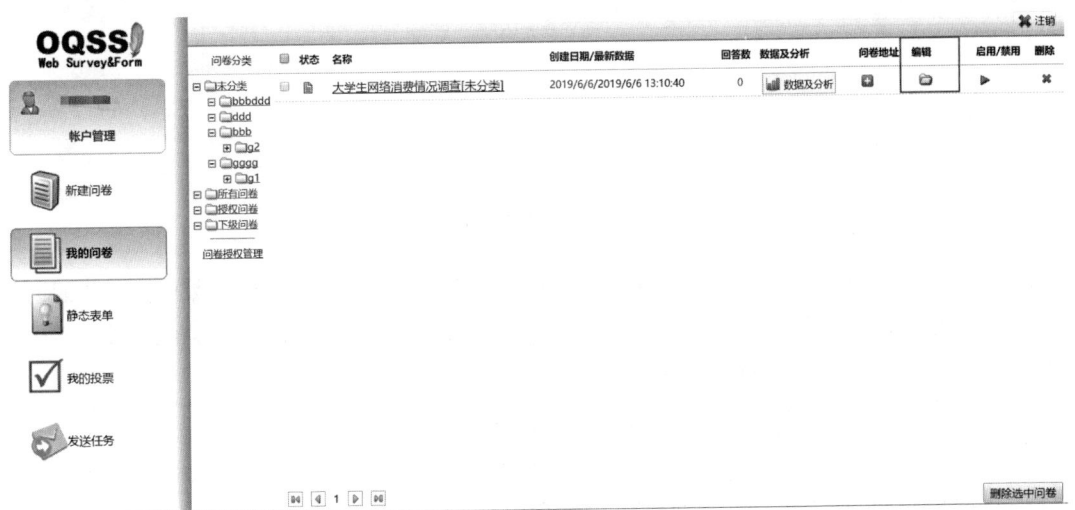

图 10.21 "我的问卷"主页面

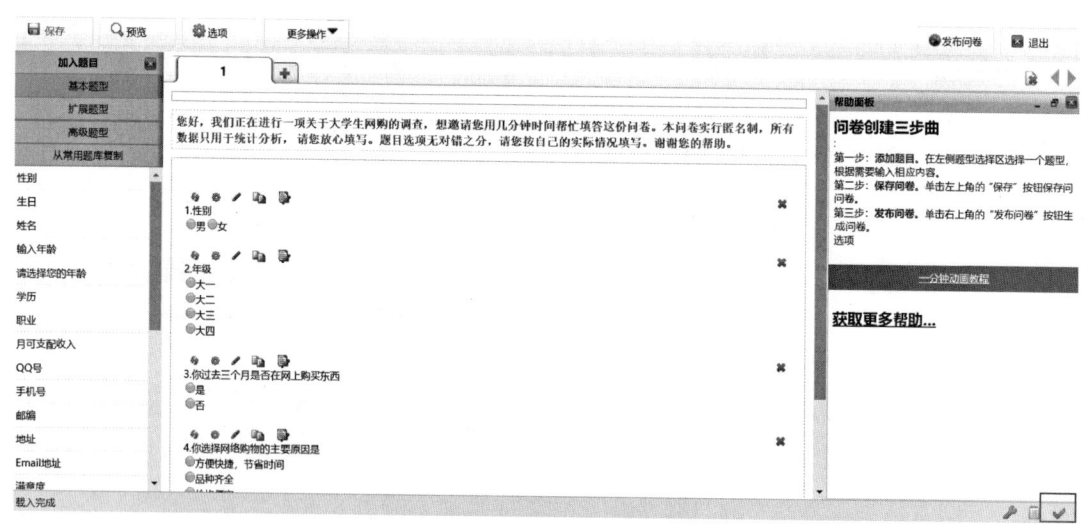

图 10.22　对问卷进行"反生成"

2．在线调查问卷的发布

修改完成后，按照操作步骤保存问卷，发布问卷并生成问卷，然后退出，回到主界面。在主界面单击"我的问卷"按钮，即显示问卷的相关选项。单击"问卷地址"下的加号按钮即可以获取问卷地址，如图 10.23 所示。

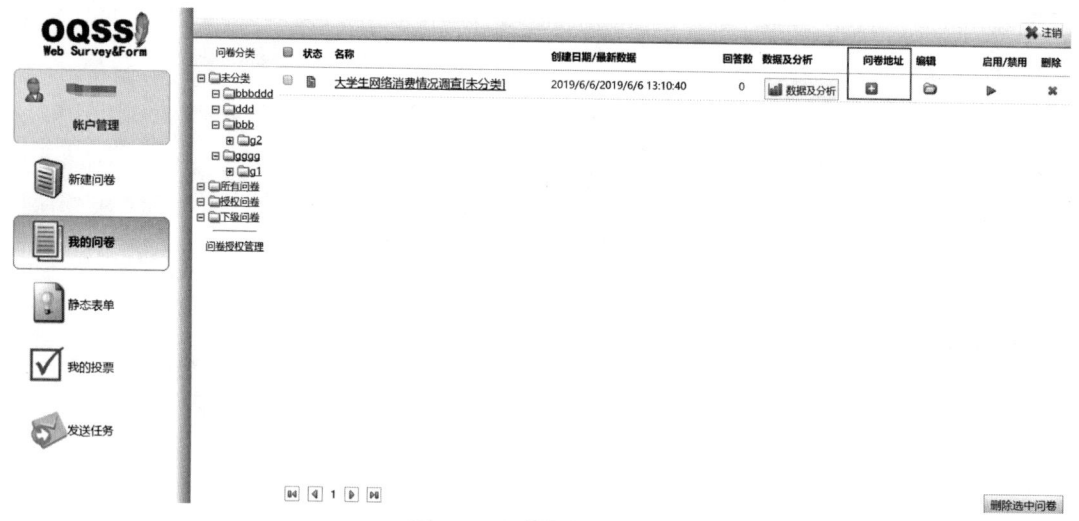

图 10.23　获取问卷地址

在打开的页面中显示了各种调用方式的问卷代码(图 10.24)，复制并保存这些代码。

当在线调查问卷制作完成后，就可以发布在网上了，此时一个最重要的问题便是选择调查问卷发布的场所。下面介绍几种发布方式。

(1) 在站点页面中设置指向问卷页面的超链接

在站点的页面中可以设置指向问卷页面的超链接，例如在站点首页设置"市场调查"模块，然后编辑此模块，即把网址链接代码 (html 代码) 添加进去，单击"保存"按钮，如图 10.25 所示。

图 10.24 问卷代码

图 10.25 添加网址链接代码

回到站点的首页，单击"市场调查"模块中的超链接"大学生网络购物情况调查"，即可打开调查问卷页面，如图 10.26 所示。

图 10.26 大学生网络购物情况调查问卷的超链接

(2) 利用社区平台发布问卷

可以登录微博社区平台，在发布信息的对话框中，输入问卷的地址，如图 10.27 所示。

图 10.27 登录微博社区平台，输入问卷地址

问卷信息发布后,单击"转发"按钮,将问卷转发给自己的微博好友,让好友尽快看到问卷,并进行填写,如图 10.28 和图 10.29 所示。

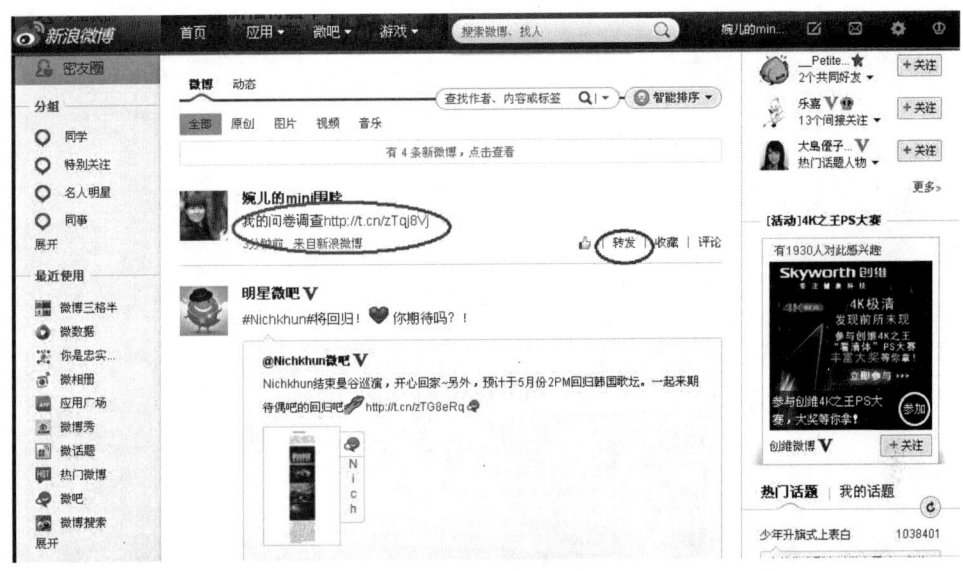

图 10.28 转发此条微博

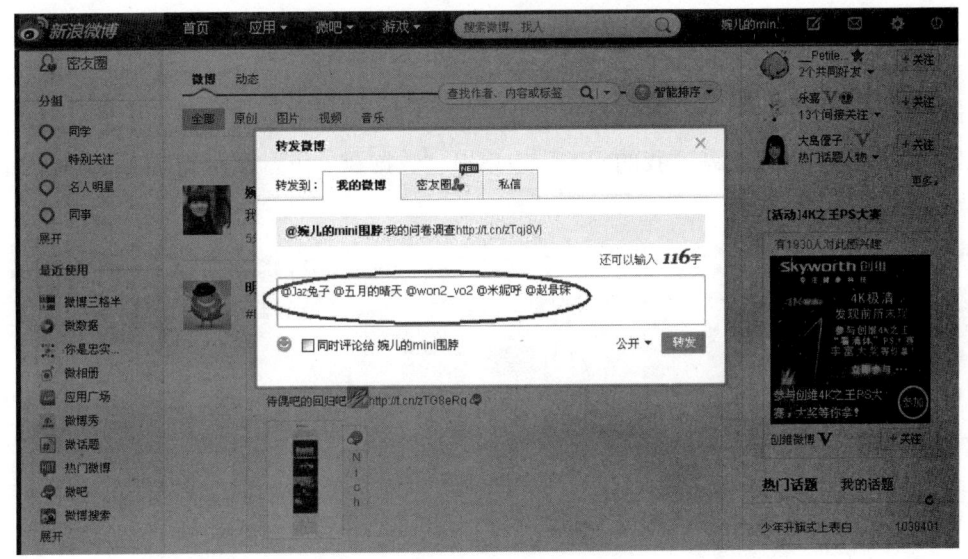

图 10.29 转发并 @ 好友

(3) 利用电子邮件发布问卷

使用搜索引擎查找邮件群发软件,选择其中一种进行下载并安装,例如"QtMail"。安装完成后单击"撰写邮件"按钮,在弹出的对话框中撰写带有大学生网络购物调查问卷相关信息的邮件,需要填写发件人的"邮件地址""姓名""登录名""密码""邮件标题""邮件内容"等,完成后单击"保存"按钮,如图 10.30 所示。最后,单击"发送邮件"按钮,即可发送邮件,完成问卷的发布。

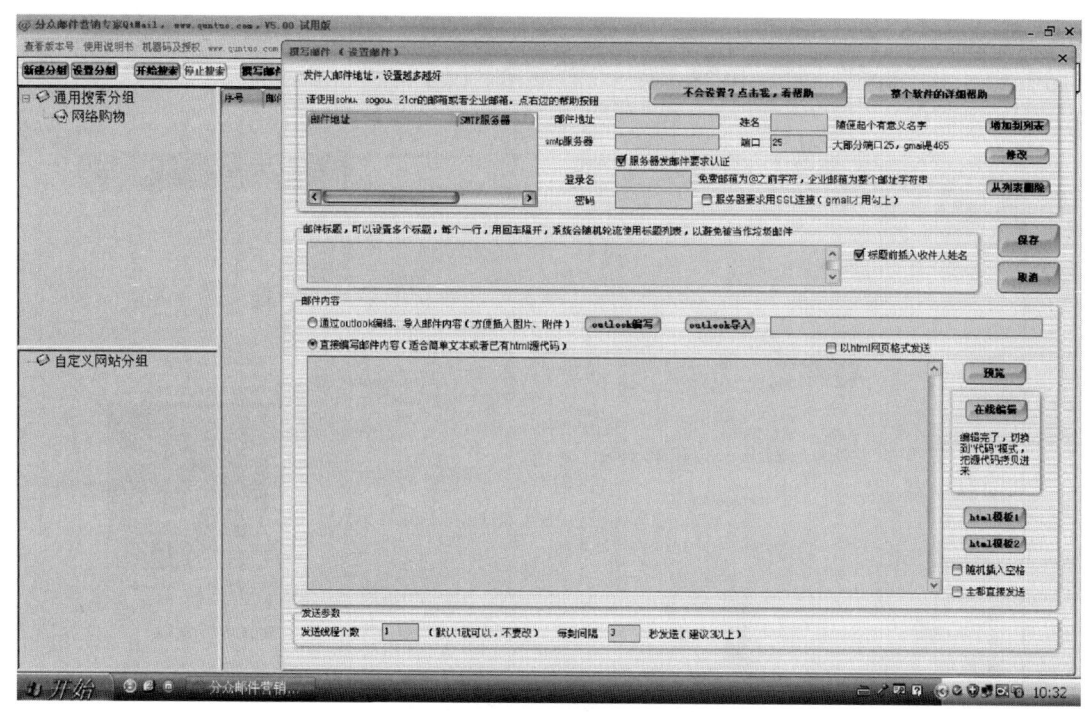

图 10.30　撰写邮件

3．调查问卷结果的统计分析

问卷成功发布出去且被调查者填写完并提交后，在线调查系统可自动收集并整理问卷调查的结果。在 OQSS 网站"我的问卷"中单击"数据及分析"按钮，如图 10.31 所示。

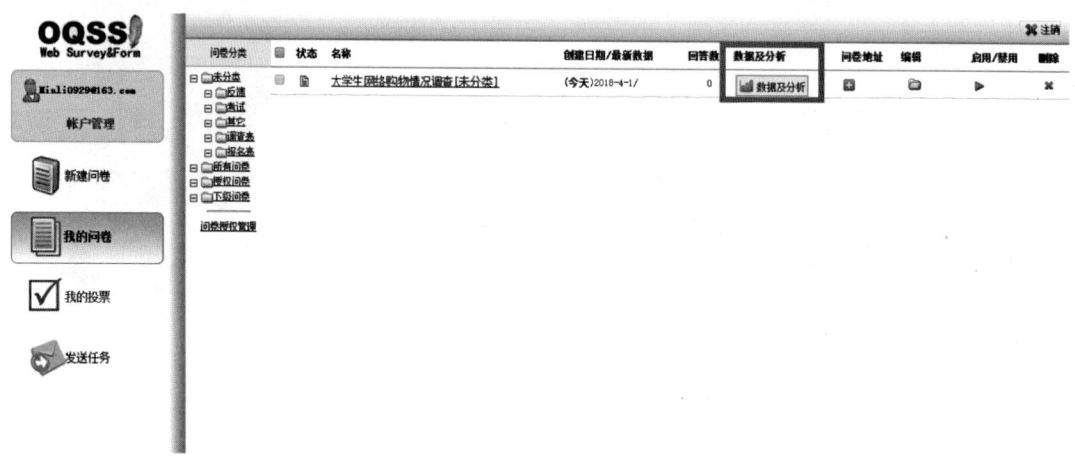

图 10.31　单击"数据及分析"按钮

在打开的页面中，有"问卷报表""单项分析""交叉分析"等项目。选择相关项目即可对问卷调查的结果进行分析，问卷报表如图 10.32 所示。

图 10.32 问卷报表

【思考题】

1. 作为一个小企业的经营者,在为企业建立网站时,需要寻找合适的ISP,应如何通过网络查找相关信息?
2. 对几个搜索引擎网站进行比较,并写出各自的特点。
3. 设计在线调查问卷时应注意哪些问题?
4. 列举在线调查问卷发布的方法。
5. 在线调查问卷应包括哪些内容?

10.3 网络营销站点推广

【实训目的】

掌握网络营销站点推广的方法,重点掌握利用搜索引擎、新闻组推广站点。

【实训要求】

1. 会利用搜索引擎推广网站。
2. 会利用新浪微博推广网站。

【实训内容】

学生可按以下指导完成此项实训。

以 DMOZ 网站为例,完成向免费分类目录提交网站的流程。

以百度为例,完成搜索引擎提交网站的流程。

以百度百科、百度知道为例,完成利用社区推广网站的流程。

以新浪微博为例,完成利用微博推广网站的流程。

10.3.1 免费登录分类目录

下面以 DMOZ 网站为例介绍登录分类目录的方法。

进入 DMOZ 网站首页,单击"地区分类"中的"河南省",或者直接单击"提交网站",如图 10.33 所示。

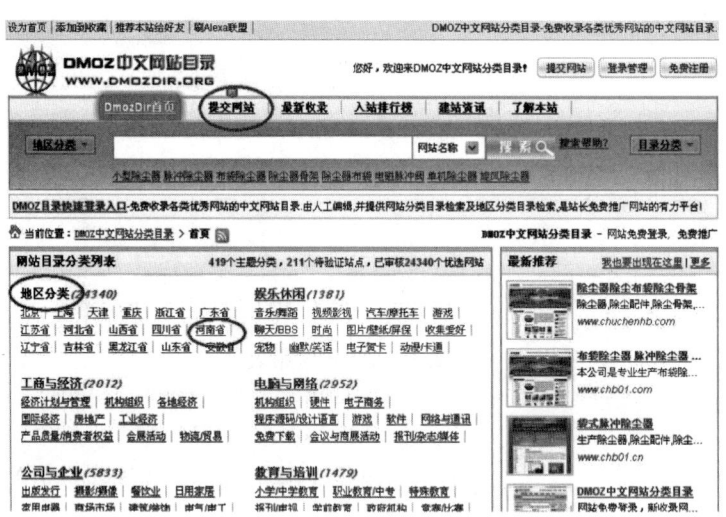

图 10.33 DMOZ 网站首页

在打开的地区页面中,单击"郑州市",会出现"向该地区提交网站"提示按钮,如图 10.34 所示。单击该按钮,会显示登录页面,如图 10.35 所示。

图 10.34 地区页面

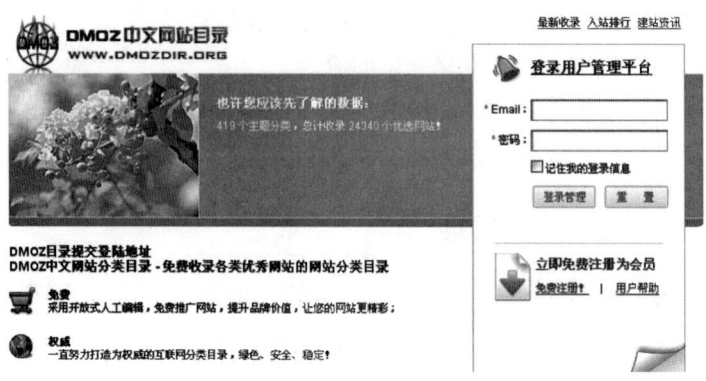

图 10.35 登录页面

单击"免费注册"按钮，会出现"用户注册"页面，如图 10.36 所示。

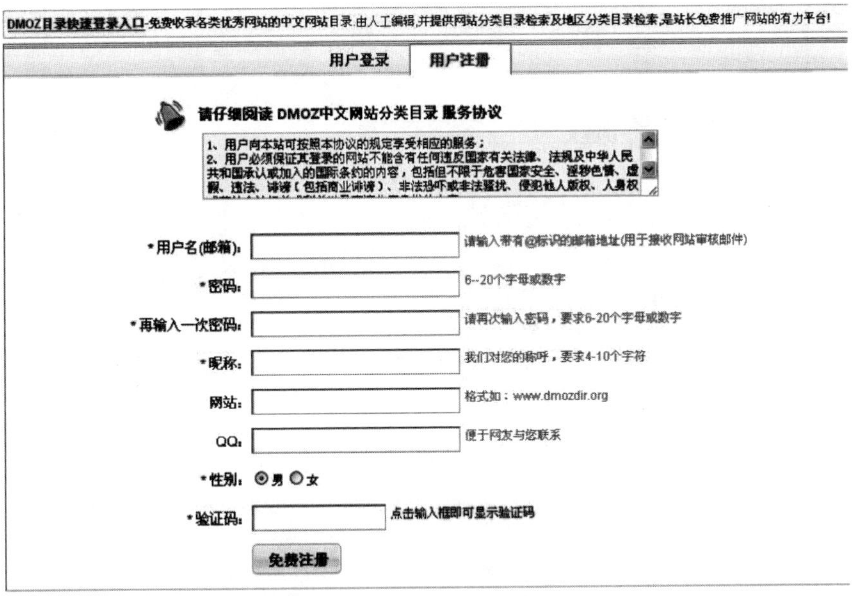

图 10.36 "用户注册"页面

注册完成后，会弹出 DMOZ 中文网站管理中心页面（图 10.37），单击"马上提交"。

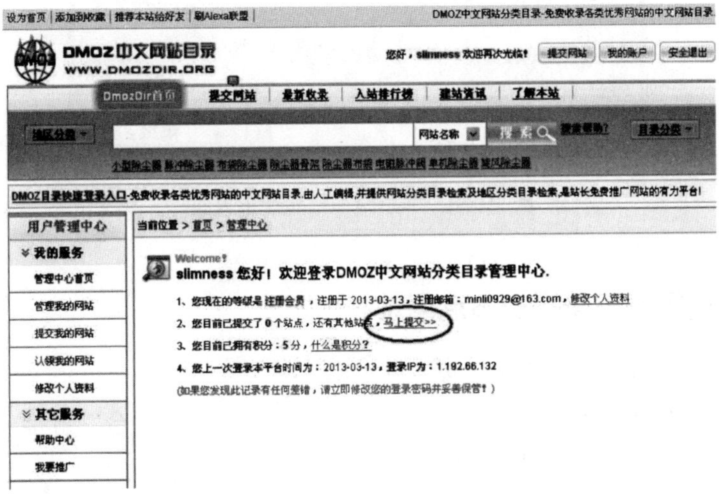

图 10.37 DMOZ 中文网站管理中心页面

在弹出的对话框中，填写网站的相关信息，如图 10.38 所示。注册所有相关信息后，单击"提交"按钮，会弹出网站添加成功提示页面，如图 10.39 所示。

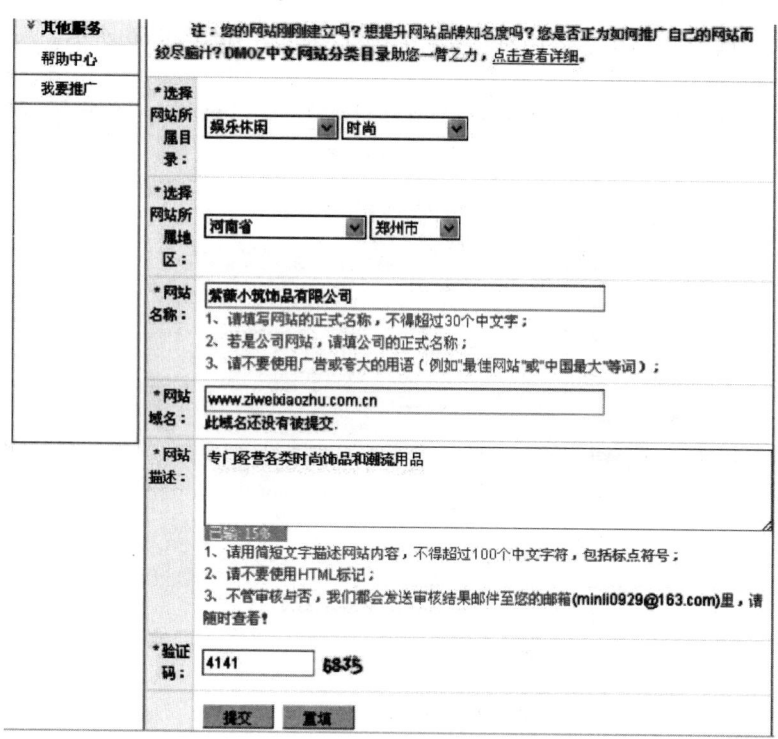

图 10.38　填写网站的相关信息

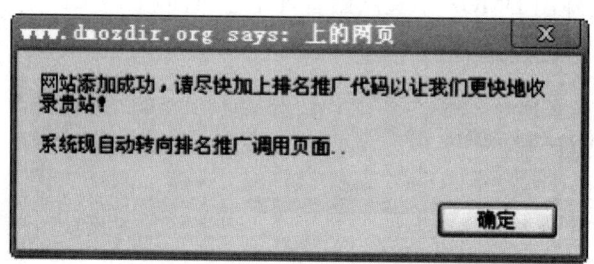

图 10.39　网站添加成功提示页面

10.3.2　向搜索引擎提交站点网址

下面以百度为例介绍向搜索引擎提交站点网址。

访问百度首页，进入百度产品大全，单击"百度搜索资源平台"链接，在打开的页面中选择"链接提交"页面，如图 10.40 所示。

在打开的页面中单击"添加网站"按钮，如图 10.41 所示。

在打开的页面中将网站地址添加到文本框中，单击"添加网站"按钮，如图 10.42 所示。然后会弹出完善个人信息的页面，个人信息完善后，会显示添加网站的 3 个步骤，如图 10.43 所示。按照提示完成后，单击"完成验证"按钮，如图 10.44 所示。

待百度站长审核无误后，网站被抓取，然后就可以使用百度提供的站台管理工具，例如数据引入、数据监控、搜索展现、优化与维护等，如图 10.45 所示。

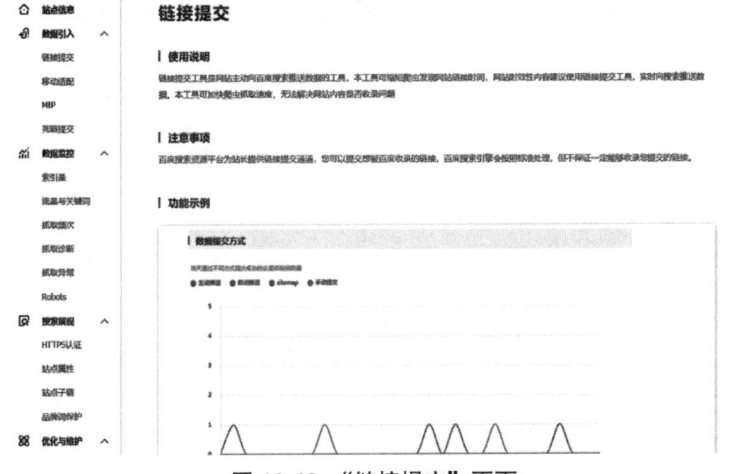

图 10.40 "链接提交"页面

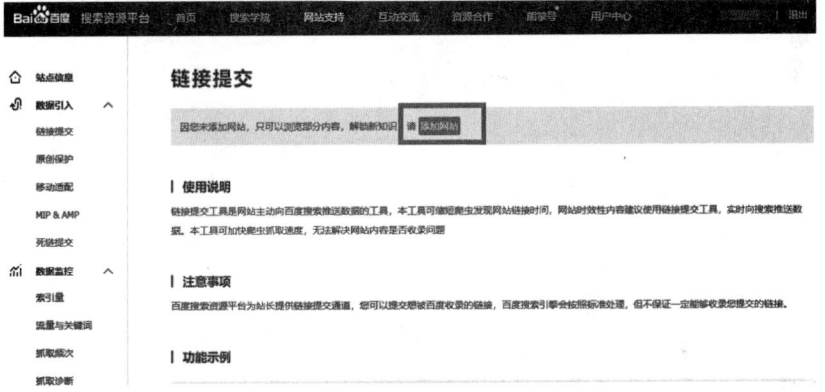

图 10.41 单击"添加网站"按钮

图 10.42 添加网站地址

图 10.43 添加网站的 3 个步骤

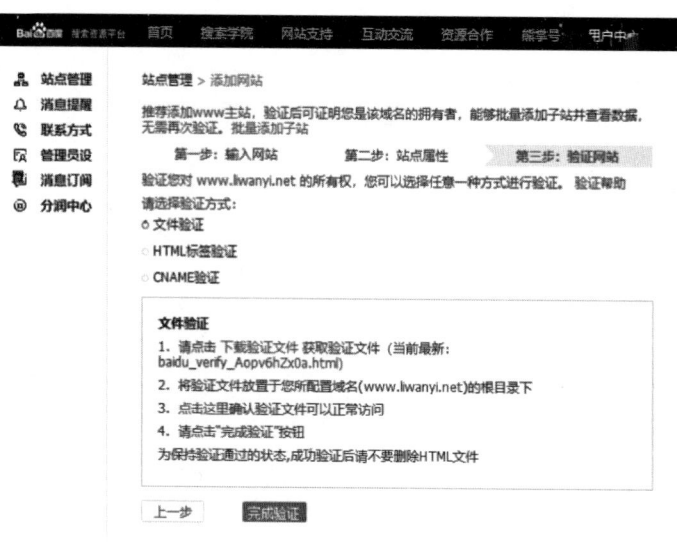

图 10.44 验证网址的页面

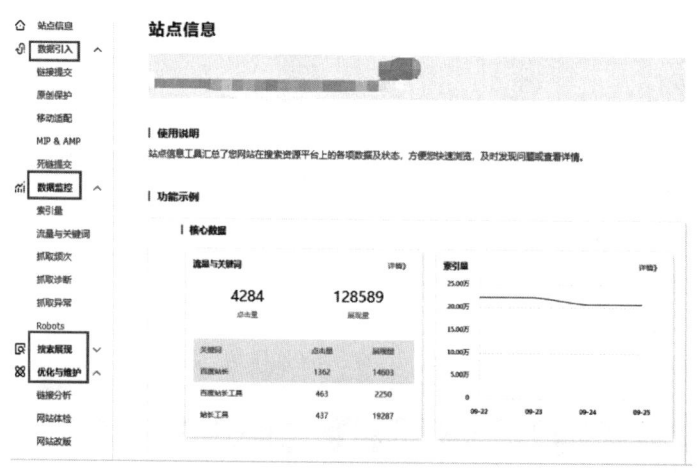

图 10.45 百度提供的站点管理工具

10.3.3 搜索引擎关键词竞价排名

下面以百度为例介绍搜索引擎关键词竞价排名。登录百度网站，进入百度的产品大全页面，在"站长与开发者服务"栏目下单击"百度推广"，如图 10.46 所示。

打开百度的推广页面，单击"免费开通"按钮，如图 10.47 所示。在打开的页面中，填写用户注册信息，如图 10.48 所示。

填写完成后，单击页面下方的"提交申请"按钮，即可完成注册。系统会弹出提交成功提示页面，如图 10.49 所示。

百度搜索推广采取预付费制，首次开户仅需缴纳 5600 元，其中包含预存推广费用 5000 元、专业服务费 600 元(服务费和预存推广费根据地区情况可能有所变动，具体费用由客户和服务提供方另行约定)。

开通服务后，客户自助选择关键词并设置投放计划，当搜索用户点击客户的推广信息

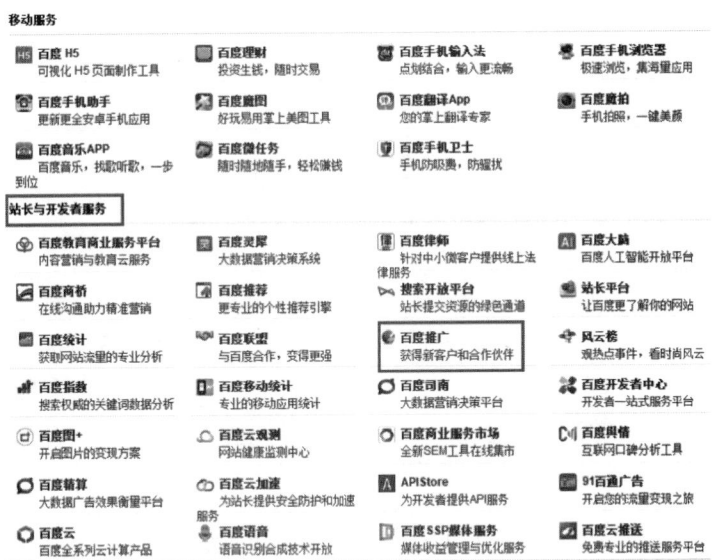

图 10.46 百度的产品大全页面(1)

图 10.47 百度的推广页面

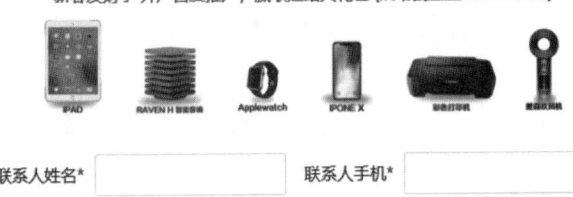

图 10.48 填写用户注册信息

图 10.49　提交成功提示页面

访问企业网站时，系统会从预存推广费中收取一次单击的费用，每次单击的价格由客户根据自己的实际推广需求自主决定，客户可以通过调整投放预算的方式自主控制推广费用。当账户中预存的推广费用完后，客户可以通过续费保持或加大推广力度，通过百度搜索推广获得更大的利益。

10.3.4　利用社区推广站点

1. 百度百科

下面以百度的"社区服务"为例介绍百度社区推广方法。登录百度网站，进入百度的产品大全页面，在"社区服务"栏目下单击"百科"，如图 10.50 所示。

图 10.50　百度产品大全页面（2）

在打开的"百度百科"页面中，单击"创建词条"按钮，如图 10.51 所示。

图 10.51 "百度百科"页面

百度专门为企业用户提供了企业创建通道，单击页面右侧的"企业创建通道"按钮（图 10.52），在弹出的极速创建词条页面中（图 10.53），单击"极速创建词条"按钮，就可以为企业创建词条了。

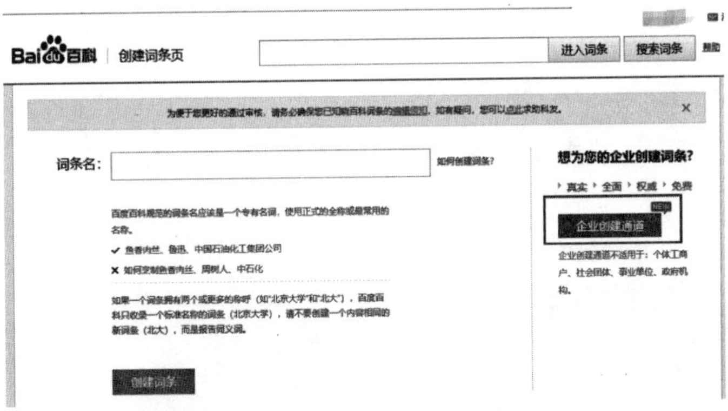

图 10.52 百度企业创建通道页面

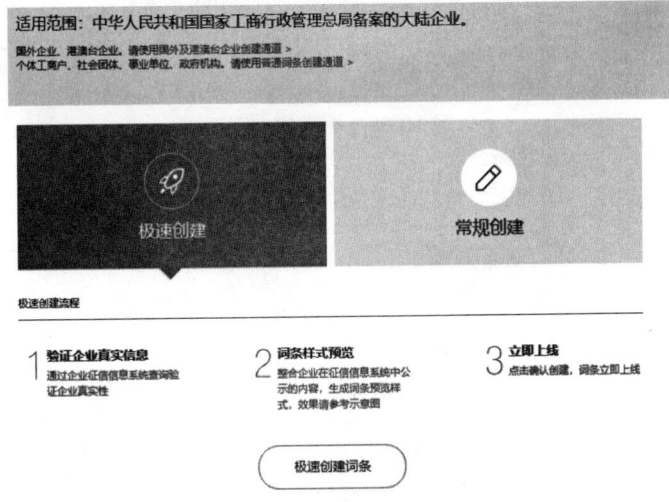

图 10.53 极速创建词条页面

2. 百度知道

登录百度网站，进入百度的产品大全页面，在"社区服务"栏目下单击"知道"，如图 10.54 所示。

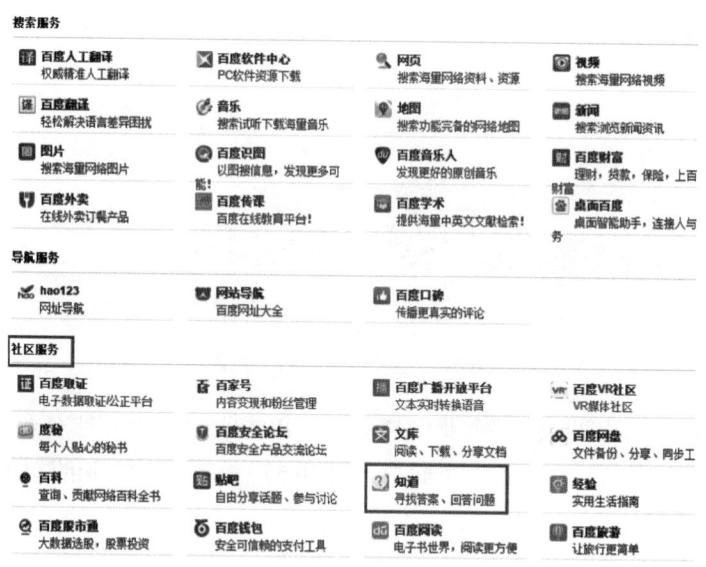

图 10.54　百度产品大全页面（3）

在打开的"百度知道"页面中，单击"我要提问"按钮，如图 10.55 所示。在弹出的提问页面中提出和企业网站相关的问题（图 10.56），可以多次提问。

图 10.55　百度知道页面

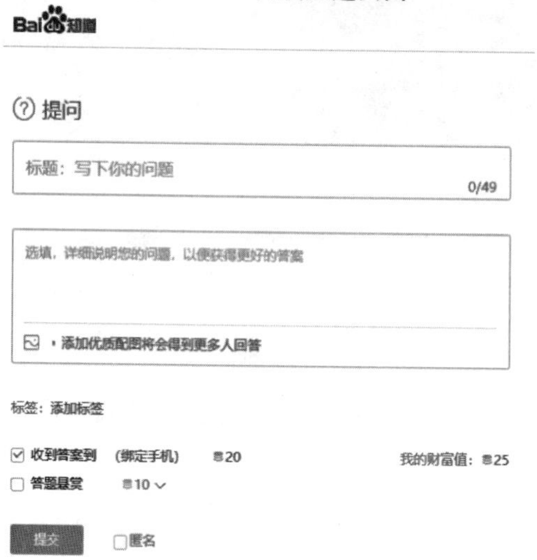

图 10.56　提问页面

10.3.5 利用微博平台推广站点

1. 选择一个微博平台进行注册

打开新浪网,进入"微博"栏目,单击"注册"按钮,如图10.57所示。

图 10.57 新浪微博页面

在打开的页面中,选择"官方注册"栏目,按照提示填写邮箱、设置密码、官方注册微博名等信息,如图10.58所示。完成后单击"立即注册"按钮,弹出的邮箱激活页面会提醒"马上激活邮箱,完成注册吧!",如图10.59所示。

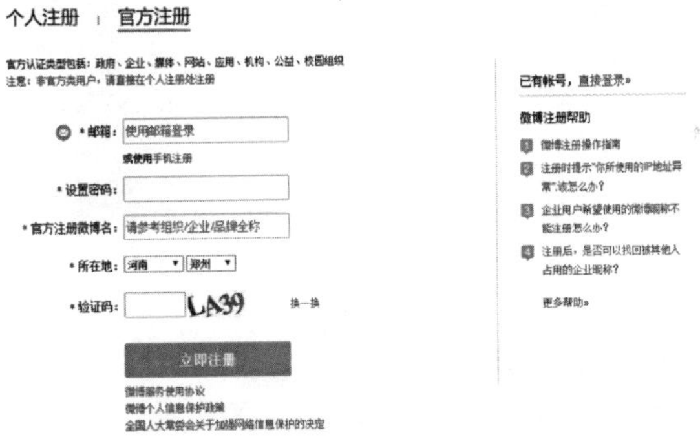

图 10.58 新浪微博企业注册页面

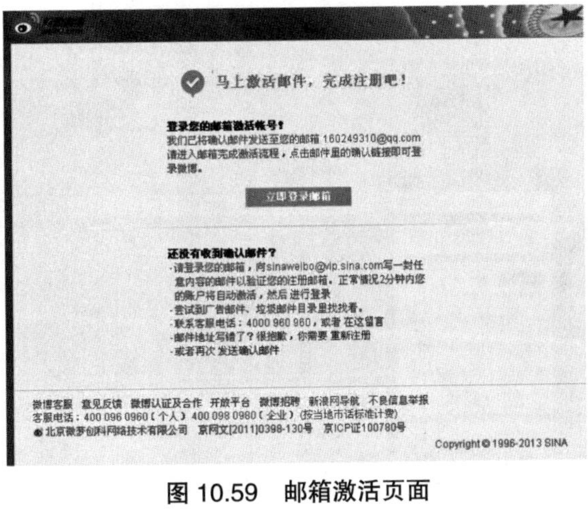

图 10.59 邮箱激活页面

激活邮箱后，会打开企业认证资料页面，单击"立即申请企业认证"按钮，如图10.60所示。

图 10.60　企业认证资料页面

单击"立即申请企业认证"后，在打开的页面中填写企业相关的各项信息，如图10.61所示。

图 10.61　企业认证资料填写页面

2. 利用开通的微博平台进行推广

以小米公司的微博主页为例，认证成功之后的微博主页，如图10.62所示，利用这个主页可以发布企业相关的资讯和信息，并增加一些促销手段来促进某段微博的转发，如图10.63和图10.64所示。

图 10.62　小米公司的微博主页

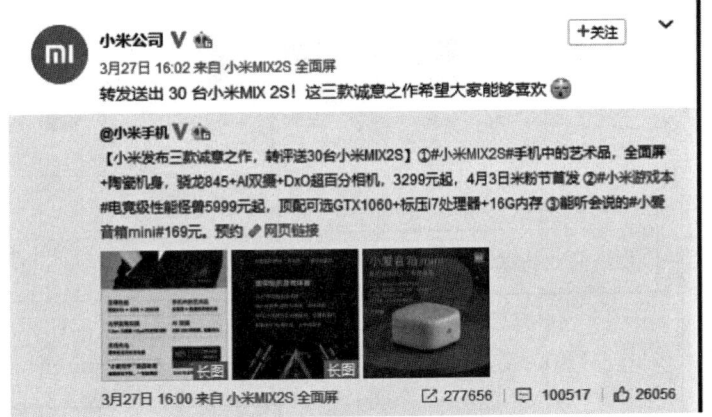

图 10.63 小米公司的微博推广(1)

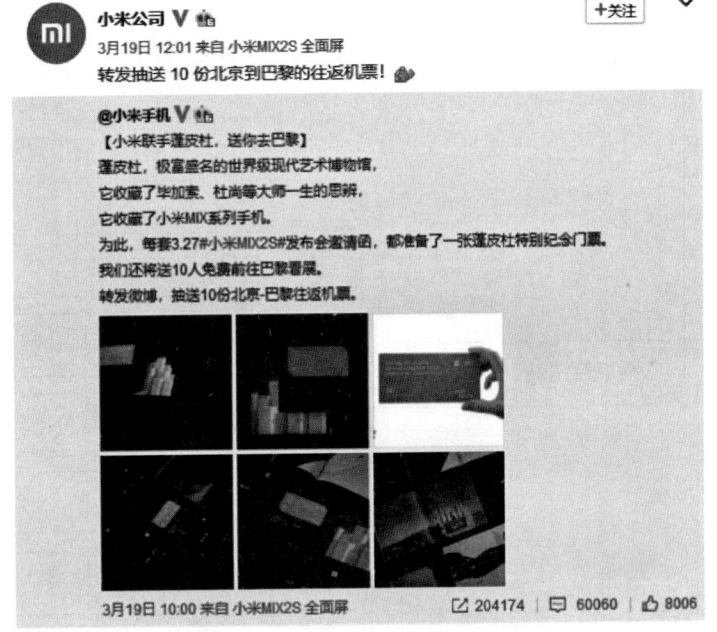

图 10.64 小米公司的微博推广(2)

【思考题】

1. 比较关键词搜索引擎与分类目录搜索引擎各自的优、缺点。
2. 免费登录分类目录搜索引擎时需要注意哪些问题?
3. 向关键词搜索引擎提交网站需要注意哪些问题?
4. 利用微博进行推广需要注意哪些问题?

本章小结

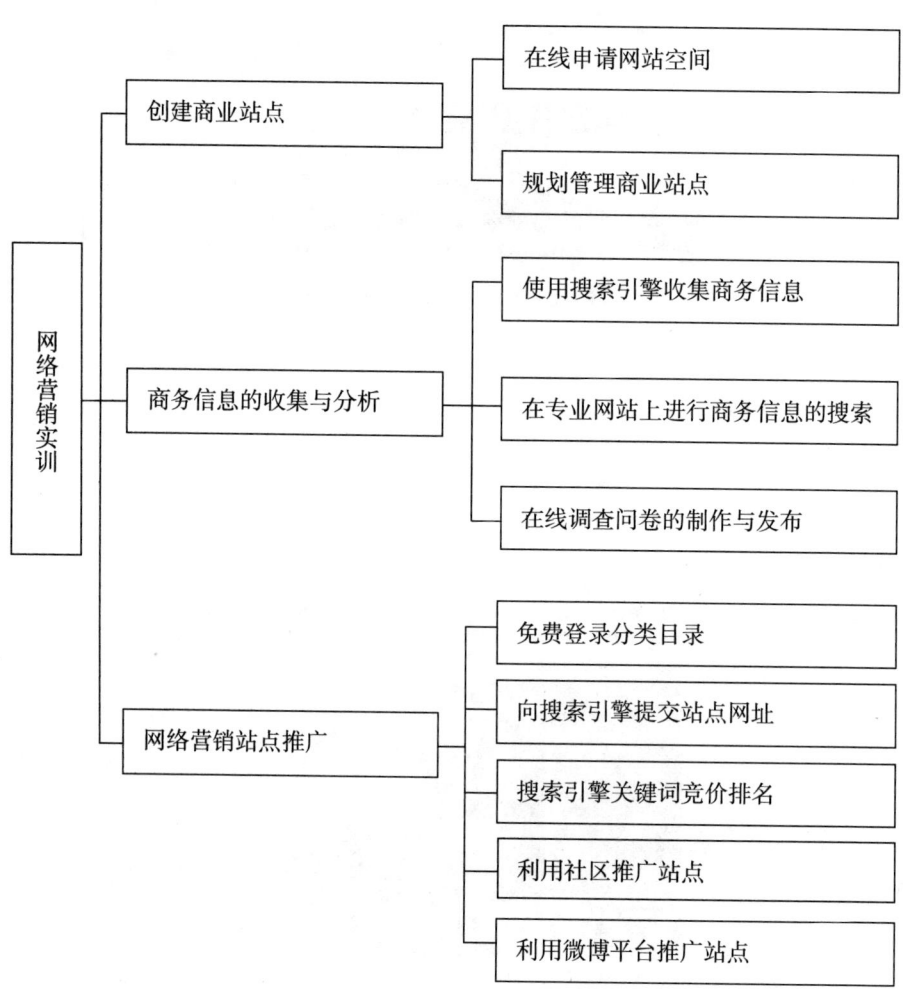

附录
网络营销课程建议

1. 课程的性质和目标

本课程是电子商务、市场营销等专业的必修课程之一，具有市场营销学、计算机及网络技术等交叉学科的典型特征。本课程以对电子商务背景下消费者的需求和行为分析为基础，研究企业在互联网上的营销活动，以及新的营销手段与方法的运用。

通过本课程的学习，要求学生达到以下目标。

① 使学生在现代市场营销学的基础上，进一步了解网络经济下消费者行为特征，掌握网络营销的基本原理和基本理论。

② 使学生熟悉网络经济下企业营销活动的运作过程，了解企业开展网络营销的主要策略和手段。

③ 培养学生认识问题、分析问题的能力，使学生在具体的实践活动中能够运用网络营销技能来分析和解决所遇到的问题。

2. 课程对象

本课程主要为电子商务、市场营销专业学生开设。随着市场经济的发展和市场竞争的不断加剧，营销工作正在由专业营销向全员营销和社会营销转变，本课程也可作为其他经济管理类专业学生的选修课程或必修课程。

3. 知识和能力结构

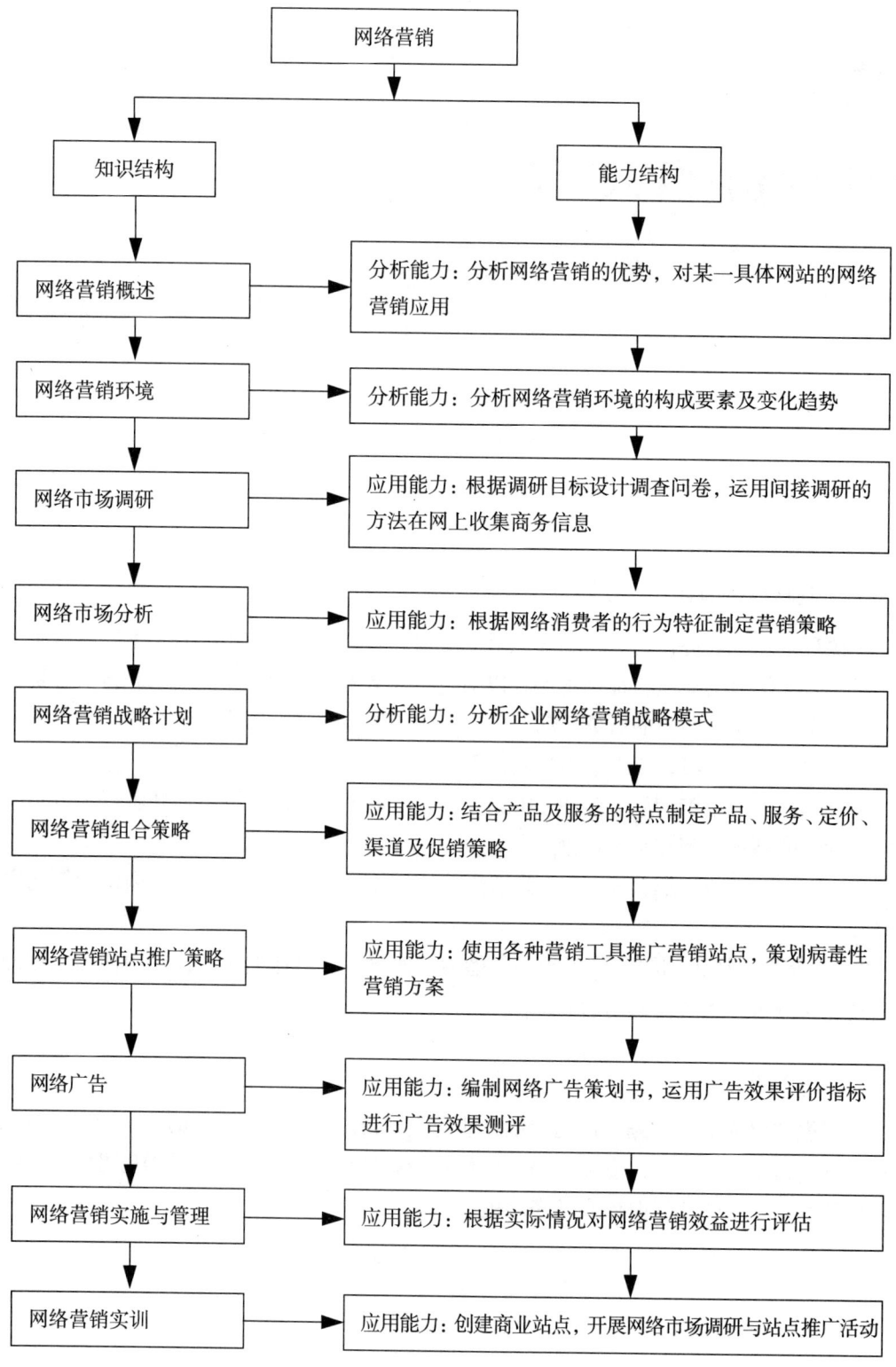

4. 教学起点

为保证本课程的教学效果，教学起点应为大学二年级学生。前导课程包括"经济数学""电子商务概论""市场营销""消费心理与消费行为""计算机及应用""财务会计"等。

5. 课程大纲

本课程总学时建议为 54 学时，其中理论教学学时为 36 学时，实践教学学时为 18 学时，课外实践可根据需要安排，具体见下表。

章号	内容	理论学时	实践学时	重点教学内容
第1章	网络营销概述	4		网络营销产生的基础，网络营销的基本功能，网络营销与传统营销的整合，网络营销的基本理论
第2章	网络营销环境	4	1	网络营销宏观环境，网络营销微观环境，网络营销管理系统
第3章	网络市场调研	4	1	网络市场调研的特点，网络市场调研的步骤，网络问卷调查
第4章	网络市场分析	4	1	网络市场的特征，网络消费者的类型及特征，影响网络消费者购买的主要因素，网络消费者的购买动机与购买过程
第5章	网络营销战略计划	3	1	网络营销战略管理过程，网络营销计划的内容
第6章	网络营销组合策略	6	2	网络域名品牌策略，网络营销服务策略，网络营销定价策略，网络促销的形式
第7章	网络营销站点推广策略	5	1	搜索引擎营销的实现，电子邮件营销的过程，病毒性营销的实施，交换链接，网络社区，博客营销
第8章	网络广告	4	2	网络广告的形式，网络广告的计费方式，网络广告运作，网络广告效果测评
第9章	网络营销实施与管理	2		网络营销实施分析，网络营销实施的投资决策，网络营销组织，网络营销成本管理，网络营销效益评估，网络营销风险管理
第10章	网络营销实训		9	创建商业站点，商务信息的收集与分析，网络营销站点推广
	合计	36	18	54

6. 课程教学基本要求

教学要求：结合网络营销的应用实践，建议使用多种教学媒体、采用多种教学形式组织教学。在课堂讲授过程中，通过多媒体演示教学课件，展示相关的网络营销案例，对重点、难点问题进行详细的讲解和说明；在实践教学环节，充分利用网络资源，结合电子商务企业网络营销运作的实践，培养学生分析问题、解决问题的能力和实际动手操作的能力。

作业要求：应巩固课堂教学的效果，加强对学生操作能力的培养，通过必要的案例分析、模拟操作、上网查询、课余作业等方式辅助教学，鼓励学生收集相关的资料。

考核要求：本课程将考试与课堂讨论、作业(每章后的思考与练习)及网络营销实训报告等相结合，通过多种途径综合考查学生对教学内容的掌握情况，突出对学生技能的考核，以帮助学生改变原有的上课记笔记、考试靠突击的学习方式，形成良好的学习习惯。

参考文献

戴夫·查菲，菲奥纳·埃利斯—查得威克，理查德·麦耶，等，2008. 网络营销战略、实施与实践 [M]. 马连福，等译. 北京：机械工业出版社.

付珍鸿，2017. 网络营销 [M]. 2版. 北京：电子工业出版社.

黄睿，2016. 网络营销基础与创业实践 [M]. 北京：人民邮电出版社.

黄斯狄，2019. 网络营销：技巧·方法·案例一本通 [M]. 北京：机械工业出版社.

惠亚爱，乔晓娟，2016. 网络营销：推广与策划 [M]. 北京：人民邮电出版社.

加里·P. 施奈德，2008. 电子商务（原书第7版）[M]. 成栋，译. 北京：机械工业出版社.

江礼坤，2016. 网络营销推广实战宝典 [M]. 北京：电子工业出版社.

江礼坤，2017. 网络营销与推广策略、方法与实战 [M]. 北京：人民邮电出版社.

蒋晖，2019. 网络营销运营之道 [M]. 北京：北京大学出版社.

刘玉萍，2015. SEO网站营销——策略、方法、技巧和案例 [M]. 北京：清华大学出版社.

宋文官，2008. 网络营销实务 [M]. 北京：高等教育出版社.

谭贤，2015. 新网络营销推广实战从入门到精通 [M]. 北京：人民邮电出版社.

王宜，2008. 赢在网络营销——经典案例与成功法则 [M]. 北京：人民邮电出版社.

夏雪峰，2013. 微信营销应该这样做 [M]. 北京：机械工业出版社.

徐茂权，2017. 网络营销创意三十六计 [M]. 北京：电子工业出版社.

赵竞，2019. 网络营销完全实战手册：传统企业互联网运营从入门到精通 [M]. 北京：团结出版社.

朱迪·施特劳斯，2007. 网络营销 [M]. 4版. 时启亮，金玲慧，译. 北京：中国人民大学出版社.